基金项目：重庆邮电大学博士启动基金项目资助（项目编号K2024-104）

《XING'AN HUILAN SAN BIAN》 SUOJIANZHI
QINGDAI "SHANG" ZUI YANJIU

《刑案汇览三编》所见之清代『伤』罪研究

王　静◎著

法律出版社
LAW PRESS · CHINA
北京

图书在版编目（CIP）数据

《刑案汇览三编》所见之清代“伤”罪研究 / 王静著. -- 北京 : 法律出版社, 2024. -- ISBN 978-7-5197-9236-7

Ⅰ. D924.02

中国国家版本馆 CIP 数据核字第 2024VD5680 号

《刑案汇览三编》所见之清代“伤”罪研究
《XING'AN HUILAN SANBIAN》SUOJIAN ZHI QINGDAI “SHANG” ZUI YANJIU

王 静 著

责任编辑 翁潇潇
装帧设计 鲍龙卉

出版发行 法律出版社
编辑统筹 法规出版分社
责任校对 冯高琼
责任印制 耿润瑜
经　　销 新华书店

开本 710 毫米×1000 毫米 1/16
印张 16.5　　**字数** 237 千
版本 2024 年 8 月第 1 版
印次 2024 年 8 月第 1 次印刷
印刷 北京新生代彩印制版有限公司

地址:北京市丰台区莲花池西里 7 号(100073)
网址:www.lawpress.com.cn
投稿邮箱:info@lawpress.com.cn
举报盗版邮箱:jbwq@lawpress.com.cn

销售电话:010-83938349
客服电话:010-83938350
咨询电话:010-63939796

书号:ISBN 978-7-5197-9236-7　　**定价**:58.00 元

凡购买本社图书,如有印装错误,我社负责退换。电话:010-83938349

目录

CONTENTS

引　言　001

一、研究缘起与研究意义　001

二、研究综述与史料收集　008

三、研究思路与研究方法　015

四、创新之处与不足之处　019

第一章　《刑案汇览三编》所载清代“伤”罪案概览　021

第一节　“伤”罪案的类型分析　022

一、“伤”罪的立法考述　022

二、“伤”罪案的类别　036

第二节　“伤”罪案的时空分布　040

一、时间分布　040

二、地域分布　041

第三节　“伤”罪案的主要来源与刑罚适用　042

一、主要来源及其分布　043

二、刑罚适用　044

本章小结　045

第二章 《刑案汇览三编》所见清代“伤”罪及其成罪条件 046
第一节 “故伤”及其成罪条件 046
一、“故伤”释义 046
二、“故伤”的成罪条件 047
三、“故伤”与“斗殴伤”之别 052
第二节 “斗殴伤”及其成罪条件 055
一、“斗殴伤”释义 055
二、“斗殴伤”的成罪条件 057
三、“斗殴伤”的主要类型 060
第三节 “戏伤”及其成罪条件 066
一、“戏伤”释义 067
二、“戏伤”的成罪条件 069
第四节 “误伤”及其成罪条件 072
一、“误伤”释义 073
二、“误伤”的成罪条件 074
第五节 “过失伤”及其成罪条件 075
一、“过失伤”释义 075
二、“过失伤”的成罪条件 078
三、“过失伤”与“戏伤”、“误伤”之别 080
第六节 “盗伤”及其成罪条件 081
一、“盗伤”释义 082
二、“盗伤”的主要类型及其成罪条件 084
本章小结 093

第三章 《刑案汇览三编》所见清代“伤”罪法律规范的司法适用 095
第一节 罪刑适用方式 095
一、援用律例与成案、通行 096
二、皇帝谕旨 098

三、适用概括性禁律　101
四、法的形式性与量刑允协之争　103
第二节　罪刑加减分析　105
一、加等之原因　106
二、减等之原因　108
三、“依法勿论”的特殊情形　108
第三节　民事救济措施　111
一、救济方式多样化　111
二、以收赎、养赡为主　113
本章小结　114

第四章　《刑案汇览三编》所见清代“伤”罪案的司法裁判规则　116
第一节　“故伤”案的司法裁判规则　116
一、罪刑适用以“斗殴伤”为比照核心　117
二、尊卑之间“故伤”从重论处　118
第二节　“斗殴伤”案的司法裁判规则　120
一、证据定谳:重金刃与凶器　120
二、律例适用:以援引斗殴本律例为主　123
三、“斗殴伤”案与“斗殴杀”案的界限　124
第三节　“误伤”案的司法裁判规则　127
一、“斗误”伤人视身份关系区别办理　127
二、因谋故而误伤旁人以“斗殴伤”论　132
三、窃盗图脱误伤事主量刑减等　133
四、非斗殴金刃误伤援照不应重律　134
第四节　“过失伤”案的司法裁判规则　135
一、典型科刑规则:收赎　136
二、以“过失伤”论的特殊情形　138
第五节　“盗伤”案的司法裁判规则　141

一、区别犯罪对象、犯罪时间与地点治罪 141
二、共犯区分首从 149
三、犯罪自首与闻拿投首减免罪 153
四、比照“盗伤”科处的特殊情形 155
本章小结 155

第五章 《刑案汇览三编》所见清代“伤”罪立法及司法运行特点 158
第一节 以犯罪意图为核心构建“伤”罪规制体系 159
一、严格区分故意与过失 159
二、法律渊源的多元性与动态性 161
三、以“斗殴伤”为其他“伤”罪参酌科刑之核心 163
第二节 《大清律例》在“伤”罪案中的司法适用 169
一、立法与司法适用的基本一致性 169
二、严鞫确情,罚当其罪 176
三、固守纲常,同罪异罚 182
四、以法为教,情理法融合 188

结 语 196

附录 《刑案汇览三编》所载“伤”罪案司法适用情况简表 199

参考文献 251

引　言

一、研究缘起与研究意义

（一）研究缘起

伤人罪是古今最为常见的危害人身安全犯罪，不管任何国家或朝代，人类社会的纷争从未缺席，普遍存在打架斗殴等暴力伤人犯罪，其原因复杂多样，给社会和谐稳定带来严重威胁。无论古今中外，伤害犯罪的治理都是一个基本的法律问题。“伤”之古文为“𠌶”，《说文解字》：“（傷）创也。刃部曰。办、傷也。从人。𥏫省聲。”①据史料记载，我国关于伤人罪的记载最早见于《周礼·秋官司寇·禁杀戮》，其规定：“斩、杀、戮者和凡伤人见血而不以告者，攘狱者、遏讼者，以告而诛之。”《索隐》曰：“杀人，伤人及盗。杀人者死，伤人及盗抵罪。”②据《睡虎地秦墓竹简》，秦代已有关于“贼伤”③“斗伤”④

---

① （汉）许慎撰：《说文解字》，（宋）徐铉校，中华书局2013年版，第164页。

② 西汉司马迁《史记·高祖本纪第八》记载：“汉元年十月，沛公兵遂先诸侯至霸上。……召诸县父老豪杰曰：‘父老苦秦苛法久矣，诽谤者族，偶语者弃市。吾与诸侯约，先入关者王之，吾当王关中。与父老约，法三章耳：杀人者死，伤人及盗抵罪。’”

③ 秦律“贼伤”在主观上存在故意伤害他人的目的。如以箴（针）、鉥、锥贼伤人的，黥为城旦舂。“贼伤”适用连坐处罚。若普通百姓邻里、里典、伍老乃至旁人在发生贼伤人的情况不予援助，都要受罚。秦简《法律问答》：“贼人甲室，贼伤甲，甲号寇，其四邻、典、老皆出不存，不闻号寇，问当论不当？审不存，不当论；典、老虽不存，当论。”“有贼杀伤人冲术，偕旁人不援，百步中比野，当赀二甲。”参见睡虎地秦墓竹简整理小组编：《睡虎地秦墓竹简》，文物出版社1978年版，第169、193页。

④ 秦律“斗伤”之争斗各方都有犯意，因互斗致“缚而尽拔其须麋”“决人耳”“拔人发”“啮断人鼻若耳若指若唇”等，将根据伤害结果的轻重，处以“赀二甲”“黥为城旦”“耐”等刑罚。

“殴伤”[①]的立法和司法案例的记载，其伤人之罪名和刑罚大多与杀人罪分列，并且将伤害后果作为入罪和量刑的认定标准，因而有学者认为其“表现出清晰的结果无价值色彩，直接为中国近代和当代刑法所继承，影响极为深远。”[②]在经历亡秦动荡之后，刘邦入主咸阳之初“与父老约法三章耳：杀人者死，伤人及盗抵罪。余悉除去秦法。”[③]汉律在秦律的基础上有所创新，更为具化，将“伤”罪分为“贼伤”“斗伤”“殴（殴詈）伤”“盗伤”“戏伤”“误伤”“过失伤”七类。[④] 相较秦代，汉律更重视对具有伦理纲常关系的夫妻、父母子女、上下级之间伤人犯罪定罪与量刑的特别规定，如秦律中妻悍而被丈夫殴伤时，对丈夫处以耐刑，而汉代《二年律令》规定只要不以凶器造成伤害则不论；汉律对于一些特殊犯罪，“杀”与“伤”同罪，如犯盗杀伤之罪均处磔刑。自唐代起，“伤”罪进一步与杀人罪分离，形成以犯罪意图为核心、兼顾客观行为与实害的罪刑体系。唐律进一步区分不同身份关系主体以及伤害工具、伤害行为、伤情等因素，严格尊卑贵贱，并结合情理法酌情定罪量刑，以区别轻重，相较后世，其刑罚

① 秦律“殴伤”主要针对有身份关系的伤害而言，包括殴大父母、殴高大父母、夫殴妻等，分别处以“黥为城旦舂”“耐”等处罚。如殴打祖父母，处以城旦舂；妻悍而夫殴笞妻，决其耳，或折支（肢）指、肤（体），夫当处耐刑。相对于唐清律，从凡人殴打罪刑比较可见，秦律并未给予丈夫更大的不平等权。

② 张功、杨成东：《秦汉伤害罪探析》，载《天水师范学院学报》2010年第6期。

③ 至于如何“抵罪”，有言“各当其罪”，或“至也”，而李斐认为，伤人有曲直，盗藏有多少，罪名不可豫定，故所言抵罪，不知抵何罪也。参见《史记·高祖本纪》。

④ 张家山汉简《二年律令》《居延新简》、敦煌悬泉汉简《贼律》《汉书·薛宣传》等不乏关于“伤”罪的立法与案例记载。“贼伤”同秦律，为故意致伤他人。《二年律令·贼律》简二二载：“谋贼杀伤人，未杀，黥为城旦舂。”简二五载：“贼伤人，及自贼伤以避事者，皆黥为城旦舂。”简二六载：“谋贼杀、伤人，与贼同法。”不论是否达到伤人既遂、未遂等后果，贼伤人一律黥为城旦舂。“斗伤”的犯意与危险性稍低于“贼伤”，简二七载：“斗而以刃及金铁锐、锤、锥伤人，皆完为城旦舂。其非用此物而眇人，折枳、齿、指、肤体，断决鼻、耳者，耐。其勿伤也，下爵殴上爵，罚金四两。殴同列以下，罚金二两；其有疻痏，罚金四两。”“殴伤”常发生在家族内部不同身份次序的亲属之间，也有少量关于官贵、良贱相殴的规定。根据身份关系的远近，惩罚由低到重，最重的惩罚为弃市（斩首悬于市）。“盗伤”不论是否得财，皆处以分裂肢体的酷刑。《二年律令·盗律》简六六规定：“群盗及亡从群盗，殴折人枳（肢），肢体，及令跛蹇，若缚守、将人而强盗之，及投书、县（悬）人书，恐猲人以求钱财，盗杀伤人，盗发塚，略卖人若已略未卖，桥（矫）相以为吏、自以为吏以盗，皆磔。”若因过失伤人和戏伤人的，免除刑事处罚，较唐、清用刑宽缓。简二一规定：“过失及戏而杀人，赎死；伤人，除。”若误伤父母，罪犯伦常，重处。

更为轻缓。元代明确了蒙汉等不同民族的不平等法律地位，推行蒙汉分治与阶级压迫，对“伤”罪实行同罪异罚，《元典章》《大元通制》《元史·刑法志》等专门对“故(殴)伤”“斗伤”“戏伤”“盗伤”作出规定①。明律将唐律中“斗讼”篇专立两门，分设“人命”门和“斗殴”门，对部分“伤”罪的量刑力度较前朝为重，虽体例有别，但主要内容仍袭唐制。清律“近袭明律而远祧唐律”②，有关“伤”罪的法律规制体系至为完备，司法裁量标准也较为精准。经过朝代更迭以及立法技术的提升，统治者对“伤”罪的法律规制不断加强。简言之，我国传统“伤”罪立法从粗略到详尽，从萌芽、发展到成熟，法律体例与结构日臻周密、严谨、体系化，蕴含了广博精深的中国经验与治理智慧。

当前，对我国传统“伤”罪治理相关的研究尚未引起学术界的足够重视。现有学术成果常将伤人罪作为杀人罪的属类或“杀伤罪”的组成部分作一体化研究，忽略了“伤”罪之独立性。“杀”“伤”作为专门术语常在古今论述中出现，虽然我国古代律典常将杀人罪与伤人罪作为“杀伤”罪一同规制，但“杀”罪与“伤”罪不论是在立法中的罪名与刑罚，抑或司法裁断，基本都是各科各罪，两者既有紧密相关性，又有本质区别，不应混为一谈。古今论著常常提到的“六杀”“七杀”之语，作为我国古代律学家在对立法中的杀人行为进行学理解释过程中形成的专用术语，其论述常见于律学著作③、辞书④与法制史教

① 例如，同样的斗殴，对汉人“严加禁约”，对蒙古人不加禁制。蒙古人员殴打汉人，汉人不得还报，只允许汉人“指立证见，于所在官司赴诉”，违者严行断罪。元朝对蒙古人犯罪给予一定优待，如《元史·刑法志》有载“诸蒙古人斫伤他人奴，知罪愿休和者，听。”参见韩玉林主编：《中国法制通史》(第6卷)，法律出版社1999年版，第21页。

② 杨廷福：《唐律研究》，上海古籍出版社2012年版，第159页。

③ 如《刑统赋解》《吏学指南》《读律佩觿》《福惠全书》等。《吏学指南》将“七杀”概括为：七杀，谋(二人对议)、故(知而犯之)、劫(威力强取)、斗(两怒相犯)、误(出于非意)、戏(两和相害)、过失(不意误犯)。参见(元)徐元瑞撰：《吏学指南》，杨讷点校，浙江古籍出版社1988年版，第60页。吴坛《大清律例通考》“人命”篇按：“人命篇名，始自前明……汉以后，但有杀人者死之令……相沿至明，以人命至重按唐律而增损之始汇为人命一篇，大概以谋、故、殴、戏、误、过失六杀统之。”参见马建石、杨育裳主编：《大清律例通考校注》，中国政法大学出版社1992年版，第772页。

④ 如《中华法学大辞典》《北京大学法学百科全书》《中国百科大辞典》《中华国粹大辞典》《中国古代法学辞典》等。

材[①]中,指故意和过失等心理状态下犯罪阶段、情节各不相同的杀人罪,是对传统“杀”罪较高科学化程度的学理归纳。目前,学界关于古代杀人罪的研究成果甚为丰硕,但尚未发现对“伤”罪进行系统研究的专门著述,其并未得到应有的重视,不得不说是一个缺憾。伤人案往往比人命案更能反映彼时民间暴力冲突情境,忽视对传统“伤”罪的研究无疑在一定程度上会影响对我国刑法史乃至法律史研究的完整性。可以说,我国传统“伤”罪及其立法和司法治理是值得关注与深入研究的方向。

清代法律文本以及有关判例的汇编、刑科档案等史料留存最多,保存状况最好,且承袭并积累了前朝上千年法制和治理经验,具有重要的借鉴意义,有助于加强对“伤”罪的定性研究与量化考证。有清以前,法律文本大多已亡佚,且官方司法档案大多未得保存,只能从零散史料记载中窥见一二。“中国历朝历代档案已丧失殆尽(除近代考古发掘所得甲骨、简牍外),而清朝中枢机关(内阁、军机处)档案,秘藏内廷,尚称完整。……出之于当事人亲身经历和直接记录,具有较高之真实性、可靠性。”[②]法律文本方面,《大清律例》集我国历代封建法典之大成,有关“伤”罪立法至为成熟、体系化,值得深入研究。[③] 清律立法详密,三纲五常观念与刑罚思想发达,在中国法制史上占有重要地位,是“中国历朝法典发展最高阶段的标志”。[④] “夫大清律者非自大清起也,损益乎汉、唐、宋、明之成法,

① 关于杀人罪,唐代对封建刑法理论的最大发展,就是在《斗讼律》中区分了“六杀”——“谋杀”“故杀”“斗杀”“误杀”“过失杀”“戏杀”。参见曾宪义主编:《中国法制史》,北京大学出版社、高等教育出版社 2013 年版,第 161 页。

② 杜家骥主编:《清嘉庆朝刑科题本社会史料辑刊》,天津古籍出版社 2008 年版,第 1 页。

③ 鉴于有清二百六十余年间法典修订版本众多,且例文增减频繁,在综合比较后,笔者选择了最有代表性的乾隆五年版《大清律例》作为主要研究对象。

④ 田涛、郑秦点校:《大清律例》,法律出版社 1999 年版,第 5 页。自清统治者入关以来,先后经历了沿用关外旧法、暂用《明律》、颁行《大清律集解附例》、修订《大清律例》等多个时期。自顺治二年(1645 年)始,清以“详译明律,参以国制,增损剂量,期于平允”为指导思想修订律法。前后历经顺治、康熙、雍正三朝,至乾隆五年(1740 年)定名为《大清律例》,并严格规定律文乃“祖宗成宪”,不可变化,只可增改例文。直至清末法制改革之前,律文也未曾变动。乾隆元年开始纂修,五年纂修完毕,六年缮写刻样告竣,八年刊刻结束、开始印刷,在八年到九年之间,利用层层下发的方式取得“颁行天下”的效果。

荟萃乎六经四子之精义,根极乎天理民彝,深合乎民情士俗。"[①]"清代法制是中国封建法制的完备形态,剖析清代法制,有助于了解整个封建法制的发展趋向和规律性。"[②]司法判例方面,《刑案汇览三编》《驳案汇编》等判例汇编内容丰富,且真实性、权威性较高。特别是《刑案汇览三编》,作为清代刑事司法审判的真实记录,其所辑案件大多选自司法档案,均为中央司法机关处理的较为疑难复杂的刑案,案件收录多,时间跨度长,以说帖、成案、通行为主,其编撰体例与《大清律例》结构对应,案件叙述逻辑严密,内容翔实、充分,最能反映清代司法实况,是研究清代司法的珍贵实证史料,其所收录诸多"伤"罪案能为本书的研究提供充足的实证素材。尽管当前已有诸多有关《大清律例》和《刑案汇览三编》的研究成果,但尚未发现以其为基本素材,针对"伤"罪进行研究的专门成果。

因此,笔者立足于清代,以《刑案汇览三编》为主要研究素材,着重从实证视角分析清代史料中的真实案件以及"伤"罪有关律例条文,主要尝试解决以下问题:清代"伤"罪的类别及各类"伤"罪之间的界限问题;"国法"《大清律例》在"伤"罪案中的法律适用及治理的有效性问题;为应对社会矛盾与冲突,巩固统治秩序,强化社会控制,清代如何实现法律与情、理的融合;与其他朝代相比,清代有何独特之处? 等等。希望通过对清代"伤"罪治理的深入探讨,加强对其立法规制与司法运行的基本认知,在某些方面填补当前研究的不足,拓宽法律史研究的视野。

需要说明的是,《大清律例·刑律》"斗殴"条载:"所殴之皮肤青赤而肿者为伤。"[③]清律常以"侵损于人""损伤于人"定义"杀伤"。例如,"其损伤于人(因犯杀伤于人而自首者,得免所因之罪,仍从本杀伤法)""侵损于人者,以凡人首从论(损为斗殴杀伤人之类)"。[④] 所谓"损,谓损伤身体"。[⑤] 由此,本书以非法损伤于人,致人身体机能或身体健康受损的犯

① (清)吉同钧纂辑,闫晓君整理:《大清律例讲义》,知识产权出版社 2018 年版,第 9 页。

② 张晋藩主编:《中国法制通史》(第 8 卷),法律出版社 1999 年版,第 3 页。

③ 田涛、郑秦点校:《大清律例》,法律出版社 1999 年版,第 443 页。

④ (清)吉同钧纂辑,闫晓君整理:《大清律例讲义》,知识产权出版社 2017 年版,第 47 页。

⑤ (清)沈之奇撰:《大清律辑注》,怀效锋、李俊点校,法律出版社 2000 年版,第 94 页。

罪行为来界定清代“伤”罪。鉴于我国古代法制（含清代）未有“伤害罪”这一罪名[①]，《大清律例》乃至秦汉唐律均以“……伤”进行表述，如《大清律例》“屏去人食服”条规定：“若故用蛇蝎毒蛊咬伤人者，以斗殴伤论。验伤之轻重，如轻则笞四十，至笃疾亦给财产。”[②]且《刑案汇览三编》等司法判牍屡见“科伤罪”之语，若以一类或几类名称而“治”之，恐难以体现“伤”罪治理复杂多元的特征，故笔者遵照清代的法制框架与逻辑原貌，以及司法档案中的专门指称，以“伤”罪来统称清代伤害类犯罪。

（二）研究意义

历经前朝各代上千年的发展与传承，到清代，各项立法与司法已至为成熟且定型化。虽然学界关于《刑案汇览三编》《大清律例》的研究成果颇丰，但对日常高发的“伤”罪特别是与其刑事司法适用相关的研究仍存在不足，尚未发现专文研究。因此，本书以具有较高真实性与可信度的司法档案——《刑案汇览三编》为主要素材，采用定量与定性相结合等多种研究方法，对其所载“伤”罪案进行多角度与全方位的实证分析和理论阐释，特别是探究论证“伤”罪案的结构体系、犯罪构成及其司法实践与《大清律例》的适用差异等，总结与评价其司法特色与治理经验，力图还原彼时惩治“伤”罪案的原貌，探求古人处理规则与事实之关系的司法智慧。

本书具有重要的理论意义。以清代“伤”罪这一罪名为视角，聚焦其在《刑案汇览三编》中的法律适用，可以“以小见大”“以点带面”，在理论上有助于切实加强对清代“伤”罪立法和司法运作基本规律与规则的理解，作出切合清代特定语境的阐释以及具有“类型”价值的理论概括。这也是挖掘与传承我国传统法律文化的有益探索，有助于吸取我国传统“伤”罪立法和司法应对问题时的经验、教训，还有助于在中国法制史上

① 中国古代的“罪名”一语并非如现代刑法中的“罪名”，是“高度概括某类犯罪、某类罪中某节犯罪或者某种犯罪本质特征，是某类犯罪、某节犯罪或者某种犯罪的称谓”。参见李希慧：《罪状、罪名的定义与分类新论》，载《法学评论》2000 年第 6 期。

② 田涛、郑秦点校：《大清律例》，法律出版社 1999 年版，第 432 页。

重新定位传统伤害犯罪，以史为鉴而正视听，丰富对我国传统刑事法律以及司法审判的认知，拓展刑事法律史研究的深度和宽度，为法史学研究开拓新的方向，挖掘一些新的法律史资源。

本书具有独到的现实意义。习近平总书记曾强调，“要注意研究我国古代法制传统和成败得失，挖掘和传承中华法律文化精华，汲取营养、择善而用”。[①] 清代“伤”罪立法与司法治理根植于传统中国，是历经上千年传承积累的法律成果，发挥着“禁暴止奸”的重要作用。在坚定文化自信及大力弘扬中国传统优秀法律文化的当下，对有清一代刑事伤害犯罪法律及其司法运作进行多面考察，深度挖掘、解构有关“伤”罪治理的经验与特点、机理，对于在实践层面加强对我国传统法治与现代法治关系的认知，理解、吸收与融合本国优秀传统法制元素以及推进当今法治改革均具有重要的现实意义。清代有关“伤”罪的一些立法规定和司法实践固然与当代司法制度凿枘不投，如伦理纲常秩序、同罪异罚等原则已被现代刑事司法摒弃，但其所蕴含的情理法融合、灵活性等治理内核与经验，对当今司法仍具有一定的借鉴意义，或许能为当今刑法中的伤害罪治理提供一些启示。例如，在充分发挥情理的司法功能方面，2022 年 12 月 22 日，最高人民检察院与公安部联合发布《关于依法妥善办理轻伤害案件的指导意见》，规定在严格依法办案的同时，“对因婚恋、家庭、亲友、邻里、同学、同事等民间矛盾纠纷或者偶发事件引发的轻伤害案件，结合个案具体情况把握好法理情的统一，依法少捕慎诉慎押”。[②] 这表明贯通中华上千年历史的情理法在现代法治中仍有巨大的作用空间。在处理当下一些引起社会大众强烈反响，虽属依法裁断，但难以得到社会大众认可的疑难复杂案件时，可以从我国传统“伤”罪司法审判实践中获取有益的本土资源，寻找到传统法律智慧的支持和启示，更好地建设法治社会、法治中国。

---

① 习近平：《论坚持全面依法治国》，中央文献出版社 2020 年版，第 111 页。

② 《最高人民检察院　公安部关于依法妥善办理轻伤害案件的指导意见》，载公安部网 2023 年 3 月 2 日，https://www.mps.gov.cn/n6557558/c8902770/content.html。

二、研究综述与史料收集

(一)研究综述

截至目前,与清代“伤”罪相关的研究成果较少,即便是有关中国传统伤害犯罪的成果也不多见,尚无专门系统性的研究论著,但仍有一些著作和论文为本选题的研究提供了重要的参考和借鉴,下文就对本书的写作有所裨益的研究成果作简要梳理。

著作方面,绝大多数只是附带提及或偶有涉及清代伤害犯罪,且仅作浅显的探讨,主要涉及法史类著作和少量专著。

法史类著作包括但不限于张晋藩总主编《中国法制通史》[①]、程树德《中国法制史》[②]、陈顾远《中国法制史概要》[③]、戴炎辉《中国法制史》[④]等。其中,最具代表性的是张晋藩总主编的《中国法制通史》,该书按照历史发展顺序,对相关朝代刑事法律关于伤害罪的规定作了大致梳理,以“伤害罪”为名,涉及伤害行为与结果、故意与过失、定罪量刑、共同犯罪等内容,但对各个朝代“伤”罪的研究深度、侧重点不一。其第八卷清代法制史仅在“雍正、乾隆时期的刑法”之“危害人身安全的犯罪与刑罚”一节简要提及“伤害罪”,将其分为故意伤害、共同伤害和过失伤害,并对部分斗殴条文进行语义解读,但重心在于对立法条文的梳理,缺乏对实践的考察和抽象特征的归纳概括,所占篇幅极小。还有部分刑法史类著作偶尔提及作为侵害人身类犯罪之一的传统伤害罪内容,但囿于概括性的介绍,包括但不限于徐朝阳《中国刑法溯源》,黄秉心《中国刑法史》,蔡枢衡《中国刑法史》,宁汉林、魏克家《中国刑法简史》,高绍先《中国刑法史精要》等。

就专著而言,最有影响力的当数瞿同祖《中国法律与中国社会》一书,该书运用《刑案汇览》等史料,用少量篇幅概述了清代亲属间杀伤罪、

---

① 张晋藩总主编:《中国法制通史》,法律出版社1999年版。

② 程树德编:《中国法制史》,河南人民出版社2016年版。

③ 陈顾远:《中国法制史概要》,商务印书馆2017年版。

④ 戴炎辉:《中国法制史》,台北,三民书局1979年版。

良贱间杀伤罪与主奴间杀伤罪这三类特殊主体之间的杀伤犯罪，列举了尊卑相犯的罪刑处罚差异及原因，但重点在于突出中国古代法律以家族主义和阶级概念为核心的儒家礼法融合精神和特征，其将立法与司法相结合的研究方法对本书有很大的借鉴意义。[①] 其次为韩国学者韩相敦《传统社会杀伤罪研究》一书，该书将传统中国的“杀”与“伤”统合为“杀伤”作一体化研究，不局限于任何一个朝代，按犯罪人的主观心态，将传统杀伤罪分为故意杀伤罪（含谋杀伤和故杀伤）、结合故意与过失的杀伤罪（含斗殴杀伤和戏杀伤）、过失杀伤罪（含误杀伤和过失杀伤）、过失杀伤罪的特殊犯罪形态（含弓箭杀伤人、庸医杀伤人、窝弓杀伤人等），重心在于“杀”罪。他提出，杀伤罪依据犯罪恶性程度反映于刑律中，对故意犯极为严厉，但对非故意犯则较宽容。[②] 再次为胡宗绮《意欲何为：清代以来刑事法律中的意图谱系》一书，该书考察了清代“谋杀”“故杀”“斗杀”“戏杀”“过失杀”的体系结构、量刑原则及其现代化转型，各自的犯罪意图及其与具体情境之间的关系，间或提及杀伤之罪。[③]

论文方面，数量有限且缺少高质量成果，主要包括以清代“斗殴”为主题的研究，以及特殊主体之间杀伤犯罪。

首先，一些学者专门研究清律“斗殴”或某一条斗殴律例。例如，田时雨《清朝“父祖被殴”条律例研究》一文基于清朝“父祖被殴”条律例的历史流变，探求为救护父母而犯罪的定罪量刑根源，提出从唐律“祖父母为人所殴击”，到明代正式将“父祖被殴”罪名入律，至清朝形成了完备的防范体系和精准的评判标准。司法中，皇帝和刑部官员会考量“行为工具”“服制”“罪数形态”等因素去实现罪刑平衡。[④] 类似研究还有李妍

① 参见瞿同祖：《中国法律与中国社会》，中华书局2003年版。

② 参见［韩］韩相敦：《传统社会杀伤罪研究》，辽宁民族出版社1996年版。

③ 参见［美］胡宗绮：《意欲何为：清代以来刑事法律中的意图谱系》，景风华译，广西师范大学出版社2020年版。

④ 参见田时雨：《清朝“父祖被殴”条律例研究》，载中国社会科学院古代史研究所清史研究室编：《清史论丛》（总第37辑），社会科学文献出版社2019年版。

《清“妻妾殴夫”罪研究》[①]等。

其次，一些学者从夫妻相犯、女性杀伤、亲属杀伤、家罪等特殊身份主体角度研究清代杀伤罪。例如，姚冠英《〈大清律例〉中亲属相犯法律制度研究》[②]一文将亲属间杀伤作为亲属相犯范畴之一，对《大清例律》关于亲属杀伤的立法规定进行解读，但更多从杀人角度研究亲属相犯法律制度。朱阁雯《清代女性杀伤类犯罪研究》一文重点研究导致清代女性杀伤类犯罪的个体、社会、法律、恶逆变等诱发犯罪因素，对女性杀伤人犯罪的复杂成因进行多维度分析。[③] 钱泳宏《清代夫妻相犯研究——基于〈大清律例〉与刑科档案的法文化考察》一文勾勒还原了清代夫妻相犯的情状，探求时代背景、家庭与社会环境对夫妻相犯的影响，偶尔提及妻殴夫或夫殴妻。[④] 魏道明《清代对于奸非案内亲属杀伤行为的司法处置》一文对清代因奸而杀伤亲属的司法实践进行了研究。[⑤]

再次，一些学者着眼于传统中国的某一类伤害罪开展研究。例如，戴羽等《传统伦理视域下的古典运动伤害治理》一文提出，我国古代法律以“戏杀伤”罪名治理角抵、骑射、竞渡等传统体育和击壤、弄潮、弹弓等游戏导致的对抗性伤害，政府并不提倡伤及身体的运动项目，运动意外伤害责任认定严格，多以禁治为主，其治理呈日渐加重的趋势。[⑥] 马欣《戏杀罪的流变研究》一文研究了戏杀罪的发展演变过程，通过比较汉唐律、唐元律、唐清律在“戏”的定义、规范内容、归罪标准和量刑轻重等方面的不同，提出受中国传统的天道观、王道观、孝道观和公道观的影响，戏杀罪在

---

① 参见李妍：《清“妻妾殴夫”罪研究》，天津师范大学 2014 年硕士学位论文。

② 参见姚冠英：《〈大清律例〉中亲属相犯法律制度研究》，黑龙江大学 2014 年硕士学位论文。

③ 参见朱阁雯：《清代女性杀伤类犯罪研究》，南昌大学 2009 年硕士学位论文。

④ 参见钱泳宏：《清代夫妻相犯研究——基于〈大清律例〉与刑科档案的法文化考察》，华东政法大学 2010 年博士学位论文。

⑤ 参见魏道明：《清代对于奸非案内亲属杀伤行为的司法处置》，载《青海师范大学学报（哲学社会科学版）》2011 年第 5 期。

⑥ 参见戴羽等：《传统伦理视域下的古典运动伤害治理》，载《沈阳体育学院学报》2017 年第 6 期。

整个纵向变化发展过程中存在客观归罪主义不断加强、量刑逐步加重以及审查、审判与审结权限始终分离三大规律。① 苏雄华《斗殴行为及其特征》一文提出，对向性是斗殴行为的外在客观特征，非法性是其主观特征，明知会侵害公共秩序和他人健康权，但为争夺非法利益而放任结果发生。②

传统杀人罪与伤人罪并未有清晰的界限，"杀""伤"二字多用来指已死、未死两项。在伤人罪与杀人罪的关系上，古今学者主要有两种观点：其一，认为"杀""伤"两事相因，是一个过程的两个阶段。如沈家本《论故杀》一文载："窃谓《唐律》斗故杀条，本包括故殴伤在内（斗殴伤见另条）。斗殴者，伤为斗殴伤，杀为斗殴杀。故者，伤为故殴伤，杀为故杀。故杀由故伤而成，事本相因，难分为二。"③沈家本提出了"故伤"和"故杀"、"斗殴伤"与"斗殴杀"之间的紧密联系。类似看法还有蔡枢衡《中国刑法史》："一般地说，死亡是创伤的发展。在这个意义上，伤害和死亡实是一个过程的两个阶段。"④其二，在"杀"罪与"伤"罪转化上，学界基本达成共识，认为伤害结果以及保辜制度是伤人罪转化为杀人罪的判断标准。例如，刘晓林《唐律"七杀"研究》一文提到"斗杀"与"斗伤"的判断，认为伤与死本无绝对之界限，区别"斗杀"与"斗伤"的主要标准是犯罪结果，可适用保辜制度来区别罪与非罪、此罪与彼罪。⑤ 笔者认为，虽然"杀""伤"均为一事相因，但不可否认"伤"罪罪名与量刑的独立性，其与杀人罪是有显著区别的。

最后，还有一些论文对秦、汉、唐等其他朝代"伤"罪进行研究，其数量较清代多，但因其主题并非清代的"伤"罪，故只能参考比较。其中，有不少学者以比较手法研究唐律"伤"罪，如苏雄华《斗杀伤的承袭析造：以

① 参见马欣：《戏杀罪的流变研究》，武汉大学 2017 年硕士学位论文。

② 参见苏雄华：《斗殴行为及其特征》，载《重庆社会科学》2009 年第 10 期。

③ （清）沈家本撰：《历代刑法考》，邓经元、骈宇骞点校，中华书局 1985 年版，第 2072 - 2073 页。

④ 蔡枢衡：《中国刑法史》，中国法制出版社 2005 年版，第 148 页。

⑤ 参见刘晓林：《唐律"七杀"研究》，吉林大学 2011 年博士学位论文。

唐律与现行刑法为节点》一文比较了当今的聚众斗殴罪对唐律斗杀伤的传承因袭，提出就沿袭而言，主观故意之内均区分斗、故，且在特定条件下斗可转为故，在用刃或持械的情况下都规定了加重法定刑；就改造而言，从杀伤并论到杀伤分离，从单纯对向犯到聚众对向犯，立法的价值取向由保护人身权转为维护公共秩序等。[①] 张蓉《〈唐律〉斗殴罪研究》一文提出，《唐律》中的斗殴罪是指双方行为人互相攻击的相对打击行为，并对唐代斗殴罪的分类、处罚、共犯和转化进行探讨。[②] 吕广雨《唐律亲属伤害罪研究》一文梳理了亲属伤害罪在唐律中的分布及规定，将唐律亲属伤害罪划分为卑幼伤害尊长罪、尊长伤害卑幼罪和夫妻之间及其与对方亲属之间的伤害罪三大类，提出唐律设置亲属伤害罪具有维护“父为子纲、夫为妻纲”伦理纲常、实践由亲亲到尊尊的治国模式的意义。[③] 厉永军《唐律与罗马法杀伤罪的比较研究》一文运用现代刑法学的犯罪论、责任论、刑罚论等比较、解析《唐律疏议》与罗马法中的杀伤罪，提出如果以现代刑法理论来观察，《唐律疏议》与罗马法是粗糙的、简单的，更多是对犯罪现象的客观表述，没有理论浓缩、提炼本质与归纳原则性的东西，且缺少现代刑法奠基的民主思想与人权理论。[④] 类似研究成果还有冯申《汉唐律杀伤人罪之比较研究——以〈二年律令〉与〈唐律疏议〉为主线》[⑤]。另有一篇论文（张功、杨成东《秦汉伤害罪探析》）对秦汉伤害罪开展研究，提出秦汉刑律将伤害他人身体的行为区分为斗伤人、贼伤人、殴伤人，有清晰的入罪标准和保辜规定，在量刑时考虑行为人与被害人之间的亲属、尊卑、上下级关系：对卑幼、下级处罚重于普通人，对尊长、上级的处罚则轻于普通人；以伤害结果作为伤害行为入罪和量刑的标准。[⑥]

---

① 参见苏雄华：《斗杀伤的承袭析造：以唐律与现行刑法为节点》，载《西南科技大学学报（哲学社会科学版）》2010 年第 2 期。

② 参见张蓉：《〈唐律〉斗殴罪研究》，天津师范大学 2017 年硕士学位论文。

③ 参见吕广雨：《唐律亲属伤害罪研究》，南京师范大学 2009 年硕士学位论文。

④ 参见厉永军：《唐律与罗马法杀伤罪的比较研究》，吉林大学 2012 年硕士学位论文。

⑤ 参见冯申：《汉唐律杀伤人罪之比较研究——以〈二年律令〉与〈唐律疏议〉为主线》，中国政法大学 2005 年硕士学位论文。

⑥ 参见张功、杨成东：《秦汉伤害罪探析》，载《天水师范学院学报》2010 年第 6 期。

纵览以上论著，现有研究成果为本书奠定了良好的基础，但尚未得见对清代“伤”罪的类型、成罪条件、罪刑特点等进行独立研究的专门论著，有关清代“伤”罪乃至我国传统伤害犯罪研究的普遍性并未完全反映在当前的研究成果之上，学界对此方面的研究有所忽视。特别是还没有学者利用《刑案汇览三编》等中央刑科档案对清代“伤”罪案件及其治理进行全面梳理、总结与归纳，尚有不少问题值得深入探讨，这为本书留下了较大的研究空间。就个人拙见，学界现有研究成果尚存在以下不足：

其一，独立性研究欠缺。对于我国清代“伤”罪，乃至传统刑法伤害罪的研究成果总体偏少，且显得零散。在已有著述和论文中，大多将传统中国的“杀”与“伤”统合为“杀伤”作一体化研究，或将“伤”罪作为“杀”罪的属类，至今未见专门研究。整体性、系统性地论证“伤”罪的宏观结构、形态及其法律运行还不充分，当前的考证尚不足以描绘出清代“伤”罪治理的真实面貌与图景。

其二，基于司法实证的研究不足。从研究内容看，现有成果大多局限于对微观律例的罗列与梳理，且多是关于律的研究，对例的研究较少，对“伤”罪案件的挖掘与实证分析较为薄弱。条例是清代立法不可缺少的组成部分，然而学术界大多侧重律文研究而忽视了对条例的分析。尽管运用司法档案开展法律史学术研究，特别是有关清代的司法制度与具体实践已成为热点，但鲜有人系统运用司法档案对“伤”罪法律及其司法适用进行量化研究，在一定程度上缺乏立法与司法的深度融合。

其三，体系化纵深研究不足。主要表现为体系化研究深度不足，较为普遍地在具体类别、立法体系与司法裁判规则、特征等重要问题上的研究力度不足。例如在研究主体上，较少有对平行阶层主体之间伤害犯罪的探讨，更多集中在对父祖被殴、妻殴夫等有关身份关系的伤害犯罪研究上；或者将“伤”罪作为“杀伤罪”的一部分内容进行研究，且仅有的成果也只是对传统伤害犯罪的某些方面进行粗略阐述，篇幅较小，不够深入。

（二）史料收集与梳理

深刻的洞见往往建立在全面、丰厚的史料基础上，基于史料的事实探讨和理论评价，更有助于提炼出有规律的特性，为系统、整体性研究奠定重要的材料基础。研究清代“伤”罪最直接的资料是法律文本与司法档案。律典是所有刑事犯罪研究的基础；司法档案是最接近司法事实的记载，其“并非只是一种单纯的记录，而是一种动机复杂而又充满张力的叙述”。[①]《刑案汇览三编》[②]汇集了诸多中央和地方司法机关裁断的伤害犯罪案件，是研究清代“伤”罪司法实践极具代表性和权威性的史料，使得本选题的研究具备更高可行性。因此，笔者以《刑案汇览三编》为核心，并辅以《大清律例》《驳案汇编》等法典和其他刑科题本或律学著作、官方档案，以资印证与补充。

经梳理，对本书具有参考价值的文献且已经采用的主要有：(1)《刑案汇览三编》《驳案汇编》[③]《清嘉庆朝刑科题本社会史料辑刊》[④]《刑部比照加减成案》[⑤]等清代判案史料汇编；(2)《睡虎地秦墓竹简》《唐明律合编》《张家山汉简·二年律令》《唐律疏议》《宋刑统》《大明律》《大清律例》《钦定大清现行刑律》《历代刑法考》《九朝律考》等朝代的简牍、刑律

---

① 徐忠明：《案例、故事与明清时期的司法文化》，法律出版社 2006 年版，第 4 页。

② 《刑案汇览三编》收录了自清乾隆元年（1736 年）起至光绪十一年（1885 年）共计 9200 余个案件，均为中央司法机关处理的刑案，是清代中后期司法审判的真实记录，是研究清代司法制度的珍贵实证史料。在这些案件中，以地方呈报中央的案件为主，也有一些处理相关问题的奏折和诏书。呈报中央的案件基本上属于需由中央司法机关审核的重罪案件，或需请示的比附案件和疑难案件。《刑案汇览三编》还有不少刑部自审案件。

③ 参见（清）全士潮等纂辑：《驳案汇编》，何勤华等点校，法律出版社 2009 年版。

④ 参见杜家骥主编：《清嘉庆朝刑科题本社会史料辑刊》，天津古籍出版社 2008 年版。

⑤ 参见（清）许梿、熊莪纂辑：《刑部比照加减成案》，何勤华点校，法律出版社 2009 年版，“前言”。《刑部比照加减成案》源自刑部成案，比照其加减案考订之异同，对每则案例均载明比照律例及量刑加减之判决，为司法官吏运用自由裁量权提供参照。

著作;(3)《大清律辑注》[①]《读例存疑点注》[②]《大清律例通考校注》《读律佩觿》《吏学指南》《福惠全书》等刑法史、法史类著作;(4)《中国法律与中国社会》《传统社会杀伤罪研究》《意欲何为:清代以来刑事法律中的意图谱系》《唐律"七杀"研究》等国内外相关学术著作、学位论文与期刊论文(详见"参考文献")。虽然学界有不少关于《刑案汇览》《大清律例》等史料的研究成果,但还没有学者依托这些史料对清代"伤"罪开展系统、专门的研究。

三、研究思路与研究方法

(一)研究思路

本书以《刑案汇览三编》为核心研究素材,聚焦其中的六类"伤"罪案件,以其立法规制与司法裁断为核心,依照从个案到整体的研究进路,对清代"伤"罪展开系统研究。笔者深度挖掘《刑案汇览三编》《大清律例》《驳案汇编》等历史文献,结合彼时特定的社会背景和环境,严格遵循实事求是的原则,用具有"宽度"与"厚度"的史料考量,"以案证史",以"实"勾勒清代社会"伤"罪案件的司法运作实况,并分析其背后所展现的法文化思想,力争考据清晰,得补其阙。

首先,对《刑案汇览三编》所载清代"伤"罪案进行概览。以《刑案汇览三编》所载316宗"伤"罪案为基本研究素材,综合考量《大清律例》的"伤"罪罪名规定及其框架体系,即立足于清代自身的立法与司法适用语境,完成对清代"伤"罪案的分类与排序,并对各类"伤"罪案的时空分布

---

① 《大清律辑注》是清初辑注派律学的代表性成果,"为清代中叶以后学者所引用最多、且最具权威","既汇集、吸收当时被奉为权威的诸家律注如《读律管见》《读律琐言》《刑书据会》《律例笺释》的律学研究成果,又有独到的见解……因而成为'采取诸家者十之五,出于鄙见者半焉'的创新之作"。乾隆五年修订律例时,对该书的观点时有采纳。(清)沈之奇撰:《大清律辑注》,怀效锋、李俊点校,法律出版社2000年版,"点校说明"。

② 参见胡星桥、邓又天主编:《读例存疑点注》,中国人民公安大学出版社1994年版。本书是由薛允升对《大清律例》在具体操作过程中碰到的一系列疑难问题及修改律例的意见逐条汇集而成。

及主要来源、罪刑适用情况等进行量化分析。

其次，探讨《刑案汇览三编》所见六类“伤”罪的内涵及其构成特征。根据犯罪意图轻重程度，以“故伤”“斗殴伤”“戏伤”“误伤”“过失伤”“盗伤”为序，结合《大清律例》，阐释六类“伤”罪的含义及其成罪要件，为研究其司法运行构建好理论基础。

再次，分析《刑案汇览三编》中“伤”罪法律规范的司法适用及其裁判规则。采取典型个案深描与总体研究互为补充的方式，通过具体案件反映清代在“伤”罪治理上的法律思维与解决之道，尽可能还原其多维司法运作之原貌，进一步加强我们对清代“伤”罪案治理的认知。

最后，以总结清代“伤”罪立法和司法治理特点为最终落脚点，归纳概括其独特之处。包括考察静态文本中的“伤”罪立法规制体系及其司法适用的特点以及两者之间的关联等，希望深化对传统中国刑事法律的了解，为解决当下社会相关法律问题提供有益参考与借鉴。

需要说明的是，本书的研究主题是关于清代中国社会已发生并被记载于《刑案汇览三编》之中的“伤”罪案，即徒流以上“重事”，因而未正式进入刑事诉讼程序的伤害行为以及田土细故导致的笞杖以下民间“小事”未纳入本书研究范畴①。在《刑案汇览三编》《驳案汇编》等司法档案中，大量的“伤”罪案被隐匿在各类人命案之中，命案中的伤害行为更多地被视为一种手段或过程被忽略或淡化，因而纯粹的伤害犯罪案件相对较少。如《樊山批判》所载，被处笞、杖或枷号的由州县官“自理词讼”的轻微伤害犯罪，不一定严格依律处置，还可以调解、赔钱等多元化形式私了销案。除非涉及贼盗、卑幼犯尊等“大事”而产生的严重伤害事件需要刑事法律予以严惩以外，像户婚、钱债、田土等“小事”，即便依律可能判徒刑以上刑罚，也有可能由州县运用乡规民约、风俗习惯和家族法规等进

① 《清史稿·刑法志》将州县完结案件称为“自理词讼案”，将徒罪以上经审转的案件称为“审转案”；或按照中央和地方司法权限的配置，分为“内结案”和“外结案”。其中，“内结案”主要是涉及人命的徒流以上案件和少数“例无专条”的疑难案件，这些案件被逐级上诉到刑部、大理寺、都察院和皇帝等中央司法机构，由其作出最终裁决；“外结案”是无关人命的徒罪案件，督抚有权作出终局裁判，只须例行汇案咨报刑部即可结案。

行民间或诉讼内调处，在其职权范围内规训或处罚了事，如在斗殴案上批注“着乡保传谕安分”等批语，而不必逐级审转，这也是自古追求“无讼”目标的体现。[①] 故而，有较多伤害犯罪未被记录到司法档案中，甚至未进入正式的诉讼程序，但并不影响本书对常规状态下的清代“伤”罪司法治理的研究。

（二）研究方法

“虽然法史学应当以史料为基础，但是没有方法与理论的自觉和创新，法史学的解释功能和现代意义，很难自动呈现。”[②]因清代与“伤”罪相关联的立法与司法史料较多，需要大量时间、精力进行收集、筛选、整理与分析，以为后续的理论和实践研究建立更好的材料基础，因而笔者十分注重锤炼研究方法。笔者坚持用唯物史观来认识和把握历史，充分考虑彼时的时代背景和社会环境，尝试作出规律性的探讨与总结，力争把结论建立在翔实准确的史料支撑和细致深入的理论辨析上。概言之，本书主要使用了以下四种研究方法：

第一，实证分析法。在中华法系发展的悠悠历史长河中，司法判例具有无可比拟的重要地位，既是古代判决的记录，更是司法活动的再现，对于研究我国传统法律制度及其适用是不可或缺的资料。清律中有关“伤”罪的概念术语、条文规则、原理精神等均静态存在于立法文本之中，其对于社会的价值主要体现在法律实践当中。“仅仅研究条文是不够的。我们也应该注意法律的实效问题。条文的规定是一回事，法律的实施又是一回事……我们应该知道法律在社会上的实施情况，是否有效，推行的程度如何，对人民的生活有什么影响等等。”[③]“假如我们完全脱离司法审

① 张晋藩主编：《中国法制通史》（第8卷），法律出版社1999年版，第680页。如《批杜义和息词》中，宗三欠账不还反殴打债主，后宗三赔礼还钱，樊增祥认为其虽无礼在前，但后能“见机”，故准予销案。

② 徐忠明：《案例、故事与明清时期的司法文化》，法律出版社2006年版，“自序”。

③ 瞿同祖：《中国法律与中国社会》，中华书局2003年版，“导论”第2页。

判活动而探究法律之特性与价值，恐怕难以取得具有实质意义的认识。"[①]因此，基于事实论证事实的法律实证分析思路，本书以《刑案汇览三编》所载316宗"伤"罪案为基础与主线，主要采取援案叙说的方式，通过梳理复杂的司法案件来接近案件事实，特别重视运用统计学的量化分析方法，从个别到一般，通过具体的案件去推断、演绎结论，探寻清代"伤"罪治理的独特之处和效果，以及皇帝、刑部等各层级裁判者对"伤"罪案的处理态度等，尽力追求实证结论的真实可靠性。

第二，历史文献学研究法。法史学与历史学研究的目的有一定相似性，都尽可能地描绘出历史的本来面目。揭示"真相"，离不开对史料的查阅、梳理和分析。研究清代"伤"罪的法律适用问题，自然也离不开对清代相关历史文献的广泛收集与深入解读，故而，历史文献学研究方法尤为重要。本书主要以《刑案汇览三编》和《大清律例》《驳案汇编》《清嘉庆朝刑科题本社会史料辑刊》《刑部比照加减成案》等历史文献中的法律条文与"伤"罪案为主开展研究，"辨章学术，考镜源流"，描绘清代"伤"罪治理的历史情貌，获得深层次的理性认知和抽象概括，将结论建立在诸多真实客观的历史文献基础上。

第三，比较研究方法。本书采用的比较分析分为横向与纵向两个比较维度。横向比较上，贯通清代的律例与司法档案，通过立法与司法适用的比较，评析出清代"伤"罪治理的独立情态及其特征；纵向比较上，以历史发展为线索，将"伤"罪置于整个传统刑法的发展、演变历程中进行考察，与秦、汉、唐等朝代作纵向延伸比较，重点考察"伤"罪的罪名变化、定罪量刑、发展脉络、治理理念及其实践所体现的精神意蕴、主要法治经验等内容。通过双重维度的比较与观照，推动问题的发现与解决。

第四，跨学科研究方法。本书还采取了史学研究与法学研究相结合、刑法学研究与法律史研究相结合的跨学科方法，具体来说：一方面，将史学与法学研究相结合，对《刑案汇览三编》中的"伤"罪案件进行梳理，考

① 徐忠明：《论中国古代刑事审判传统》，载《法制与社会发展》2004年第1期。

察其记载中的相关“伤”罪律例规定及裁判过程，综合分析“伤”罪立法条文在司法实践过程中的运行状况；另一方面，将刑法学与法律史研究相结合，运用犯罪构成、罪数形态、共同犯罪等刑法学的基本概念对“伤”罪典型个案进行分析，探讨“伤”罪案治理可能涉及的刑法学原理及其独到之处。

四、创新之处与不足之处

（一）创新之处

本书的研究建立在前贤已有的成果基础之上，力求有所创新，依笔者拙见，可能的创新之处如下。

首先，发现清代“伤”罪的可研究性及研究的必要性。目前，虽有大量关于《大清律例》和《刑案汇览》的研究论文或著作，但至今尚无针对清代“伤”罪特别是以实证分析为视角的系统性、专门性成果，这对于我国清代刑事法律及司法实践的研究无疑是一个缺憾。有清一代“伤”罪治理作为保护人身安全的重要屏障之一，以及历代立法长期经验积累而类型化且细分罪名、刑罚的典型，对其研究可以进一步加强对我国传统刑事犯罪及其规制的认知与了解，在一定程度上开拓法律史的研究视野。因此，研究对象的发现与选择是本书的第一个创新之处。

其次，提出创新性观点。本书通过深入研究清代“伤”罪立法及其司法实践，从案件的驳议往来重现清代地方和中央在天理、人情和国法等诸多利益因素交织下的多方博弈，并总结出具有规律性的内容，展现清代治理“伤”罪中的独特鲜明个性及其实践逻辑。例如，关于在罪名分类与认定、成罪条件、司法裁判规则等诸方面的特殊性，笔者主要提出：清代构建了从顶层的直接故意至最底层的过失、意外的有关“伤”罪的主观有责性体系，自上而下按程度分为“故伤”“斗殴伤”“戏伤”“误伤”“过失伤”“盗伤”（结果加重情节）六类“伤”罪；还提出清代在对“伤”罪案的司法裁断上，坚持严鞫确情、罚当其罪，固守纲常、同罪异罚，以法为教、情理法融合，追求“刑罚得中”的价值目标。经证成，在“伤”罪治理上，清代立法与司法相互参证,基本保持一致。

最后,深耕传统文献,发现诸多相关研究资料。“现今的社会科学研究通常由某一特定的理论立场出发,提出一项由该理论视角所生发出的研究问题,目标则是证明(有时候是否证)所设定的‘假说’。”①为防止脱离实际的猜想,本书基于法律实证分析思路,深耕《刑案汇览三编》《驳案汇编》《大清律例》等传统文献,发现了许多之前尚未用于传统“伤”罪研究的资料,为本书论证提供了翔实可靠的证明材料。在此基础上,从清代历史实践出发,具引大量案例,根据司法实践自身的逻辑去总结规律、构建理论,而不是从简单“感知”和“价值判断”出发去裁剪实践。同时,还避免用现代刑法观念去切割历史,进而产生一系列不言而喻或者无意识的预设研究。因此,行文中,笔者高度重视摒除先入为主的主观臆断,切忌囿于一得之见;注重微观实践分析与宏观审视的交叉融合研究,通过“小题大做”,从一定数量的案例推导出一般规律。

(二)不足之处

由于诸多原因,本书在研究论证中难免出现疏漏或不当之处,主要体现在量化分析难以全面反映清代司法的全部真实面貌。实证分析结论的准确性受多种因素影响,特别是研究样本涵盖的广泛性、史料的真实完整性等影响较大,这是量化研究普遍存在的不可避免的问题。另外,本书所选“伤”罪案件样本都是上报至刑部的案情较为复杂或疑难的案件,一定程度上缺少对情节较轻微案件样本的研究,因而只能部分反映清代“伤”罪司法实践的真实状况。因此,本书极力避免以偏概全,坚持以史料为中心,采用多种资料印证补充。

① [美]胡宗绮:《意欲何为:清代以来刑事法律中的意图谱系》,景风华译,广西师范大学出版社2020年版,第1、2页。

第一章　《刑案汇览三编》所载清代“伤”罪案概览

若要系统研究清代“伤”罪法律及其适用情况，就不得不通过对一定数量司法案件的实证分析来探查抽象律例的实际运行效果及其社会影响。如瞿同祖先生所言，法律研究“如果只注重条文，而不注意实施情况，只能说是条文的、形式的、表面的研究，而不是活动的、功能的研究”。[①]司法档案是律例条文在社会运作中的实践描述。因此，本书以《刑案汇览三编》中符合研究主题的316宗“伤”罪案[②]为主要研究素材，以“伤”罪案的类型、案发时间、案发地、案件来源与审断结果等内容为基本分析要素，主要讨论三个问题：一是“伤”罪案的类型及其分布比例；二是“伤”罪案的时空分布；三是“伤”罪案的主要渊源与罪刑适用。希望从案件之间的交织中探查出清代“伤”罪在不同历史时期的具体实践，以此考察清代惩治“伤”罪的基本态度与司法力度。因史料缺乏统计学所要求的一贯性和同构性，故不可避免地，本书研究所得的数据在一定程度上存在不完整性，难以完整准确还原原貌。但这种不完整性并不影响我们通过数据对彼时“伤”罪案的治理情态作整体宏观的了解。

---

① 瞿同祖：《瞿同祖法学论著集》，中国政法大学出版社1998年版，第9页。

② 清代明文规定：罪在杖徒以上需通详招解、报部定罪者，以及奉各上司批审需详覆者，名为案件。本书所指“伤”罪案是因斗殴、窃盗等缘由伤人并达到清律立案标准的刑事案件。

第一节 “伤”罪案的类型分析

“伤”罪在我国古代并非简单的一个罪名,而是类罪名。由于各个朝代关于“伤”罪的立法规定与司法治理有所不同,相应地,各自的类别也不相同,因而对清代“伤”罪的分类必须着眼于清代自身的立法体例和司法实践。鉴于此,下文首先考述清代“伤”罪有关律例,再以《刑案汇览三编》为主,对“伤”罪案进行类型分析。

一、“伤”罪的立法考述

律例典章是司法制度及其实践运作的基础。清代自乾隆五年(1740年)修成《大清律例》后,其刑事立法定型化,律文完全固定不变,不得修改。为进一步刻画清代“伤”罪案的法律适用实况,在研究“伤”罪案的类别之前,笔者认为,非常有必要全面了解《大清律例》中的“伤”罪律例概况,为下文更好地比较和分析立法与司法及其是否存在某种程度的背离等问题奠定研究基石。

(一)“伤”罪律文

清代的律文并不以司法裁断为唯一目的,其更重要的功能是承载我国传统法律文化明刑弼教、礼法道德等核心价值观和治理理想,兼有强化政治统治的权威性与维护社会和谐稳定的预期指向性作用,所以是定型化的,与条例相比,律文数量较少。

经梳理,《大清律例》中与“伤”罪密切相关的律文共有 56 条,主要集中于《刑律》,少量分布于《名例律》、《兵律》和《工律》;按照“一罪一刑”原则,基本都详细规定了各自的犯罪情节及对应的刑罚,或在其他篇目中比附论罪。其中,《名例律》“名例”门有 5 条;《兵律》“厩牧”门、“军政”门、“关津”门共 4 条;《刑律》“贼盗”门有 6 条,“人命”门有 5 条,“斗殴”

门有22条,"诉讼"门有3条,"杂犯"门有2条,"捕亡"门有1条,"断狱"门有6条;《工律》"河防"门有2条。总体来看,《刑律》"斗殴"门所占比例最高,高达42%。鉴于篇幅,为使行文便利,笔者择其要点,制成下表,相关律文分布情况与罪刑详情见表1.1、表1.2。

表1.1　《大清律例》"伤"罪相关律文分布

篇目	所属门类	"伤"罪相关罪名	数量
名例律	名例	常赦所不原、犯罪自首、老小废疾收赎、共犯罪分首从、本条别有罪名	5
兵律	厩牧	畜产咬踢人、向宫殿射箭	2
	军政	纵军掳掠	1
	关津	关津难留	1
刑律	贼盗	强盗、劫囚、白昼抢夺、亲属相盗、略人略卖人、夜无故入人家	6
	人命	屏去人食服、戏杀误杀过失杀伤人、弓箭伤人、车马杀伤人、窝弓杀伤人	5
	斗殴	斗殴、保辜期限、宫内忿争、皇家袒免以上亲被殴、殴制使及本管长官、佐职统属殴长官、上司官与统属官相殴、九品以上官殴长官、拒殴追摄人、殴受业师、威力制缚人、良贱相殴、奴婢殴家长、妻妾殴夫、同姓亲属相殴、殴大功以下尊长、殴期亲尊长、殴祖父母父母、妻妾与夫亲属相殴、殴妻前夫之子、妻妾殴故夫父母、父祖被殴	22
	诉讼	告状不处理、干名犯义、军民约会词讼	3
	杂犯	失火、放火故烧人房屋	2
	捕亡	罪人拒捕	1
	断狱	故禁故勘平人、陵虐罪囚、与囚金刃解脱、死囚令人自杀、决罚不如法、妇人犯罪	6
工律	河防	盗决河防、失时不修堤防	2

注:本表依据乾隆五年(1740年)版《大清律例》整理而成。

表 1.2 《大清律例》“伤”罪相关律文科刑一览

序号	犯罪情节	刑事科刑	来源
1	过失伤人	会赦免罪	卷五　名例律上·常赦所不原
2	损伤于人而自首（如窃盗伤人自首）	从本伤法（依斗殴伤人律）	卷五　名例律下·犯罪自首
3	老小废疾伤人罪不至死	收赎	卷五　名例律下·老小废疾收赎
4	共殴分首从	各科其罪	卷五　名例律下·共犯罪分首从
5	犯时不知身份（如父不识子）	凡人斗法（依打子之法）	卷五　名例律下·本条别有罪名
6	马、牛及犬有触抵踢咬人，而畜主记号拴牵不如法，因而伤人	以过失论，各准斗殴伤收赎，给主	卷二十一　兵律·厩牧·畜产咬踢人
	故放令畜产伤人	减斗殴伤一等	
	受雇医疗畜产及无故触之而被伤	不坐罪	
7	向太庙及宫殿射箭、放弹、投砖石伤守卫之人	斩监候	卷二十一　兵律·宫卫·向宫殿射箭
8	守卫将帅因纵军掳掠而伤人	为首斩监候，为从杖一百	卷二十一　兵律·军政·纵军掳掠
9	不顾风浪，故行开船，至中流停船，勒要船钱因而伤人	以故伤论	卷二十一　兵律·军政·关津难留
10	窃盗临时拒捕伤人	斩监候	卷二十三　刑律·贼盗上·强盗
	窃盗事主知觉，弃财逃走，事主追逐，因而拒捕殴人	依罪人拒捕律；至折伤以上，绞监候	
11	私窃放囚人逃走因而伤人；官司差人追征钱粮，及捕获罪人，聚众中途打夺，因而伤人	绞监候	卷二十四　刑律·贼盗中·劫囚

续表

序号	犯罪情节	刑事科刑	来源
12	白昼抢夺伤人	为首斩监候,为从减一等	卷二十四 刑律·贼盗中·白昼抢夺
	本与人斗殴或勾捕罪人,因而窃夺财物伤人	各从故、斗论	
13	亲属窃盗、强盗伤人	依伤尊长、卑幼本律	卷二十五 刑律·贼盗下·亲属相盗
	同居卑幼引他人盗己财物伤人;他人伤人,卑幼不知情	依伤尊长、卑幼本律	
14	诱卖良人伤被略人	绞监候	卷二十五 刑律·贼盗下·略人略卖人
15	夜无故入人家,其已就拘执而擅伤	减斗殴伤二等	卷二十五 刑律·贼盗下·夜无故入人家
16	以他物置人耳鼻及孔窍中,若故屏去人服用饮食之物而伤人/成残废疾/成笃疾	杖八十/杖一百、徒三年/杖一百、流三千里,将犯人财产一半给笃疾之人养赡	卷二十六 刑律·人命·屏去人食服
	故用蛇蝎毒蛊咬伤人	以斗殴伤论	
17	戏伤,以及因斗殴误伤	以斗伤论	卷二十六 刑律·人命·戏杀误杀过失杀伤人
	诈诳令人过渡致陷溺伤	以斗伤论	
	过失伤人	准斗伤罪,收赎,给付被害人之家	
18	无故向城市及有人居止宅舍,放弹射箭,投掷砖石不伤人/伤人	笞四十/减凡斗伤一等	卷二十六 刑律·人命·弓箭伤人
19	无故于街市镇店驰骤车马伤人	减凡斗伤一等	卷二十六 刑律·人命·车马杀伤人
	因公务急速而驰骤伤人	以过失论,依律收赎给付其家	

续表

序号	犯罪情节	刑事科刑	来源
20	打捕户穿坑井、安置窝弓不立望竿及抹眉小索不成伤/致伤； 非深山旷野捕猎致伤	笞四十/减斗殴伤二等；以弓箭伤人论	卷二十六　刑律·人命·窝弓杀伤人
21	手足殴人不成伤/成伤及他物殴人不成伤/他物殴人成伤/拔发立寸以上	笞二十/笞三十/笞四十/笞五十	卷二十七　刑律·斗殴上·斗殴
	殴人血从耳目出及内损吐血者	杖八十	
	折人一齿，及手足一指，眇人一目，抉毁人耳鼻，及用汤火、铜铁汁伤人；折二齿二指以上，及尽髡去发	杖一百； 杖六十、徒一年	
	折人肋，眇人两目，堕人胎，及刃伤人	杖八十、徒二年	
	斗殴成废，折跌人肢（手足）体（腰项）及瞎人一目皆成废疾	杖一百、徒三年	
	瞎人两目，折人两肢，损人二事以上，及因旧患令至笃疾，若断人舌，及毁败人阴阳	杖一百、流三千里，将犯人财产一半断付被伤笃疾之人养赡	
	同谋共殴伤人	各以下手伤重者为重罪，原谋减伤重者一等	
	因斗互相殴伤	各验其伤之轻重定罪，后下手理直者减二等	
22	在辜限外，及虽在辜限内，伤已平复，官司文案明白，被殴之人别因他故身死	从殴伤法	卷二十七　刑律·斗殴上·保辜期限
23	于宫内忿争相殴	杖一百；折伤以上加斗伤二等	卷二十七　刑律·斗殴上·宫内忿争

续表

序号	犯罪情节	刑事科刑	来源
24	殴皇家袒免亲不成伤/成伤/至折伤以上	杖六十,徒一年/杖八十,徒二年/加凡斗二等	卷二十七 刑律·斗殴上·皇家袒免以上亲被殴
25	殴制使及本管长官; 流外杂职官及军民吏卒,殴非本管三品以上官	杖一百、徒三年/伤者,杖一百、流二千里/折伤者,绞监候; 杖八十、徒二年/伤者,杖一百、徒三年/折伤者,杖一百、流二千里	卷二十七 刑律·斗殴上·殴制使及本管长官
	公使人在外殴打所在有司官; 佐贰首领自相殴	照殴非本管官之品级科罪;依凡斗法	
26	本衙门首领官及所统属官殴伤长官;佐贰官殴长官 以上两项至笃疾者	各减吏卒殴伤长官二等; 各减首领官之罪二等; 绞监候	卷二十七 刑律·斗殴上·佐职统属殴长官
27	监临上司之佐贰、首领官,与所统属之下司官品级高者,及与部民有高官而相殴者; 非相统属官品级同,自相殴者	同凡斗论	卷二十七 刑律·斗殴上·上司官与统属官相殴
28	流内九品以上官,殴非本管三品以上之官; 折伤以上及殴伤非本管五品以上,若五品以上殴伤非本管三品以上官	杖六十、徒一年; 各加凡斗伤二等	卷二十七 刑律·斗殴上·九品以上官殴长官
29	官司差人追征钱粮,勾摄公事,而纳户及应办公事人殴所差人	杖八十;伤重加二等,罪止杖一百、流三千里;至笃疾者,绞监候	卷二十七 刑律·斗殴上·拒殴追摄人
30	殴受业师	加凡人二等	卷二十七 刑律·斗殴上·殴受业师
31	以威力挟制捆缚人,及于私家拷打监禁	不问有伤无伤,杖八十; 伤重至内损吐血以上,各验其伤加凡斗伤二等	卷二十七 刑律·斗殴上·威力制缚人
	以威力主使他人殴打而致伤	以主使之人为首,下手之人为从减一等	

续表

序号	犯罪情节	刑事科刑	来源
32	奴婢殴良人； 良人殴伤他人奴婢； 奴婢自相殴伤	加凡人一等，至笃疾，绞； 减凡人一等； 各依斗伤论	卷二十七　刑律·斗殴上·良贱相殴
	殴内外缌麻、小功亲之奴婢至折伤以上	减伤凡人奴婢罪二等，大功减三等，非折伤勿论	
	殴内外缌麻、小功亲之雇工人至折伤以上	减凡人一等，大功减二等，非折伤勿论	
33	奴婢殴家长；过失伤者； 奴婢殴家长之尊卑期亲及外祖父母； 殴家长之缌麻亲、小功亲、大功亲	皆斩；杖一百、流三千里； 绞监候； 缌麻，杖六十、徒一年，小功，杖七十、徒一年半，大功，杖八十、徒二年；加者，加入于死	卷二十八　刑律·斗殴下·奴婢殴家长
	雇工人殴家长及家长期亲； 过失伤者； 殴缌麻亲、小功亲、大功亲	伤者杖一百、流三千里，无伤均杖一百、徒三年，折伤绞监候； 各减本伤罪二等； 杖八十、九十、一百，加等罪止杖一百、流三千里	
	家长及家长之期亲殴雇工人至折伤以上	减凡人折伤罪三等	
34	妻妾殴夫	杖一百；折伤以上，加凡斗伤三等	卷二十八　刑律·斗殴下·妻妾殴夫
	妾殴夫及正妻	加妻殴夫罪一等	
	夫殴妻至折伤以上； 夫殴妾至折伤以上； 妻殴伤妾	减凡人二等； 减殴伤妻二等； 与夫殴妻罪同	
	殴妻之父母	杖六十、徒一年；折伤以上，各加凡斗伤罪二等； 至笃疾者，绞监候	

续表

序号	犯罪情节	刑事科刑	来源
35	同姓亲属相殴	尊长犯卑幼减凡斗一等;卑幼犯尊长加一等	卷二十八 刑律·斗殴下·同姓亲属相殴
36	卑幼殴本宗及外姻缌麻兄姊; 本宗及外姻尊长殴卑幼至折伤以上	但殴即坐杖一百,小功兄姊杖六十、徒一年,大功兄姊杖七十、徒一年半,尊属又各加一等,折伤以上各递加凡斗伤一等,笃疾绞; 缌麻卑幼减凡人一等;小功卑幼减二等;大功卑幼减三等	卷二十八 刑律·斗殴下·殴大功以下尊长
37	弟妹殴同胞兄姊; 侄殴伯叔父母姑及外孙殴外祖父母; 过失伤者	杖九十、徒二年半,伤者杖一百、徒三年,折伤者杖一百、流三千里,刃伤及折肢,若瞎其一目者,绞; 各加殴兄姊罪一等; 各减本伤罪二等,不收赎	卷二十八 刑律·斗殴下·殴期亲尊长
38	子孙殴祖父母、父母,以及妻妾殴夫之祖父母、父母; 过失伤者	皆斩; 杖一百、徒三年,不收赎	卷二十八 刑律·斗殴下·殴祖父母父母
	祖父母、父母、嫡/继/慈/养母非理殴子孙之妇和乞养异姓子孙	折伤以下勿论,废疾杖八十,笃疾加一等	
39	妻妾殴夫之期亲以下、缌麻以上本宗外姻尊长	与夫殴同罪	卷二十八 刑律·斗殴下·妻妾与夫亲属相殴
	妻殴伤卑属; 妾殴伤卑属	与夫殴同罪; 从凡斗法	
	期亲以下缌麻以上尊长殴伤卑幼之妇	减凡人一等	

续表

序号	犯罪情节	刑事科刑	来源
	弟妹殴兄之妻； 兄姊殴弟之妻，以及妻殴夫之弟妹及夫弟之妻	加殴凡人一等； 各减凡人一等	
	殴姊妹之夫，妻之兄弟，以及妻殴夫之姊妹夫； 妾犯此罪	以凡斗论； 加夫殴妻一等	
	妾殴夫之妾子； 殴妻之子； 妻之子殴伤父妾； 妾子殴伤父妾	减凡人二等； 以凡人殴论； 加凡人一等； 加凡人三等	
40	殴妻前夫之子	减凡人一等	卷二十八　刑律·斗殴下·殴妻前夫之子
	殴继父	杖六十、徒一年；折伤以上，加凡斗伤一等	
41	殴故夫之祖父母、父母； 旧舅姑殴已故子孙改嫁妻妾	与殴舅姑罪同； 与殴子孙妇同	卷二十八　刑律·斗殴下·妻妾殴故夫父母
	奴婢殴旧家长及家长殴旧奴婢	各以凡人论	
42	祖父母、父母为人所殴，子孙实时救护而还殴	非折伤勿论；至折伤以上，减凡斗三等	卷二十八　刑律·斗殴下·父祖被殴
43	斗殴不受理	各减凡人二等，罪止杖八十	卷三十　刑律·诉讼·告诉不处理
44	女婿与妻父义绝，女婿殴妻至折伤以上	依常人论	卷三十　刑律·诉讼·干名犯义
45	军民斗殴	军民一体约问	卷三十　刑律·诉讼·军民约会词讼
46	失火因而伤人	杖一百，坐失火之人	卷三十四　刑律·杂犯·失火
47	放火故烧人房屋而伤人； 延烧官民房屋及积聚之物而伤人	以故伤论	卷三十四　刑律·杂犯·放火故烧人房屋

续表

序号	犯罪情节	刑事科刑	来源
48	罪人拒捕殴所捕人至折伤以上	绞监候,为从各减一等	卷三十五 刑律·捕亡·罪人拒捕
	囚虽逃走已就拘执,以及罪人虽逃走不拒捕而擅伤人	以斗伤论	
49	官吏怀挟私仇故禁故勘平人至折伤以上	依凡斗伤论	卷三十六 刑律·断狱上·故禁故勘平人
50	狱卒纵肆非理在禁陵虐殴伤罪囚	依凡斗伤论	卷三十六 刑律·断狱上·陵虐罪囚
51	狱卒以金刃及他物致囚在逃及于狱中自伤或伤人	杖六十、徒一年	卷三十六 刑律·断狱上·与囚金刃解脱
52	死囚令人自杀而伤人	各以凡人斗伤论	卷三十六 刑律·断狱上·死囚令人自杀
53	监临(有司管军)之官,因公事于人虚怯去处非法殴打,及亲自以大杖或金刃、手足殴人至折伤以上	减凡斗伤罪二等;听从下手之人各减一等,罪坐所由	卷三十七 刑律·断狱下·决罚不如法
54	妇人未产拷决,因而堕胎	减凡斗伤罪三等	卷三十七 刑律·断狱下·妇人犯罪
55	盗决河防因而伤人; 或取利,或挟雠故决河防因而伤人	各减斗伤罪一等; 以故伤论	卷三十九 工律·河防·盗决河防
56	不先事修筑河防,以及虽修而失时,因而伤人	杖八十	卷三十九 工律·河防·失时不修堤防

注:本表依据乾隆五年(1740 年)版《大清律例》整理而成。

同其他罪名一样,清代“伤”罪亦遵循传统伦理纲常,立法中以身份等级关系确定刑罚幅度的做法充分体现了上下等级、尊卑贵贱之意。从以上规定可知,除按“一罪一刑”惩处外,清代“伤”罪的定罪量刑大多以

“斗殴伤”为核心，在其基础上作加减。

（二）清代“伤”罪条例

研究清代“伤”罪治理的发展演变，不仅需要研究律文的规定，还离不开对条例的分析，这样才能更客观地论证本主题。为加强对社会和谐统治秩序的维系，应对“世情之万变”，平衡时世发展与律文恒定之间的矛盾关系，克服立法的滞后性带来的实践困境，清代结合实际制定了大量适应案件情节和形态变化的细则性条例。“遵行既久，间有续纂之例，与原定例文稍涉参差者，亦有案情变幻，出于定律定例之外者，势不能不随时酌量变通。”①“条例，是清统治者适应不同时期的统治需要，以律为基础和依据制定的刑事性质的单行法规，经定期修定编辑附载于相关律文之后，是律的辅助与补充。”②

清代“伤”罪治理实践中，条例缓解了法律适用僵化和无律可循的情况，其比律文数量更多、适用范围更广、更灵活。当出现“伤”罪相关律例互相冲突或不符合案情等情况时，司法适用中会酌情补充或删改。概言之，“伤”罪条例的来源主要有两个：一是皇帝诏令，以及皇帝对臣下奏议等作出的批示（上谕）；二是刑部就具体案件所作，经皇帝批准在判决中确立的原则或规则。条例一旦纳入法典中，就如律文一般具有长期适用性，尽管有的条例只适用于极少数特殊的情境。

由于现存各版本《大清律例》所载条例及其数量有所差异，故笔者以薛允升《读例存疑点注》，田涛、郑秦点校版《大清律例》，张荣铮等点校版《大清律例》为核心，并佐之以其他史料。经梳理，共发现 77 条与“伤”罪紧密相关的条例。由于篇幅所限，表 1.3 仅为田涛、郑秦点校版《大清律例》中的部分涉伤条例，其他条例将在下文对应章节中具体体现。

---

① （清）祝庆祺等编：《刑案汇览三编》（一），北京古籍出版社 2004 年版，第 221 页。

② 吕丽：《论〈大清律例〉“以例辅律”的体例原则》，载《吉林大学社会科学学报》1999 年第 4 期。

表 1.3 《大清律例》中“伤”罪部分条例

序号	犯罪情节	刑事科刑	来源
1	强盗伤人平复准自首	照凶徒执持凶器伤人例问边远充军	卷五 名例律下·犯罪自首
2	教令七岁小儿殴打父母	以殴凡人之罪论	卷五 名例律下·老小废疾收赎
3	强盗止伤人未得财	比照抢夺伤人律	卷二十三 刑律·贼盗上·强盗
4	响马强盗/江洋行劫大盗执有弓矢军器伤人不得财	依白昼抢夺伤人律	
5	未伤人之盗首于未发时自首(窝家盗线)/闻拿投首	发近边充军/发遣	
6	强盗诬扳良民,未伤人伙盗	加等照伤人例,斩立决	
7	行劫二次之伙盗,又每案内各转纠三人以上,及帮助捆殴按捺事主,逼索财物,不论是否伤人	不得循例奏请	
8	官司差人追征钱粮,勾摄公事,并捕获罪人,但聚众至十人以上,中途打夺为从	发近边充军	卷二十四 刑律·贼盗中·劫囚
9	行劫罪囚伤人之伙犯	斩立决	
10	白昼抢夺伤人区分首从	首犯照白昼抢夺伤人律;从犯照窃盗拒捕伤人为从例;伤非金刃又伤轻平复者,照窃盗拒捕例	卷二十四 刑律·贼盗中·白昼抢夺
11	窃盗临时拒捕伤人,伤而未死; 伤非金刃,又伤轻平复,并拒捕不伤人首从犯罪	首犯斩监候,为从发边卫充军; 首犯发边卫充军,为从及自首杖一百、徒三年	卷二十四 刑律·贼盗中·窃盗
12	盗掘矿砂,持杖拒捕伤人为首	照窃盗拒捕伤人律斩监候	卷二十四 刑律·贼盗中·盗田野谷麦

续表

序号	犯罪情节	刑事科刑	来源
13	应许捉奸之人捉奸有登时杀伤； 非登时杀伤	照已就拘执而擅伤律； 依斗伤论	卷二十六　刑律·人命·杀死奸夫
14	非应许捉奸之人捉奸伤人	依斗伤论	
15	妻妾无罪被殴，至折伤以上自尽	依夫殴妻妾致折伤律	卷二十六　刑律·人命·夫殴死有罪妻妾
16	骑马撞伤人	依车马伤人律	卷二十六　刑律·人命·车马杀伤人
17	凶徒因事忿争，执持凶器伤人及误伤旁人，与凡剜瞎人眼睛，折跌人肢体，全抉人耳鼻口唇，断人舌，毁败人阴阳者； 聚众执持凶器伤人	发近边充军； 发边远充军；执持凶器而未伤人，杖一百	卷二十七　刑律·斗殴上·斗殴
18	护军兵丁及食粮当差人役执持金刃伤人或自伤	革役照律例问拟	
19	沿江滨海持枪执棍，混行斗殴	两造为首及鸣锣聚众之犯杖一百、流三千里；伤人之犯杖一百、徒三年	卷二十七　刑律·斗殴上·斗殴
20	辜限内患他病身死，与本伤无涉	从本殴伤法	卷二十七　刑律·斗殴上·保辜期限
21	因事聚众殴打、绑缚监临官	不分首从，军卫发极边充军，有司发边外为民	卷二十七　刑律·斗殴上·殴制使及本管长官
22	闲散及护军披甲人记仇，将该管官动兵刃致伤	即行正法，妻子免发遣	
23	主使两人殴一人，数人殴一人重伤及成残废笃疾	依因事用强殴打例	卷二十七　刑律·斗殴上·威力制缚人
24	奴仆殴辱职官	家长笞五十	卷二十七　刑律·斗殴上·良贱相殴

续表

序号	犯罪情节	刑事科刑	来源
25	卑幼殴期亲尊长,执有刀刃赶杀,情将凶恶,未伤	发近边充军	卷二十八 刑律·斗殴下·殴期亲尊长
26	诈充各衙门差役,假以差遣体访事情、缉捕盗贼为由,以捕盗抢检伤人、殴人	死罪	卷三十二 刑律·诈伪·诈称内使等官
27	强奸执持金刃凶器戳伤本妇,以及拒捕致伤旁人,已成奸/未成奸	斩监候/绞监候	卷三十三 刑律·犯奸
28	凶恶棍徒放火故烧人房屋等伤人; 未伤人及伤而不死	枭示; 为首斩监候,为从发近边充军,诱胁同行者杖一百、徒三年	卷三十四 刑律·杂犯·放火故烧人房屋
29	强盗拒捕伤官兵之案,其同在一处,或三五成群,虽非下手之人	即行斩决	卷三十五 刑律·捕亡·罪人拒捕
30	因脱逃伤兵役	斩决、枭示	卷三十五 刑律·捕亡·狱囚脱监及反狱在逃
31	将轻罪人犯用大枷枷号,以及用连根带须竹板伤人	交部议处	卷三十六 刑律·断狱上·因应禁而不禁
32	程递人犯、押解人员擅加杻镣,非法乱打,逼致伤	徒罪以上属军卫者,发近边充军;属有司者发边外为民	卷三十六 刑律·断狱上·陵虐罪囚
33	未产拷决不堕胎,及产限未满拷决不致死	不应轻律	卷三十七 刑律·断狱下·妇人犯罪

注:本表依据田涛、郑秦点校版《大清律例》中的"伤"罪条例整理而成。

由表1.3可见,有的条例规定了比律文更重的刑罚——枭示,这说明清代由于维系统治秩序的需求,对严重伤害犯罪的高度重视。

二、“伤”罪案的类别

从古至今,有关我国传统“杀”罪分类的研究多不胜数,“六杀”“七杀”之争至今仍未定断。但对传统“伤”罪却没有类似的专门指称,还有待进一步挖掘。

(一)类别之分:“六伤”

清代“伤”罪案的分类与排序是本书研究的一个重点与难点。“伤”罪在我国古代并非简单的一个罪名,而是类罪名,由于各个朝代的立法规定与司法审断有所不同,其分类自然存在些许差异①。故对清代“伤”罪案的分类,必须着眼于清代自身的司法实践和立法体例,不能简单地承继前朝。如前节所示,为加强对统治者既有利益的维护,《大清律例》针对“伤”罪的不同假定条件、行为模式和法律后果,制定了较为详尽的“伤”罪法律规范。从中可见,清代高度重视伤害犯罪的主观意志因素②,不仅严格区分故意与过失,且在故意与过失之间对犯罪类型进行了细分;即便造成相同的客观伤害结果,但如果引发伤人行为的犯罪意图不同,其处罚也不相同。比如同是故意,直接故意之“故伤”与间接故意之“斗殴伤”的治理不同。由于《大清律例》本身存在对刑事罪名的划分标准不一和不明确的缺陷,因此结合本书研究需要,笔者根据《刑案汇览三编》的话语体系与专门指称,同时参照清律的立法体例和逻辑习惯,通过立法与司法的相互参证,综合对清代“伤”罪案进行再分类与类型化概括。

在定罪量刑时,区分犯罪构成中的主观要素是清代刑事司法的主要特征之一。“故伤”“斗殴伤”“戏伤”“误伤”“过失伤”作为特定用语,在《大清律例》《刑案汇览三编》中屡次出现。例如,放火故烧房屋伤人,故

---

① 例如,张斐《注律表》将《晋律》中的杀伤行为分为谋杀伤、贼杀伤、斗杀伤、戏杀伤、过失杀伤五类。陈顾远认为,唐律“杀伤罪有谋杀、故杀、斗殴杀伤、误杀伤、戏杀伤、过失杀伤等六种”。参见陈顾远:《中国法制史概要》,商务印书馆 2017 年版,第 1 页。

② 主观意志也叫犯罪意图,是行为人实施犯罪时的心理状态,也是行为人希望实现的主观目的。

决河防伤人,均以“故伤”论(“防火故烧人房屋”条、“盗决河防”条);窃盗伤人自首的,依斗殴伤人律论(“犯罪自首”条);因戏而伤人,以及因斗殴而误伤旁人的,各以斗伤论,若过失伤人的,各准斗伤罪(“戏杀误杀过失杀伤人”条)等(见表1.2、表1.3)。另外,作为盗罪的结果加重犯,“盗伤”也多次出现在《刑案汇览三编》中,如蓝庭林纠同蓝宣等五人抢谷于蓝庭芳,被蓝庭芳赶殴蓝宣致死案记载:

> 嗣后亲属相盗杀伤之案,除卑幼行强盗及尊长放火强劫图奸谋杀,卑幼不论有无服制,各依凡论外,如期服以下至无服尊长强窃盗及抢夺卑幼财物、杀伤卑幼者,各就服制中杀伤卑幼及同姓亲属相殴并亲属相盗各本律相比,从其重者论。卑幼窃盗及抢夺尊长财物,杀伤尊长者,以凡盗杀伤之罪,与服制杀伤及同姓亲属相殴各本律相比,从其重者论。[①]

综上,本书主要按行为人犯罪意图(从故意到过失)的程度,自重而轻将清代“伤”罪案分为:“故伤”案、“斗殴伤”案、“戏伤”案、“误伤”案、“过失伤”案及“伤”罪案的特殊形态——“盗伤”案。

笔者认为,清代有“谋杀”但无“谋伤”之说。首先,按清律规定,若因“谋杀”而致伤,仍照“谋杀”定罪,而非依“伤”罪。《大清律例·刑律》“谋杀人”条规定:因“谋杀”,如伤而不死,造意者,绞监候;如谋而已行但未曾伤人者,将造意为首之人杖一百,徒三年,同谋同行之为从者,各杖一百,同谋虽不同行者,皆坐罪。[②] 沈之奇在《大清律辑注》对“谋”和“谋杀”作了非常详细的解释:“谋者,计也。先设杀人之计,后行杀人之事,谓之谋杀。……《名例》称‘谋’者,二人以上,本注曰‘谋状显著明白者,虽一人,同二人之法’,此谋杀人有造意、加功之别,正为二人以上言之。若出于一人之心,一人之事,则造意加功,俱自为之,径引谋杀人斩罪,所

---

① 参见(清)祝庆祺等编:《刑案汇览三编》(二),北京古籍出版社2004年版,第642-643页。

② 参见田涛、郑秦点校:《大清律例》,法律出版社1999年版,第420页。

谓一人同二人之法也。”[①]沈之奇对于“谋杀”的解释是有预谋的故意杀人，对于人数没有限制，且“谋杀”不要求造成实际的杀伤结果，一旦有预谋的犯罪准备，便可入罪，而“故杀”与“斗殴杀”必须要有实际行动与死亡结果的发生才能成立“杀”罪。也就是说，“谋杀”更加注重有预谋的杀伤人，囊括了所有主客观行为状态，即谋而已杀、谋而已伤、谋而已行未伤等阶段。其中，“谋而已伤”亦即行为人积极谋划采取措施并且造成伤害结果的犯罪阶段，犯罪行为致犯罪对象受伤但没有致死，按律仍科以“谋杀”之罪。其次，清律虽有“同谋共殴伤人”条之规定，但重在“共殴”，因而被置于“斗殴”门下，而非“人命”谋杀条款之中，按其体例结构应为“斗殴”的犯罪情节之一。最后，经考证《刑案汇览三编》等刑科档案及《大清律例》，尚未发现“谋伤”之语或相关案件。司法中，也未区分预谋杀人还是预谋伤人，而是从严认定，科以“谋杀”之罪。如上可证，清代无“谋伤”之说。从乾隆时期陕西司“谋杀人伤而未死”一案可窥见一二。基本案情如下：

> 长安县民王四儿欲将营兵杨天贵拉奸之时，被该县游击满仓捉住送县责惩，因而怀恨在心。为泄私愤，王四儿暗藏弓箭，某日伺机放箭并将满仓脑后射伤，但伤而未死。该督抚以王四儿无杀害之心，拟照“凶徒因事忿争，执持刀枪弓箭伤人”例拟军，具题至刑部。刑部首次驳回时提出：弓箭属杀人工具，用其射人有致死的危险，显然属于有预谋的杀害，并非因事忿争，不宜宽纵，故驳回该司再议。题驳去后该督抚又疏称，王四儿所执之弓乃射雀所用，柔软无力，是竹弓，而非杀人工具，与预谋杀害中伤致命者有所不同，声请仍照原拟充军等因具题。刑部再次驳回，认为王四儿怀恨执持弓箭，乃被责惩后蓄意谋害满仓，泄忿情事显著。因而将王四儿依“谋杀人伤而不死，造意者绞监候”律绞监候，秋后处决。乾隆十四年三月二十四日奉旨依议。[②]

---

① （清）沈之奇撰：《大清律辑注》，怀效锋、李俊点校，法律出版社2000年版，第651页。

② 参见（清）全士潮等纂辑：《驳案汇编》，何勤华等点校，法律出版社2009年版，第184－185页。

该案中,地方官吏认为,射雀所用的竹弓并非能杀死人的工具,从而认定王四儿无杀人之故意,且因满仓仅受伤未致死,欲科以"伤"罪。但刑部持不同意见,首次题驳时认为王四儿所用之弓乃杀人之器,谋杀之心显著;第二次题驳则更强调王四儿之"蓄意谋害泄忿",均严格区分王四儿所怀是谋杀之心还是伤人之心。从案件审理过程可见,从始至终,刑部严格依行为人的犯罪意图——主观上有无谋杀之心来断罪,虽然本案仅致伤并未造成死亡结果,但因行为人怀有谋害之心,仍然不科"伤"罪,而科以"谋杀人伤而未死"之罪。这也说明,是否造成死亡结果并非清代区分"伤"罪与"杀"罪的唯一标准。

(二)"六伤"案之分布

本书所选"伤"罪案主要集中在《刑律》"斗殴""贼盗"等卷内,以各地督抚、刑司上报刑部或皇帝的咨、奏、题等方式呈现。因杀人罪比伤人罪的社会危害性以及对统治秩序的威胁更大,且有部分伤人案以非诉讼方式了结,《刑案汇览三编》所载"伤"罪案数量远少于人命案。

经梳理 316 宗"伤"罪案件发现,"斗殴伤"案所占比例最大,共有 200 宗,其次为"盗伤"案,有 65 宗,这说明清代斗殴与因盗伤人犯罪较为常见、多发。遗憾的是,清代社会生活按理应有因戏而伤的案件,在《刑案汇览三编》中有少量因戏而杀的案件("戏杀"案),但尚未发现有关"戏伤"案的记载。笔者认为,其有可能因情节轻微或通过调解、和解等手段解决而未进入正式的诉讼规程,或者是在双方共戏中存在争斗情形,而被科以"斗殴伤"之罪。

具体而言,除"戏伤"案外,五种类型的"伤"罪案分布比例为:

"故伤"案共 7 宗,约占 2.1%;

"斗殴伤"案共 200 宗,约占 63.3%;

"盗伤"案共 65 宗,约占 20.6%;

"误伤"案共 34 宗,约占 10.8%;

"过失伤"案共 10 宗,约占 3.2%。

第二节 “伤”罪案的时空分布

犯罪时间与犯罪地域是司法案例实证量化分析中的两个重要因素。通过对《刑案汇览三编》所载“伤”罪案时空分布的研究,有助于厘清“伤”罪治理时间与空间两个维度的特点。

一、时间分布

从案发年代来看,《刑案汇览三编》所载316宗“伤”罪案以道光年间案件数量最多,有180宗,约占57%;嘉庆年间有116宗,约占36.7%;乾隆年间有17宗,约占5.4%;光绪年间与年代不详的各1宗。其时间跨度从乾隆三年(1738年)至光绪五年(1879年)。

嘉道时期属于清代中期,其“伤”罪案记载较其他时期多,说明“伤”罪在清代中期得到统治者的高度重视。清代中期,人口快速增长,乾隆六年(1741年)总人口为1.5亿人,到乾隆二十七年(1762年)则达到了2亿多,及至乾隆五十年(1785年),人口已达3亿[①]。在小农经济背景下,彼时社会物资十分匮乏,人口数量的急剧增加与资源占有间的矛盾日益凸显,抢占资源而暴发“争竞”暴力伤害行为,是引发诸多“伤”罪案的重要原因。

需要特别说明的是,清代中期的政局与法治秩序较早期和晚期稳定,且经一百余年的长时间积累(特别是历经清代最兴盛的康雍乾时期),已有比较丰富的“伤”罪治理经验,因而以此时期为主要研究对象,能较真实地体现清代治理“伤”罪的实际效果。

---

① 《清高宗实录》卷六七七。

二、地域分布

清朝地方行政区域实行省、府(直隶州、直隶厅)、县(散州、散厅)三级制。在司法实践中,各地域之间因自然环境、地理位置、政治经济发展程度等不同,有可能存在一些差异。值得一提的是,为满足统治多民族国家与长治久安的需要,清代高度重视颍州、豫省等特殊地区以及苗族等少数民族特殊主体伤人犯罪,认为这些地域为犷悍之地,民风彪悍,因而同等情节一般会从重处罚。例如,颍州凶徒结伙三人持械伤人不分首从例发极边烟瘴充军,豫省等地听从帮殴未伤人仍不分首从严惩等。参见嘉庆二十二年"喻松林等扎伤杜魁身死"案①、道光十三年"刘丹桂纠殴朱万幅身死"案等。②

在对少数民族重惩的同时,清统治者也多次申明严禁骚扰苗民。例如,乾隆十四年,贵州司黄平州役陈君德强奸苗妇并拒捕殴伤苗人,贵州巡抚拟照强奸未成、执持凶器拒捕致伤旁人例处绞监候,但乾隆下旨从重定拟。后又命刑部定例:今后如何重惩"仍入番苗境内滋事"的汉族吏民人等。刑部遵旨议定:嗣后,如内地吏民擅入苗地强奸抢劫等项,查所犯情罪,其例应斩候、绞候者,从重改立斩、立绞,并于审明题复后,押赴犯事处正法。乾隆又下谕旨:将此载入律例。③

从案发地域来看,316 宗"伤"罪案件来源于 18 个地区,较为宽泛,其中直隶司案件最多,有 2 宗案件地域不明。经整理、分析,地域差异在"伤"罪治理中并不十分明显,因而地域元素可以说并非特别重要的案件构成因素。

清代不同时期"伤"罪案件的地域分布见表 1.4。

---

① (清)祝庆祺等编:《刑案汇览三编》(二),北京古籍出版社 2004 年版,第 1355 - 1356 页。

② (清)祝庆祺等编:《刑案汇览三编》(四),北京古籍出版社 2004 年版,第 312 - 313 页。

③ 《清高宗实录》卷三三九。

表 1.4 《刑案汇览三编》所载“伤”罪案地域分布

单位:宗

地区名	乾隆时期	嘉庆时期	道光时期	光绪时期	总计	案件总量排名
广东	0	6	13	0	19	6
福建	1	3	5	0	9	13
江苏	0	11	8	0	19	7
安徽	1	10	18	0	29	3
浙江	1	7	6	0	14	9
贵州	1	8	7	0	16	8
云南	1	2	5	0	8	14
四川	0	3	8	0	11	11
广西	0	2	8	0	10	12
湖广(湖南、湖北)	0	9	8	0	17	7
江西	3	4	9	0	16	8
陕西	1	10	17	0	28	4
山东	2	12	16	0	30	2
河南	2	7	17	0	26	5
直隶	3	12	22	0	37	1
山西	1	6	6	0	13	10
奉天司	0	4	6	1	11	11
顺天府	0	0	1	0	1	15
合计	17	116	180	1	314	

第三节 “伤”罪案的主要来源与刑罚适用

《刑案汇览三编》中,“伤”罪的来源广泛多样,其中以现审案(案)与说贴为主。在所处刑罚上,囊括了从依法勿论、笞刑、杖刑、徒刑、流刑到死刑的所有刑种。为准确归纳清代“伤”罪立法及其司法运行的特点,下文详细分析《刑案汇览三编》所载316宗“伤”罪案在来源与刑罚适用上的分布情况。

一、主要来源及其分布

《刑案汇览三编》有关“伤”罪案件的表述载明了案件的基础事实、地方和刑部乃至皇帝的法律推理过程以及处理态度、裁决结果和依据等，而且每个案件最后标明是哪一年的说贴、现审案（案）、通行、邸抄等术语，这些术语也是本书所选“伤”罪案件样本的来源说明。其中，“说贴”是清代司法中的一种刑部档案，类似于中央三法司对地方呈报的重罪案件所拟的意见书，需要交由律例馆将原件装订成册，抄录存查，纳入刑部档案。这些说贴一部分可作为律例修订时的重要参考，也有可能纂入为例。[①]“通行”乃通令各省遵照执行之意，相当于非正式的条例，是清代地方法司审案时参考的法律渊源之一，具有法律效力和约束力，是仅次于律文、条例的次级法源。一些通行还可以经纂辑后上升为正式的立法条例，主要在律例无相应规定时，为因时制宜，或奉旨而定，或为奏定章程等因，于各直隶省通行。沈家本认为：“律者，一成不易者也；例者，因事制宜者也。于律例之外而有通行，又以补律例之所未尽也……盖律、例之有通行，譬犹江沱汉潜，而非骈拇枝指也。”[②]通览《刑案汇览三编》发现，在一些通行案后附有“通行已纂例”“说贴已纂例”等语。此类案件是律例馆在修例之时，一般针对重大疑难案件或有代表意义的重要通行案或成案，综合考量与平衡情、理、法后，将其所体现的内在精神纂辑于新的条例之中，也表明清代的说贴、通行可直接上升为正式条例。

在所选316宗“伤”罪案件中，来源于现审案（案）的有140宗，说贴137宗，通行15宗，通行已纂例、案已纂例、说贴已纂例的有17宗，邸抄有2宗，以及未说明渊源的案件共5宗。可见，清代“伤”罪案的来源多样

① 参见（清）祝庆祺等编：《刑案汇览三编》（一），北京古籍出版社2004年版，第5页。

② （清）沈家本撰：《历代刑法考》，邓经元、骈宇骞点校，中华书局1985年版，第959页。

化，但主要以现审案（案）和说贴为主。

二、刑罚适用

除主观因素外，一般情况下，伤害程度不同导致量刑幅度不同，按清律规定，“伤”罪的最低刑与最高刑之间存在极大的空间，最低依法勿论，最高至死刑斩决。具言之，清代“伤”罪的刑事责任贯彻准五服制刑、封建等级伦理等原则，316 宗“伤”罪案样本基本涵盖了从免罪/勿论、笞刑到斩决枭示（最高刑）的所有刑罚种类，以及刺面、枷号、发遣等附加刑。对于伤至笃疾或折伤以上的，因情节较重，一般罪至绞监候（尊长殴卑幼如子孙之妇等身份关系犯罪除外），个别罪至斩立决。

经梳理，所选“伤”罪案件样本中，“伤”罪量刑情况（因部分共同犯罪案件判处了多种刑罚，加之被驳回重审案件无裁断结果，故数据与样本总量不等）包括：

不负刑事责任（共 6 宗案件）；

笞刑（共 11 宗案件）；

杖刑（共 20 宗案件）；

徒刑（共 85 宗案件）；

流刑（共 133 宗案件）；

绞监候、斩监候、绞立决、斩立决等死刑（共 43 宗案件）。

从上述数据可见，流刑所占比例最高，其次是徒刑和死刑；总体来看，清代对“伤”罪案的科刑普遍偏重。实践中，还存在非法之刑，其相对于法定刑而言，包括凌迟枭示、刺字、发遣为奴、枷号、监禁、剥夺贵族身份、革职、降级等①，这在一定程度上影响了法定刑罚体系的稳定性。

---

① 刺字是清代五刑之附加刑，有刺面和刺臂之分。凌迟枭示是最为残酷的死刑种类，用以惩儆凶顽，具有突出的刑罚报复和威胁意味。发遣为奴是顺治时期参照关外旧制（习惯法）而设置的一种非法之刑，也就是将徒流人犯发遣到某地为官私奴隶，是重于充军的刑种。枷号始创于明代，在清初被用以优待旗人犯罪的替换刑罚，例如“旗人犯罪……徒一年者枷号二十日，每等递加五日”。（《清史稿·刑法志二》）但其后，枷号刑不断扩大使用范围，且突破了满汉民族界限，期限也不断延长，乃至于永远枷号，日益严酷。

本章小结

本章重点对《刑案汇览三编》所载316宗清代“伤”罪案进行量化分析。

首先,对《大清律例》有关“伤”罪的律例进行考述,了解相关立法规制内容及其分布概况。经梳理发现,《大清律例》中与“伤”罪密切相关的律文有56条,条例有77条,其以具体列举为主,根据伤害行为、伤害方式、伤害后果等情节明确各自刑罚。

其次,根据立法规定及《刑案汇览三编》中的专门指称,主要按行为人犯罪意图(从故意到过失)的高低程度,将《刑案汇览三编》所载“伤”罪案六分为:“故伤”案、“斗殴伤”案、“戏伤”案、“误伤”案、“过失伤”案与“伤”罪案的特殊形态——“盗伤”案。因“谋杀”之罪中,“谋而已伤”“谋而已行未伤”等所有阶段均以“谋杀”论,故清代无“谋伤”之说。

最后,对六类“伤”罪案的时间和地域分布、主要来源和刑罚适用情况等进行综合考量。经实证分析,本书所选316宗“伤”罪案的来源多样化,包括说贴、现审案(案)、通行、邸抄等,以道光和嘉庆年间记载的案件数量最多,涵盖了从依法勿论到斩决枭示(最高刑)的所有刑罚种类。《刑案汇览三编》中,“斗殴伤”与“盗伤”之案记载与分布最多,日常最为高发。

虽然从《刑案汇览三编》记载来看,“伤”罪案在各个时期、地域都普遍存在,但是总体而言,清代“伤”罪律例在司法中的运行有效、顺畅,比较好地实现了“禁暴止奸”、维系和谐统治秩序的目标。

第二章　《刑案汇览三编》所见清代“伤”罪及其成罪条件

“伤”罪的类别不同，各自的含义及其成罪条件亦不同，从《刑案汇览三编》中的律例规定及其司法适用记载，我们可以归纳出清代六类“伤”罪的构成特征。概言之，其区别主要体现在犯罪的主观因素、客观行为与后果之上。

第一节　“故伤”及其成罪条件

在清代“伤”罪体系中，“故伤”是处于主观罪过程度最高的犯罪类型，与“故杀”“谋杀”“斗殴伤”有关联也有显著区别，在构成特征上主要表现为直接故意的主观罪过形式，以及“伤而未死”的客观行为后果。

一、“故伤”释义

“故”在《大清律例》中的用法释义主要有五种：“缘故、原因”（如夜无故如人家）、“故意、明知故犯”（如故放令畜产伤人）、“所以”（如“既侵损于人，故不许全免，亦令其收赎”）、“死亡”（如殴故夫之祖父母、父母）、“杀伤之害心”（如故杀、故杀伤）。一些古代律学家对“故杀”之“故”进行了详尽具体的解释。《尚书·蔡传》载，“故者，知之而故犯也，过者不识而误犯”。《说文解字》载，“故，使为之也”。[1] 清律题注也多次对“故”

① （汉）许慎撰：《说文解字》，中华书局2013年版，第62页。

之含义进行界定。例如,“斗殴及故杀”条注:“临时有意欲杀,非人所知曰故。”①“官司出入人罪”条注:“故者,有意而故为也。”②“白昼抢夺”条注:“其人不敢与争而杀之曰故。”③结合清代立法语境,“故杀伤”之“故”应为“杀伤之害心”,故杀律内不言伤而未死,如致伤则为“故伤”,如致死则为“故杀”。④ 在清代的杀伤犯罪体系中,具有故意杀伤人意图的犯罪行为将被严厉制裁。行为人明知或有明确的“害心”,其故意杀伤人,自当从重论处。因此,与“过失杀伤”不同,“故杀伤”案件不许收赎,在复核时也很难得到皇帝的矜悯和宽恕。

综上,“故伤”之故,乃有意、故意。“故伤”之罪也被称“故殴”或“故殴伤”,是故意实施伤害行为的犯罪,其罪过形式为直接故意,即明知自己的行为具有伤害他人身体健康的危险且有可能造成一定伤害后果,仍有意追求、施行该伤害行为的主观心态。律以诛心为恶,重在有意(心)干犯。有心故犯者,虽会赦并不原宥。⑤ 因“故伤”之罪主观恶性大,且严重违背礼义,故而其处罚较“斗殴伤”“戏伤”“误伤”“过失伤”罪为重。

二、“故伤”的成罪条件

(一)罪过形式:直接故意

故意与过失的概念在我国源远流长。西周用“非眚”表示行为人犯罪之故意的主观心态,过失则为“眚”。《尚书·周书·康诰》载:“人有小罪,非眚,乃惟终,自作不典,式尔,有厥罪小,乃不可不杀;乃有大罪,非终,乃为眚灾,适尔,既道极厥,时乃不可杀。”⑥这表明西周已经就行为人

① 田涛、郑秦点校:《大清律例》,法律出版社1999年版,第430页。

② 田涛、郑秦点校:《大清律例》,法律出版社1999年版,第579页。

③ 田涛、郑秦点校:《大清律例》,法律出版社1999年版,第387页。

④ 《大清律例》共3次提及“故杀伤”:《刑律·杂犯》“放火故烧人房屋”条、《工律·河防》“盗决河防”条律文和条例。

⑤ 《大清律例·名例律上·常赦所不原》:“凡犯十恶,杀人,盗系官财物,及强盗,窃盗,放火,发冢,受枉法、不枉法赃,诈伪,犯奸,略人,略卖和诱人口;若奸党,及谗言左使杀人,故出入人罪;若知情故纵听行,藏匿,引送,说事过钱之类一应实犯,[皆有心故犯]虽会赦并不原宥。”

⑥ 王世舜、王翠叶译注:《尚书》,中华书局2012年版,第185页。

故意与过失的主观过错区别罪刑适用，确立了对故意犯从重处罚、对过失犯从轻处罚的量刑原则。秦律以“端”“贼”表示故意、有意之义。“端”的本义为“直”。按朱熹的解释：“贼，害也。残，伤也。”[①]《睡虎地秦墓竹简》中的“贼”更多与杀、伤等连用，例如“甲告乙盗牛，若贼伤人，今乙不盗牛，不伤人；问甲何论？端为，为诬人；不端，为告不审”。[②] 秦律还规定，若以箴（针）、鉥、锥贼伤人的，黥为城旦舂，并对“贼伤”适用连坐处罚。《张家山汉墓竹简·二年律令》规定，不论是否达到伤人既遂、未遂等后果，贼伤人一律黥为城旦舂。[③] 谋划贼杀人且已着手实施，被害人虽未死亡但负伤，即“谋杀已伤”，仍科以贼伤之罪；虽无杀意，但故意伤害致人死亡的，汉律按贼杀论处。[④] 以刀刃相斗而伤人，完为城旦，如故意为之（因斗而故伤），加罪一等。[⑤] 汉律严惩以卑犯尊的故意伤害行为，若子贼伤父母、奴婢贼伤主人及主人妻子者，处以枭首极刑，皆锢（禁锢），且不得以爵抵偿、免除以及收赎，自首也不得减免处罚。沈家本提出：“杀人也，伤害也，害也，皆为贼。汉律凡言贼者，并有心伤害之事，视无心为重。”[⑥]“凡言贼者，有心之谓。”[⑦]张斐认为：“卑与尊斗皆为贼。”[⑧]自唐代

---

① （宋）朱熹：《四书章句集注》，中华书局1983年版，第221页。

② 睡虎地秦墓竹简整理小组编：《睡虎地秦墓竹简》，文物出版社1978年版，第169页。

③ 简二二载：“谋贼杀伤人，未杀，黥为城旦舂。”简二五载：“贼伤人，及自贼伤以避事者，皆黥为城旦舂。”简二六载：“谋贼杀、伤人，与贼同法。”

④ 在整个犯罪行为的发展阶段中，不论有无杀意，均按照犯罪行为产生的结果来科处刑罚。这与唐及其后世根据犯罪主观意图科刑不同。汉律未区分“谋杀已伤”与贼伤罪，忽视两者间杀意的有无，而唐代对“谋杀已伤”仍按“谋杀人”罪处以绞刑。参见［日］早稻田大学文学部水间大辅：《秦律、汉律关于未遂、预备、阴谋罪的处罚——以张家山汉简〈二年律令〉为中心》，载《简帛研究》2005年第1期。哀帝初即位，薛宣之子薛况挟嫌报复博士申咸，雇用杨明伤人，致申咸重伤，“断鼻唇，身八创”。御史中丞认为薛况“功意俱恶”，乃大不敬，应弃市。廷尉依据汉律：“斗以刃伤人，完为城旦，其贼加罪一等，与谋者同罪”，提出薛况因私事而非公事伤申咸，判杨明为贼伤之罪，薛况为共谋之罪，结合薛况犯罪动机“欲令创咸面目，使不居位”，并无杀意，按律应定“贼伤人”罪，削爵完为城旦。最终皇帝采纳了廷尉的意见。参见（汉）班固：《汉书》，中华书局1979年版，第3396页。

⑤ 参见《汉书·薛宣传》引律：“斗以刃伤人，完为城旦，其贼加罪一等，与谋杀同罪。”

⑥ （清）沈家本撰：《历代刑法考》，邓经元、骈宇骞点校，中华书局1985年版，第413页。

⑦ （清）沈家本撰：《历代刑法考》，邓经元、骈宇骞点校，中华书局1985年版，第1463页。

⑧ 《晋书·刑法志》。

起，基本看不到“贼伤”这一用语，而是以“故伤”或“故殴伤”替代秦汉律之“贼伤”，来惩罚行为人故意之恶性，分为因斗而故伤和非因斗而故伤，明确了斗杀伤与故杀伤之间的界限。唐律载：“斗殴者，原无杀心，斗而用刃，即有害心。”又曰：“虽因斗，但绝时而杀伤者（谓忿竞之后，各已分散，声不相接，去而又来杀伤者，是名‘绝时’），从故杀伤法。”①另外，唐律《名例》“犯罪未发自首”条规定，若犯杀伤而自首，得免所因之罪，仍从故杀伤法。关于为何“从故杀伤法”，王安石有过精辟分析：“《刑统》杀伤，罪名不一，有因谋，有因斗，有劫囚、窃囚……此杀伤而有所因者也。惟有故杀伤则无所因，故《刑统》因犯杀伤而自首得免所因之罪，仍从故杀伤法。其意以为于法得首，所因之罪既已原免，而法不许首杀伤，刑名未有所从，惟有故杀伤为无所因而杀伤，故令从故杀伤法至今。”②至于为何“惟故杀伤为无所因”，明代律学家雷梦麟曾注：“言故杀者，故意杀人，意动于心，非人之所能知，亦非人之所能从。”③《元典章》将“故伤”规定于“斗殴”条中，其《刑部六·诸殴·旧例·斗殴罪名》规定：故殴，罚二十七下。以手足故伤人，他物故殴见血为伤，各罚三十七下。他物故伤人，拔头发达方寸以上、耳目出血、手足内损吐血的，各罚四十七下。④

清律“故伤”之罪分为两种情形：一是非因争斗而故伤。也就是说，当事人之间并非基于争竞、斗殴等原因，而单方面实施有意伤害行为，此类“故伤”与斗殴界限较为分明。“‘非因争斗’乃是‘无故’之具体表述，非因斗争而杀即是故杀；非因斗争而伤即是故伤（从行为上讲即是故殴）。”⑤以《大清律例·刑律·杂犯》“放火故烧人房屋”条为例，放火出于故意，与无心失火不同，所以叫故烧，因而致伤人的，以故杀伤论，因其放火故烧，与故杀伤无异。二是斗而临时有意欲杀伤。清律“斗殴及故杀人”条小注对“故”的解释为“临时有意欲杀、非人所知”，指的是发生在斗

① （清）沈家本撰：《历代刑法考》，邓经元、骈宇骞点校，中华书局1985年版，第2069页。
② （元）马端临：《文献通考》（第170卷），台北，新兴书局1963年版，第1475页。
③ （明）雷梦麟撰：《读律琐言》，怀效锋、李俊点校，法律出版社2000年版，第353页。
④ 参见《元典章》卷四四《刑部六·诸殴·旧例·斗殴罪名》。
⑤ 刘晓林：《唐律“七杀”研究》，吉林大学2011年博士学位论文，第52页。

殴过程中，临时起意杀伤人的情况。清代没有沿袭唐律关于“斗而用刃”“非因斗绝时杀伤”为“故杀伤”的规定，相较而言，不利于判断“斗殴伤”向“故伤”转化的“害心”。薛允升和沈家本曾对明清律“故杀伤”犯罪立法仅视行为人主观意图，而放弃“斗而用刃”“绝时而杀伤”认定标准的做法给予了严厉批评。例如沈家本在《论故杀》一文中提出：“若金刃本可以害人之物，知其可以害人而用以伤人，与知而犯之何异。”[①]“因斗而绝时，则争斗之事已有间断，去而又来，显有害心。”[②]沈家本还就“屏去人食服”条“致死”与“致伤”刑罚给予批评：“若蛇蝎毒蠹乃可以杀伤人之物而故用之，情节较上节为重，死者斩，是直以故杀论矣。而伤者又以斗殴伤论，是杀与伤分而为二，恐法理不应如是。”[③]

（二）行为后果：“故杀”与“故伤”的界限

与“谋杀”不同，清律不言“故杀”伤而未死。“故杀”是临时起意杀人[④]，若有杀人预谋和意图，则为“谋杀”[⑤]，两者界限分明，各自独立。“其处心积虑、巧诈百端、掩人不备者，则谓之谋；直情径行、略无顾虑、公然杀害者，则谓之故。”[⑥]“按故杀，事有怨恨心。无宿谋，逞怒一时，径情杀之者，未尝谋划，故次于谋杀；有死心，故重于斗杀。”[⑦]不论谋杀已杀、伤而未死或谋而已行未伤，只要有预谋杀人之犯罪意图，均构成“谋杀”；若行为人仅谋划伤人而无杀人意图，只存在伤人故意之时，清代多科以“故伤”“擅伤”等其他“伤”罪。以下案为例，基本案情如下：

---

① （清）沈家本撰：《历代刑法考》，邓经元、骈宇骞点校，中华书局 1985 年版，第 2065 页。

② （清）沈家本撰：《历代刑法考》，邓经元、骈宇骞点校，中华书局 1985 年版，第 2065 页。

③ （清）沈家本撰：《历代刑法考》，邓经元、骈宇骞点校，中华书局 1985 年版，第 1869 页。

④ 《读律琐言》对“故杀”评注：“意动于心，非人之所能知，亦非人之所能从。”（清）薛允升编：《唐明律合编》，中国书店出版社 2010 年版，第 482 页。

⑤ 《大明律集解附例》区分“谋”与“故”：“凡有仇隙，设计定谋与杀害之者，俱是谋。与故字不同，商量谓之谋，有意谓之故。”即以是否积怨日久或怀有敌意等来证明“谋”之存在。

⑥ （宋）司马光：《司马光奏议》，王根林点校，山西人民出版社 1986 年版，第 261 页。

⑦ 官箴书集成编纂委员会编：《官箴书集成》（第 3 册），黄山书社 1997 年版，第 10 页。

道光四年,左安门千总双福因稽查米石,被门领潘杰等得贿欺压,起意谋杀泄忿,用腰刀将潘杰、成保砍伤,并伤及兵丁王勇明及潘杰之子松林平复。地方官吏认为,双福用腰刀砍伤王勇明等,并非有心欲杀,按凶器伤人罪止拟军,其将潘杰、成保砍伤系谋杀人伤而未死,应将双福依谋杀人伤而未死律拟绞监候。皇帝认为,该案与图泄私仇者有间,属有意擅伤,若因该革弁系属旗人,照应得军罪仅予折枷,亦未平允,着将双福著即发往乌鲁木齐当差。[①]

当行为人存在杀人意图或者伤害意图,故意殴打他人时,只有因殴伤致死的情况下,才成立"故杀",未伤或伤而未死则构成"故伤"(见表2.1)。

表2.1 "故伤"与"故杀"、"谋杀"司法认定对比

犯罪意图	行为结果	罪名认定
故意杀人,有杀人意图	已杀	故杀
	伤而未死,或行而未伤	故伤,以斗伤论
故意殴伤他人,仅有伤害意图	因殴伤致死	故杀
	伤而未死,或行而未伤	故伤,以斗伤论
预谋、谋划杀人,有杀人意图	已杀,或伤而未死,或行而未伤	谋杀
预谋、谋划伤人,仅有伤人意图	伤而未死,或行而未伤	以"故伤""擅伤"等其他"伤"罪论

立法方面,清律未概括规定"故伤"如何处罚,而是通过具体列举与比附援引相结合的方式,充分考虑犯罪意图、具体情节、行为主体与行为对象之间的身份关系、伤害工具等多重因素定罪量刑。《大清律例》有关"故伤"的规定较少,散见于《刑律》《工律》《兵律》,共有10条律例(包括"以故伤论"的情形)(见表2.2)。

① 参见(清)祝庆祺等编:《刑案汇览三编》(四),北京古籍出版社2004年版,第465页。

表 2.2 清律“故伤”律例科刑

伤害行为	刑事科刑/比照适用	来源
故放令畜产伤人	减斗殴伤一等	《兵律·厩牧》“畜产咬伤人”
故屏去人服用饮食之物而伤人	杖八十；致残废疾，杖一百、徒三年；至笃疾，杖一百、流三千里，给付财产一半养赡	《刑律·人命》“屏去人食服”
故用蛇蝎毒蛊咬伤人	以斗殴伤论	
官吏怀挟私仇故禁故勘平人伤人	杖八十；折伤以上，依凡斗伤论	《刑律·断狱上》“故禁故勘平人”
放火故烧房屋伤人	以故伤论	《刑律·杂犯》“放火故烧人房屋”
恶徒怀挟私仇放火延烧未伤人	首犯斩监候	《刑律·杂犯》“放火故烧人房屋”
故决河防伤人	以故伤论	《工律·河防》“盗决河防”
斗殴或勾捕罪人，因而窃夺财物伤人	以故伤论	《刑律·贼盗中》“白昼抢夺”
不顾风浪，故行开船，至中流停船、勒索船钱，因而伤人	以故伤论	《兵律·关津》“关津难留”
尊长故残卑幼至笃疾	杖一百、流二千里	《刑律·斗殴》“斗殴”

注：本表根据田涛、郑秦点校版《大清律例》整理而成。

三、“故伤”与“斗殴伤”之别

清律无唐律“斗而用刃”“非因斗绝时杀伤”为“故杀伤”之语，不拘于是否使用金刃斗殴的客观工具，以及是否存在时间间隔，①但仍承继唐律以主观恶性程度来区别“斗殴伤”和“故伤”的重要判断标准，两者的性质

① 沈之奇认为：“金刃是杀人之器，而与手足他物同者，盖论罪但推其犯罪之心，不拘于器械也。若本意欲杀人，即不用金刃，亦是谋杀、故杀。”（清）沈之奇撰：《大清律辑注》，怀效锋、李俊点校，法律出版社 2000 年版，第 683 页。

严重程度最终体现在刑罚差异上。

唐律之故杀伤与斗殴杀伤的界限较为分明，其故杀伤分为因斗而故殴人、斗而用刃和非因斗绝时而杀伤三种情况。两相争而相殴击，即因斗而成，不论谁先动手，由于没有害人之意，因而谓之斗。不因斗而故意伤人，以及在斗殴过程中，使用兵刃，表明行为人已有"害心"[1]，因而谓之"故"，死者为"故杀"，伤者为"故伤"。倘若当事人双方已结束斗殴，本已各自归去，但一方又去而复返杀伤另一方的，为显然滋生杀伤故意，则应定以故杀伤。鉴于故杀伤的主观恶性与社会危险性大于斗杀伤，故而，故殴伤人的，唐律加斗殴伤一等；若拳殴不伤（不成伤），笞四十上加一等，笞五十。唐律虽然重视客观实害，但并非都以客观伤害结果作为入罪必要条件，部分行为尽管未造成伤害后果，亦但殴即坐。与之不同，"斗殴伤"犯罪一般根据伤害方式、伤害对象和客观结果等因素规定不同的加重法定刑。因此，唐律之斗殴杀，无杀人意图，是一种非故意的比戏杀更具责任性的犯罪行为。对此，沈家本专门论述了明律中"斗殴伤"与"故伤"的四个律例缺陷：第一，明律删除故伤一层，凡故殴伤人者，无可适用之律，同是有意，杀者为故，伤者非故，其理不可解；第二，如一方迭殴而对方不还手，或躲避而被追殴，或一人按而另一人殴，或数人共按而数人共殴，与相击为殴不能吻合，但仍以斗科之；第三，如互殴中一方无伤，另一方被金刃刺数十刀，或他物数十伤，或伤重至食、气均断等情凶近故的情形，仍科斗罪；第四，明律将律文"斗殴"二字分为二事，有斗情者为斗，无斗情者为殴，强为区分，实不知律法也。[2]

相较而言，清律"故伤"与"斗殴伤"的区别主要有两点：一是行为人主观心态的差异。"故伤"和"斗殴伤"都是典型的故意犯罪，但在故意程度上有所区别，前者为直接故意，后者为间接故意。斗殴是"两人相争敌

---

① 将斗而用刃视为故杀伤之害心，类似于英美法中的"致命武器原理"，将使用致命武器的行为推定为有杀伤人的直接意图，故意致人伤亡。

② 参见（清）沈家本撰：《历代刑法考》，邓经元、骈宇骞点校，中华书局1985年版，第2071－2072页。

殴”，为争斗之事而故意实施的行为，对可能产生的伤害结果有明确的认知，且放任该结果的发生，其对法益的侵害是概括的故意。“故伤”之“故”是确定故意的希望心态，行为人的主观恶性和现实危险性都大于“斗殴伤”。二是两者外部行为表现的差异。“斗殴伤”为互相殴击、争斗，临时争斗而伤，“斗殴彼此相持”，具有对向性特征，非单向性行为；“故伤”除在斗殴中产生害心而故意杀伤人外，其他有意欲杀伤的行为均具有单向性的特征。以清律中“关津留难”条为例：

> 若撑驾渡船梢水，如遇风浪险恶，不许摆渡。违者，笞四十。若不顾风浪，故行开船，至中流停船，勒要船钱者，杖八十。因而杀伤人者，以故杀[死]、伤[未死]论。[或不曾勒要船钱，止是不顾风浪，因而沉溺杀伤人者，以过失科断。][①]

《大清律辑注》对该条的律后注：“因风浪停船勒要船钱之故，致有杀伤过渡之人者，以故杀斗伤律论罪。如中流要钱，而争角蹉跌落水；或中流停船时，被风浪冲击等类，皆杀伤之事也，杀依故杀律，斩；伤依斗殴律，照伤坐罪。”其律上注：“事非故杀而得故杀之罪者，以其故冒风浪，停船吓诈，因致杀人，即是有意欲杀矣。”[②]但如果是不顾风浪，系上岸之后才多索要船钱，因而有杀伤人的，仍依斗殴杀伤律，重点在于强调“中流”过程中的有意杀伤。

综上，“故伤”与“斗殴伤”的行为人均具有主观上的犯罪故意，两者有明确的界限，也有密切的联系。界限在于“故伤”之直接故意的主观恶性和社会危险性均强于“斗殴伤”之间接故意，且两者外部行为表现也不同；联系在于清代“故伤”量刑常以“斗殴伤”律为比附核心。整体而言，“故伤”是“伤”罪体系中处于主观罪过程度最高的犯罪类型，“斗殴伤”则为清代“伤”罪之首，在所有“伤”罪类型中处于核心地位。

---

① 参见（清）沈之奇撰：《大清律辑注》，怀效锋、李俊点校，法律出版社 2000 年版，第 490 页。

② （清）沈之奇撰：《大清律辑注》，怀效锋、李俊点校，法律出版社 2000 年版，第 491 页。

在本书所整理的“伤”罪案中，“斗殴伤”案占比最大，其斗殴类型与表现形式多元复杂，“故伤”案相对较少，这与清代未在立法中明确“故伤”与“斗殴伤”的转化规定有密切关联。“意藏于心，人易狡饰。以有意、无意为断，此故杀之案所以日少。大约乾隆以前，故杀尚多，嘉庆以后，渐入于宽。世轻世重之故，亦非偶然欤？”[①]鉴于主观心态在抽象语境中较难认定，实践中，一些因斗殴而故伤人的案件常被归入“斗殴伤”案之中。

第二节 “斗殴伤”及其成罪条件

斗殴是传统刑事犯罪中极为常见、高发的类型，多因民间细故引发，常起于临时或突发性的争斗冲突。户婚、田土、钱债等民间细故致挟嫌起衅往往是民间斗殴乃至“伤”罪的主要成因[②]，多数命案也发生于斗殴，其严重扰乱社会秩序。在传统中国乡村社会，受血缘与地缘的社群力量、地方性的规约习惯、半官方的基层控制组织等影响，斗殴于立法和司法之间存在灰色空间，除了命案、重伤案或疑难案件之外，一般轻微斗殴案件较少进入司法实践之中，多在法律之外通过调处等非诉讼方式解决。因主题所限，未进入司法程序的“斗殴伤”不纳入本书研究范畴。

一、“斗殴伤”释义

“斗”的古文为“鬥”，最早出现在甲骨文中，形似两人对打，相对而殴，有斗殴之义。《说文解字》将“斗”解释为“两士相对，兵杖在后，象斗之形”。[③] 沈家本在《历代刑法考》中称“相争为斗，相击为殴”。[④] 沈之奇

① （清）沈家本撰：《历代刑法考》，邓经元、骈宇骞点校，中华书局1985年版，第2068页。

② 如《樊山批判》之《批王长吉呈词》所言：“世间讨债不还，打架涉讼者多矣。”（清）樊增祥编撰：《樊山批判》卷七《批王长吉呈词》。

③ （汉）许慎撰：《说文解字》，中华书局2013年版，第58页。

④ （清）沈家本撰：《历代刑法考》，邓经元、骈宇骞点校，中华书局1985年版，第2065页。

《大清律辑注》载:"两人相对而殴曰斗殴。"[①]故双方因事相争而相击才属于斗殴,因而"相殴两俱有罪",否则为单方面的暴力犯罪行为。《刑案汇览三编》专设"斗殴"门,"伤"罪大部分案件都被收录于该门之下,既有"斗杀"案,也有"斗殴伤"案,而在现存明清判牍资料中较为少见。清代社会的斗殴犯罪,两造都要受到处罚,即便一方为了自卫而抵格或抵挡,除非不还手或自行退避才能免予刑事处罚。这与当代的正当防卫制度不同,从侧面也体现清代斗殴律例背后所追求的社会和谐、无讼等礼法传统思想。

《唐律疏议》"斗讼"篇含"斗殴"与"告讼"两部分,其将"斗殴"界定为相击相争之犯罪,以是否有争斗之心为准,与清律的立法体例不同。钱大群提出,唐律"继承汉代以来的传统,对杀伤罪的主观情况分类,在'故意杀伤人'及'过失杀伤人'之外还列有'斗殴杀伤人'一项,这种做法,从总体上来说,是封建律学上关于主观状态划分上的一种进步,因为在故意与过失的总原则问题彻底解决以前,成立'斗'的概念是刑法学上区分细化的表现"[②]。

在当事人无特定身份关系的情况下,"斗"与"殴"是斗殴行为的两个不同阶段。从《刑案汇览三编》中可见大量由斗殴演变成杀人的案件,很多刑事重案都存在斗殴行为,斗殴并不仅仅是一种伤人犯罪,也是暴力实施的一个过程和阶段。"斗"仅指行为主体之间的言语冲突或口舌之争,实际未交手,未发生伤害行为和伤害后果;"殴"是以手足、金刃等互相击打,直接产生伤害后果的行为。"斗"在先,可转化为"殴";而"殴"在后,"殴"是"斗"的进一步发展,它们有先后之分但并非各自孤立。正如王明德所言:"斗,则不过怒目相视,口舌相争,手足作势,或彼此相扭,而不相捶击,或彼来此拒,而不交手,又或彼去此追,而恶语相激,则皆谓之斗。若殴则手足及身,木石金刃相击矣。世或有斗而不殴者,断未有殴而不斗

① (清)沈之奇撰:《大清律辑注》,怀效锋、李俊点校,法律出版社2000年版,第680页。
② 钱大群:《唐律研究》,法律出版社2000年版,第156页。

者矣。”[①]因此，“斗”与“殴”并非截然不同的罪名或犯罪行为。

二、“斗殴伤”的成罪条件

（一）罪过形式：间接故意

清律“斗殴伤”之斗殴行为往往因言语冲突或其他民间细故而产生，事发突然，未经过事先谋划，乃因相斗殴之事而致人受伤的犯罪行为。沈之奇认为：“非出于不意如过失之事，原出于有心如斗殴之情也。”[②]闵冬芳提出，我国古代法中之所以将斗杀列为一种独立的、其主观恶性介于故意和过失之间的杀人类型，其原因大概就是斗杀行为人的主观状态难以确定。[③] 实际上，在“斗”向“殴”转化过程[④]中，行为人能够预见斗殴的伤害乃至死亡后果而放任其发生，或是临时起意、基于义愤等原因逞凶干犯致人受伤，其主观罪过形式上相当于现代的间接故意。在犯罪意图层级上，“斗殴伤”处于故意与过失之间，是独立于“故”和“失”的一种主观状态。

（二）伤害结果：不成伤与成伤

伤害结果是清代治理“伤”罪案所必须考虑的量刑情节。《大清律例》详细规定了“斗殴伤”之伤害后果分为“成伤”与“不成伤”，一般情况下，刑罚随着伤情的轻重程度变化而变化，伤情越重，刑罚越重，伤害多人比伤害一人的刑罚重，这体现分级分层治理的特点[⑤]。“伤”，按清律释

---

① （清）王明德撰：《读律佩觿》，何勤华等点校，法律出版社 2001 年版，第 71 页。关于“斗”与“殴”的关系，学界有不同观点：“两人相争敌殴，谓之斗殴。若殴人而人不敌，但谓之殴，非斗殴也。”参见（明）雷梦麟撰：《读律琐言》，怀效锋、李俊点校，法律出版社 2000 年版，第 368 页。

② （清）沈之奇撰：《大清律辑注》，怀效锋、李俊点校，法律出版社 2000 年版，第 691 页。

③ 闵冬芳：《清代的故意杀人罪》，北京大学出版社 2015 年版，第 97 页。

④ 参见（清）王明德：《读律佩觿》，何勤华等点校，法律出版社 2001 年版，第 71 页。

⑤ 道光二年“刃伤缌麻卑幼三人酌加一等”“刃伤四人限外平复”案内，对伤害多人进行加等处罚。外结徒犯谭三因挟小功堂兄谭维翰争殴之嫌，将谭维翰子侄谭凤仪等诱出殴打，用刀砍伤谭凤仪等三人，最后将谭三依殴卑幼至折伤以上缌麻减凡人一等律，于刃伤人杖八十、徒二年减一等，系刃伤三人，酌加一等，仍杖八十、徒二年。参见（清）祝庆祺等编：《刑案汇览三编》（三），北京古籍出版社 2004 年版，第 1507－1508 页。

义，为“所殴之皮肤青赤而肿者”之谓。因斗殴而致皮肤青赤而肿及以上的后果，即行而已伤或成伤，包括皮破血流及鼻孔出血、折人肋、眇人目、堕人胎、折伤等；未造成前述后果的，即行而未伤或不成伤，它们各自有独立的构成与科刑标准。正如戴炎辉先生所说：“旧律重视实害，故视行为的发展阶段，以定其责任，固属当然。”①

1. 不成伤

一般情况下，斗殴不成伤亦坐罪，更多地适用于当事人之间有特殊身份关系的斗殴。例如，平行阶级主体之间以手足或他物殴人但不成伤的，分别笞二十、笞三十；特殊身份关系主体之间如妻妾殴夫，卑幼殴本宗及外姻缌麻兄姊，但殴即坐杖一百；殴妻之父母，或流内九品以上官殴非本管三品以上官，但殴即坐杖六十、徒一年；弟妹殴同胞兄姊，未伤也坐杖九十、徒二年半；子孙殴祖父母、父母以及妻妾殴夫之祖父母、父母，皆斩。若造成实质性伤害，处罚进一步加重，这充分体现清代以身份尊卑区别治罪的特点。

2. 成伤

通常，“成伤”分为一般轻微伤、折伤、残废笃疾等；以所伤器官是否成形为标准，又分为成形与不成形。其中，残废笃疾与折伤在司法实践中最为常见。②

第一，残废笃疾。清代按照伤害致残严重程度从低至高，分为残疾、废疾和笃疾。按清律，“残疾”是造成身体某部分或某些生理功能上的缺陷，轻于废疾和笃疾。“废疾”即折跌人肢体手足腰项，折一手，或折一足，或折腰脊，或瞎人一目，以及导致侏儒、聋哑、痴呆、疯患、脚瘸等类。“笃疾”即瞎人两目，或折人两肢，或折一肢瞎一目等损人二事以上，或断人口舌完全不能说话，或毁败人阴阳不能生育等；强调“二事以上”，即损

---

① 戴炎辉：《中国法制史》，台北，三民书局1979年版，第72页。

② 与当今《刑法》中的“重伤”不同。《刑法》第95条规定：“本法所称重伤，是指有下列情形之一的伤害：(一)使人肢体残废或者毁人容貌的；(二)使人丧失听觉、视觉或者其他器官机能的；(三)其他对于人身健康有重大伤害的。”

伤人的两个器官或两种肢体，是身体机能或精神受到重大不治的伤害，以及导致癫狂、瘫痪之类。[①] 残疾、笃疾、废疾对人所造成的实质伤害不同，因而所处刑罚亦不同，司法实践亦遵照此规定严格办理。例如，道光十一年“吴二殴伤人腰骨断折”案，基本案情如下：

吴二用刀砍王振业左腰眼等处，各伤均已平复，手足四肢无损害，只是腰骨被折断。地方官吏欲依照折跌人肢体至笃疾律拟杖一百、流三千里。但按“斗殴”条律文规定，折一目一肢为废疾，损人二事以上才为笃疾，两者在科刑伤有流、徒之别。因此，刑部以不能将成废之案科以成笃之罪为由，将其驳回，并令地方官吏详细验明被害人究系成废还是成笃，再行妥拟咨报。[②]

类似还有直隶司“贾德旺用刀砍伤小功母舅赵良智”案，基本案情如下：

赵良智左额角、右臂膊、左手心和无名指跟等多处被贾德旺砍伤，经验明：右手腕筋断骨歪、左手心筋断、无名指骨折，已成笃疾，照律拟绞监候。嘉庆三、四两年秋审，均拟“情实”，后奉旨“停勾”。地方官吏上疏声称赵良智笃疾已痊，仅成废疾，拟以减流。刑部认为，赵良智是否成废疾尚难悬定，且笃疾不可能成废，故驳回再次验伤。后经细验，仍以笃疾论。据此，将贾德旺依“卑幼殴外姻小功尊属笃疾”律拟绞监候，秋后处决，仍入于本年秋审“情实”办理。嘉庆五年九月十四日奉旨依议。[③]

综上，笃疾之与废疾，在凡人斗殴有徒刑、流刑之别，在服制则有生死之分。同时，有如断者不可复续，瞽者不可复明，笃疾不能为废，废疾之不至成笃。因此，以上二案均被刑部驳回。换言之，必验明被殴者之废疾或笃疾已成，而后殴人者之罪名始定。

第二，折伤。折伤是“斗殴伤”的重要判断标准。除残废笃疾以外，

---

① 参见（清）沈之奇撰：《大清律辑注》，怀效锋、李俊点校，法律出版社 2000 年版，第 63 页。

② 参见（清）祝庆祺等编：《刑案汇览三编》（二），北京古籍出版社 2004 年版，第 1350 页。

③ 参见（清）全士潮等纂辑：《驳案汇编》，何勤华等点校，法律出版社 2009 年版，第 659 页。

清律“伤”罪规定中常见的还有“非折伤勿论”和“折伤以上”。清律“斗殴”条载：折人一齿及折人肋、刃伤人、折跌人肢体以致笃疾，其保辜律内称折伤以上，系包括刃伤在内，并不分别从折肋、折跌肢体起。例如，流内九品以上官殴非本管三品以上官，律内明言成伤至内损吐血，同折伤以上加凡斗二等；殴期亲尊长律内明言折伤拟流。

对于折伤与残废笃疾的关系，清律并无严格区分，基本都按“一罪一刑”原则在具体条文中明确界定是折伤或是残废笃疾，以供司法官吏裁断适用。例如，在罪人拒捕律内，虽有折伤以上拟绞等文，但条例内除了窃盗拒伤事主、奸夫拒伤应捉奸之人外，必须要所拒捕致伤达到残废笃疾以上，才可依律处以绞候。①

第三，成形与不成形之分。司法实践中，还有根据耳朵等身体器官受伤后是否成形为标准来科刑的案件。

道光三年，江西司“关二咬伤福珠凌阿耳轮”案内，关二因争斗咬落人耳轮，但仅止咬落耳轮二分，耳轮不至全不成形。② 该案中，刑部查往年成案，发现有嘉庆十三年广东司移送“王亮咬落唐老耳轮八分”案，以及道光二年福建司移送“何绷额咬伤李广太右耳轮无存”案，均依抉毁人耳律杖一百。然而，此二案一则毁八分、一则全毁，所伤之处均属不成形，故依抉毁人耳律科处。但该案中，福珠凌阿耳轮仅被咬落二分，仍算成形。因此，刑部衡情依手足殴人成伤律，笞三十，而未援用抉毁人耳律。

三、“斗殴伤”的主要类型

按人数多寡、尊卑身份关系不同，“斗殴伤”又可细分为不同类型：“斗殴伤”与“共殴伤”；一般主体“斗殴伤”与特殊主体“斗殴伤”。一般主体之间斗殴伤人的刑罚相对于有特殊身份关系主体而言更纯粹，伤轻则刑轻，伤重则刑重，实行同罪同罚。与个人之间的单独斗殴相对，清代

① 参见（清）祝庆祺等编：《刑案汇览三编》（一），北京古籍出版社2004年版，第555－556页，“倚强肆抢刃伤兵役并伤事主”案有所记载。

② 参见（清）祝庆祺等编：《刑案汇览三编》（二），北京古籍出版社2004年版，第1349页。

的群体斗殴分为两大类：第一，具有伤害意图的共殴，含图谋伤害的共殴和意图伤害但无预谋的自发共殴。前者为同谋共殴，是有策划、有预谋的明显出于伤害目的的争斗；后者通常无预警、突然暴发，事先无共同预谋，是在犯罪实施过程中组成的临时共犯。本书均称之为“共殴伤”。“共殴伤”为清律斗殴的一种特殊形态，并非一个独立的斗殴类别，主要分为同谋共殴伤人和聚众共殴伤人。《刑案汇览三编》有关“共殴伤”案中，司法官吏格外注重验伤之轻重，强调提犯研讯确情（诸多驳回重审案件即此缘故），特别是乱殴不知轻重者。第二，具有杀人意图的共殴，这类犯罪被划入谋杀范畴内，无关“伤”罪，故不纳入本书研究范畴。

（一）同谋共殴伤人

同谋共殴伤人是二人以上，同心预谋共殴致人受伤，具有事先谋划的组织性。与唐律相比，清律“同谋共殴伤人”条只规定了同谋共殴，而无不同谋共殴一层。同谋共殴人不及知者，仍为同谋共殴。唐律设“斗讼”门，无“人命”门，均系杀伤，并举同谋、不同谋之处，区分犯罪意图与组织程度，界限分明。其“同谋不同谋殴伤人”条规定：同谋共殴伤人，各以下手重者为重罪，原谋减一等，从犯再减一等。若原谋下手重者，余人各减二等。若乱殴伤，不知先后轻重者，以谋首及初斗者为重罪，余人各减二等。[①] 我们可从下案进行考察。

道光二年“仓猝抵御未便照滨海群殴例”案内，解奇、解黑、解四等聚众寻殴，李相庭纠邀李三、李金玉等抵抗，斗殴过程中，李三用刀扎伤解黑手指，李金玉等四人各用砖块木杆殴伤解四等。地方官吏拟将李相庭照同谋共殴伤人原谋减伤重者一等律，于逸犯李三刃伤人罪上减一等，杖七

---

① 甲乙丙丁谋殴伤人，甲为元谋，乙最终下手，殴人一肢折。以下手重为重罪，乙合徒三年。甲是元谋，减一等，合徒二年半。丙丁等为从，又减一等，合徒二年。若不因斗，乙为故殴之首，合流二千里。甲是元谋，减一等，合徒三年。丙丁徒二年半。若是元谋下手重者，甲为元谋，下手最重，即甲徒三年。乙丙丁各减二等，并徒二年。若故殴，即甲合流二千里。余各减二等，各徒二年半之类。岳纯之点校：《唐律疏议》，上海古籍出版社 2013 年版，第 334 – 335 页。

十、徒一年半；将李金玉照他物伤人律拟笞，李丑等免议。[①] 该案中，地方官吏结合《大清律例》“同谋共殴伤人”条规定，按照各行为人参与殴打人的程度，勾勒各自所扮演的角色，严格区分首从治罪。该条规定：两人以上同谋殴伤他人的，以下手致伤重者为重罪；不曾下手或虽参与殴打但致伤轻的原谋，照下手伤重者减一等处罚；斗殴未下手伤人的，不论。若乱殴不知先后轻重的，或者两人共打、共伤同一处，或两人同时各致人瞎一目的，则以原谋为首犯，余人为从犯。若无原谋，则以最先斗殴之人为首，分为同谋共殴、不同谋共殴和乱殴三种情形。[②] 该罪的犯罪主体有：下手致伤重者；原谋（造意者）；斗殴不下手伤人者；乱殴者；余人；先斗人。清律《名例律》规定，共犯罪以造意一人为首，但《刑律》规定，同谋共殴以下手伤重者绞，原谋减一等，两者有所不同。按“同谋共殴伤人”条中的共犯首从规定，李三刃伤人为下手伤重者，因而将原谋李相庭减一等，刑部予以照覆。

司法实践中，同谋共殴伤人案特别关注三类情形：

第一，若情节凶恶，则不分首从科处。例如，嘉庆十五年安徽司韦连三因嫌隙纠集韦保等多人带刀殴打陈止泄忿案，刑部以此等凶恶之徒情殊凶恶，应无首从之分、轻重之别，将首从共犯均从重处罚。[③]

第二，若先后相殴不同场则非共殴，应各科各罪。例如，嘉庆十七年江苏司吴裕春等殴伤吴开科身死案。吴开科先被吴受干等殴伤，行至中途，又与吴裕春争斗夺锄，以致撞伤小腹而殒命。地方官吏拟将吴裕春依共殴律拟绞，吴受干等依余人拟杖。但刑部认为，该案非同场共殴，地方官吏所拟均属错误。因吴开科系吴裕春无服族弟，至死应同凡论，吴裕春

---

① 参见（清）祝庆祺等编：《刑案汇览三编》（二），北京古籍出版社 2004 年版，第 1354－1355 页。

② 对首从之分，沈之奇曾言：“此谋殴与谋杀同有谋情，其意迥别。若谋以杀人，其心本杀人之心，其事亦杀人之事。至于杀讫原在谋者之意中，故造意之罪重于加功。同谋共殴，其心本非杀人之心，其事亦非杀人之事，因而致死殊出殴者之意外，故下手之罪重于原谋。”

③ 参见（清）祝庆祺等编：《刑案汇览三编》（二），北京古籍出版社 2004 年版，第 1351－1352 页。

应改依斗殴杀人律拟绞监候，吴受干等用木棒殴伤吴开科，应改照他物殴人成伤律笞四十。吴受干系吴开科无服族兄，应减一等笞二十，吴幅春系无服族弟，应加一等笞五十。[①]

第三，共殴余犯仍按服制加减定拟。经安抚题戴拴等为共殴戴丙和身死一案后，嘉庆二十二年设立通行，凡是无服亲属共殴案内之余犯，为防各省办理参差，嗣后如系卑幼犯尊长，按伤罪加等，轻于杖一百者，仍照共殴余人拟以满杖外，如按伤罪加等重于杖一百，即各按殴伤本罪加等定拟。其尊长犯卑幼，亦照此分别减等办理。[②]

（二）聚众斗殴伤人

“聚众斗殴”是没有明确政治目的，以群聚的方式扰乱社会安定、危害社会秩序的行为，表现为群体参与性和相互对抗性。[③] 清帝国重惩聚众斗殴等严重败坏社会风气的犯罪行为，尤其是对执持凶器以及特定地域聚众斗殴。在聚众斗殴案内，所有参与者，即使未动手之人，都会受到处罚。实践中，表现出以下三个特点：

第一，聚众斗殴各执凶器不分首从拟军。

道光十五年，直隶司郭纯朴听从纠邀殴打泄忿案内，郭纯朴听从郭夫昌一共纠邀五人，执持木柄大刀，将郭大牛殴打泄忿，砍伤族弟郭二牛伤经平复。地方官吏以木柄大刀系属例载凶器，且聚众已在三人以上，将郭纯朴依聚众执持凶器伤人，不分首从拟军例发边远充军。经刑部查实，郭纯朴听纠共殴，用大刀砍伤族弟郭二牛平复，聚众虽在三人以上，但执持凶器的只有该犯一人，按例止应照凶器伤人本例拟发近边充军，且该犯为

① 参见（清）祝庆祺等编：《刑案汇览三编》（二），北京古籍出版社 2004 年版，第 1067 页。

② 参见（清）祝庆祺等编：《刑案汇览三编》（二），北京古籍出版社 2004 年版，第 1479 页。

③ 参见周蓓：《清代基层社会聚众案件研究》，大象出版社 2013 年版，第 3 页。社会学家查尔斯·帝利基将西欧现代历史上的集团行动（collective action）分为三大类型：竞争型（competitive）、反抗型（reactive）和主动型（proactive），用以指称为抢夺资源、反抗不公平剥削以及争取权益等目的的聚众群体性对抗。大规模（特别是与政治相关）的聚众械斗是非常规的特殊形态，因而不在本书研究范围之列。

以尊犯卑,应照律于军罪上减一等,拟徒。因而,地方官吏将郭纯朴照聚众执持凶器伤人例拟发边远充军错误,改依凶徒因事忿争,执持凶器伤人例发近边充军,照同姓亲属相殴尊长犯卑幼减凡斗一等律,拟杖一百、徒三年。①

清代设聚众执持凶器伤人拟发边远充军之例,专门针对首伙各犯均执有凶器而言。若聚众共殴,仅有一二人执持凶器伤人,仍照凶器伤人本例发近边充军。本案之聚众虽达三人以上,但执持凶器者仅郭纯朴一人,因此刑部不适用此例,予以改判。

第二,特定地域聚众斗殴伤人不分首从严惩。

道光十九年,安徽司李大裔孜挟嫌纠同刘麻孜等将李卓明、李玉明两目剜瞎成笃疾,地方官吏拟将李大裔孜依凶徒因事忿争剜瞎人眼睛例发近边充军,刘麻孜、张二、赵二在场助势,均照颍州凶徒结伙三人以上持械伤人例拟军。但刑部认为,李大裔孜已寄居颍州府霍邱县,且在颍州地方纠人共殴,自应依颍州凶徒例办理,故将李大裔孜改依颍州凶徒结伙三人以上持械伤人不分首从例,发云贵两广极边烟瘴充军,仍照通行改发足四千里,并令嗣后颍州所属寄籍人犯在彼结伙凶殴者,俱照此办理。②

为维护帝国的统治秩序与社会的和谐稳定,清代对犷悍成风的特殊省份、州府县发生的聚众斗殴罪施行重法,即使寄居该地之人犯罪或仅听从帮殴未伤人亦不分首从严惩。按例规定:豫省南阳、汝宁、陈州、光州四府州所属州县,遇有凶徒结伙三人以上,但有一人执持器械伤人之案,照例不分首从严惩,发极边足四千里充军,佥妻发配。上案中,人犯虽属寄居颍州之人,但其在颍州纠众行凶,按属地管辖原则,仍应按颍州凶徒例办理。

第三,持械结伙共殴科刑重于一般共殴。

清代对于持械结伙共殴的惩处要重于一般共殴,且对人数较多的共

① 参见(清)祝庆祺等编:《刑案汇览三编》(四),北京古籍出版社2004年版,第312页。

② 参见(清)祝庆祺等编:《刑案汇览三编》(二),北京古籍出版社2004年版,第1357-1358页。

殴犯罪惩处重于人数较少的共殴犯罪。为惩治回民聚众结伙持械殴人行为，乾隆四十二年(1777年)定例:“回民结伙三人以上，持器械殴人之案，除致毙人命罪应拟抵之犯，仍照民人定拟外，其余纠伙共殴之犯，但有一人执持器械者，不分首从，发云、贵、两广极边烟瘴充军。如结伙在三人以上，而俱徒手争殴，并无执持凶器者，均各于军罪上减一等，杖一百，徒三年。结伙在十人以上，虽无执持凶器但殴伤人者，仍照三人以上执持凶器之例定拟。”[1]类似地，为严惩械斗伤人，经两江总督奏准，乾隆五年(1740年)定例:“沿江滨海若有持枪执棍混行斗殴的，即将两造为首，以及鸣锣聚众之犯，杖一百、流三千里。伤人的，杖一百、徒三年；虽有附和但未伤人的，各枷号一个月，责四十板。”[2]此处沿江滨海指湖北、江南、山东、天津等处。

(三)尊卑相犯伤人

一般“斗殴伤”适用罪责刑相适应原则，伤轻则刑轻，伤重则刑重，实行同罪同罚，其刑罚相对有特殊身份的斗殴而言更纯粹；尊卑相犯则大有不同。

伤人罪虽具有高度同构性，但鉴于彼时社会的等级差序体制，清代有关身份关系的“伤”罪规定体现了极大的不平等性，律例所规定的罪刑往往根据行为人与受害人的社会身份地位不同而存在刑罚差等。以清为代表的封建帝国，各类群体的身份等级是不可逾越的鸿沟。概括地讲，清代社会主要有三大基本等级:奴婢、平民和官吏。按社会阶层的不同，伤人犯罪分为上下阶层与平行阶层之间的对抗。平行阶层之间的对抗发生于平等地位的凡人之间，上下阶层之间的对抗发生在不同地位层级的尊卑之间，其刑罚相对复杂多元化。例如，期亲间殴伤，按照长幼加减决罚；旗人犯罪，可以将刑罚折算成鞭责与枷号；奴婢殴家长，但殴即斩，而家长殴

① 张荣铮等点校:《大清律例》，天津古籍出版社1993年版，第474页。
② 张荣铮等点校:《大清律例》，天津古籍出版社1993年版，第473页。

奴婢,除非致死,否则不负刑事责任;品官互殴依据官品级别确定刑罚,官品相差越大,则其罪越重,官品名位相差越小,则其罪轻,以此辨贵贱、显尊卑也。根据犯罪主体与伤害对象的关系,以及尊卑、官品等级和特权关系,清律“斗殴”门规定了皇家袒免以上亲被殴19种尊卑相殴犯罪(见表1.2)。

其中,亲属间斗殴按服制定罪。服制关系是清代司法官吏审断案件的重要考量因素,也是需要查清的基本事实,与量刑密切相关。尊卑关系是清代社会司法审判的一个先决条件,在服制有亲疏之别,在罪名有轻重之分。清律有关亲属相殴的规定复杂且条文较多,包括妻妾殴夫、同姓亲属相殴、殴大功以下尊长、殴期亲尊长、殴祖父母父母、妻妾与夫亲属相殴、殴妻前夫之子、妻妾殴故夫父母、父祖被殴9条。按照斗殴主体身份关系,每一条下又细分不同情节分别治罪。从这些规定可见,尊长伤害卑幼的立法规定远少于卑幼伤害尊长的规定,且刑罚随服制亲等而递减。相同情节的斗殴犯罪,卑犯尊(如妻妾殴夫)与尊犯卑(如夫殴妻)的处罚截然不同。[①] 值得注意的是,子孙殴祖父母、父母、夫之祖父母和父母,以及妻妾殴夫之祖父母、父母,妻妾殴夫等,因灭绝人伦,伤残天性,故被载于“十恶”重罪。

第三节 “戏伤”及其成罪条件

因共戏而伤人者为“戏伤”,“两和”为前提,“伤”起于“戏”,“戏”为因,“伤”为果,是因果相连的一个过程。“戏伤”的犯意介于故意与过失之间,主观上无故意相害之心。共戏人能够预见或部分预见其行为的高危险性,应当对此高危险性给予高度注意与预防,但因忽视或疏忽致人受伤,在主观上与“斗殴伤”有别,比“过失伤”有更高的主观有责性。明清

---

① 参见田涛、郑秦点校:《大清律例》,法律出版社1999年版,第460-468页。若祖父母、父母、嫡母、继母、慈母、养母无理殴子孙之妇,以及乞养异姓子孙,非折伤及以上不论;至废疾,杖八十;至笃疾,加罪一等。

律不论当事人之间身份关系如何，若发生“戏伤”一律以斗伤论。与唐律相比，清律“戏伤”未像唐律般按情节分级处罚，相对而言缺乏独立性与体系化。

一、“戏伤”释义

“戏伤”者，通说称“两和相害”。英国汉学家马若斐认为，“戏”有两种解释面向，包括具有角力、竞赛、争夺胜负性质的游戏与不具有以上性质、纯属打发时间的嬉戏。[①] “戏”之字义，暗含相狎亲昵状态下的玩闹、游戏等肢体或语言行为。清律“戏杀误杀过失杀伤人”条后注：“以堪杀人之事为戏，如比较拳棒之类。”[②]《大清律辑注》载：“夫戏本和同，非有争斗，然其事则堪以杀伤人之事也。”“戏杀伤之本质的内容有三：一为和同，二为共戏，三为杀伤。”[③]因此，所谓“戏伤”，可概括为因“戏”伤人，是以诸如角抵、比较拳棒之类可堪杀人之类强力共相戏要而致使共戏人身体受损的行为。

鉴于“戏”所具有的潜在社会危害性，历代朝廷多以律令禁止共戏。汉代《二年律令·贼律》规定：若因戏而杀人者，判处死刑，但可赎；若因戏而伤人的，免除刑事处罚，较唐明清用刑宽缓。《汉书·夏侯婴传》载：“高祖戏而伤婴，人有告高祖。高祖时为亭长，重坐伤人，告故不伤婴，婴证之。”[④]唐律根据戏伤人的不同程度分级论处，较为缜密、严谨。唐律将“戏伤”分为三类：(1)普通戏伤。若和同共戏且无“瞋恨”主观恶意致伤，减斗伤二等；若并不和同，从斗伤法。《唐律疏议》曰：“诸戏杀伤人者，减斗杀伤二等；谓以力共戏，至死和同者。”[⑤]“虽则以力共戏，终须至死和

① 参见[英]马若斐：《传统中国法的精神》，陈煜译，中国政法大学出版社 2013 年版，第 235 页。

② 田涛、郑秦点校：《大清律例》，法律出版社 1999 年版，第 433 页。

③ 戴炎辉：《中国法制史》，台北，三民书局 1979 年版，第 68 页。

④ (汉)班固：《汉书》，中华书局 1979 年版，第 1605 页。

⑤ (唐)长孙无忌等撰：《唐律疏议》，中华书局 1983 年版，第 425 页。

同，不相瞋恨而致死者。”[①](2)危险戏伤。虽和同而戏，但以刃若乘高、履危、入水中，以故相杀伤者，减斗杀伤罪一等。(3)以戏杀伤论。唐律还有两条比照戏杀伤科处的律文，因戏恐迫使人畏惧致伤[②]和斗殴以故僵仆误伤旁人[③]。宋、元两代沿袭唐律。宋真宗时曾发布野场角抵禁令：“诏访闻忻、代州民秋后结朋角牴，谓之野场，有杀伤者，自今悉禁绝之。”[④]《元典章·刑部·船边作戏淹死》：“旧例：戏杀伤人者，减斗杀伤二等，谓以力共戏而致死伤者。虽和以刃，若乘高履危，及入水中，以故烧伤者，准减一等。”元代采取连坐制与告赏法，规定军民诸色人等，学习相扑或舞弄枪棒的，允许首告，倘若属实，除将教师和习学者处罚外，邻里、社长知情不告的，也要受减犯人罪二等的处罚，并以“拜师钱物”充当赏金。[⑤] 明代加重对这种明显危险性所带来伤害的刑罚，普通戏伤犯罪被附以更高的有责性，凡是因戏伤人的，径以斗伤论处，将戏伤与“瞋恨”所致斗伤在量刑上保持一致，不再区分有无主观恶意，不再减等处罚，且最高刑可至绞刑。支持将“戏杀伤人”照斗杀伤论处的明清律学家们认为，当事人明知自己的行为能够致人于死伤而甘心为之，“既知堪以杀伤，而甘心为之，虽曰相戏，而人之成伤致命，则实被其殴矣，故以斗杀伤论”。[⑥]明代律学家雷梦麟《读律琐言》释曰：“夫戏，非有争也。然戏动作于谋也，作于我者虽戏，而人之成伤、致命则实被其殴矣……故以斗殴杀伤人论。”[⑦]

---

① （唐）长孙无忌等撰：《唐律疏议》，中华书局1983年版，第426页。

② 唐律《贼盗》“以物置人耳鼻孔窍中”条规定：若恐迫人，使畏惧致死伤者，各随其状，以故、斗、戏杀伤论。《疏》议曰：若恐迫人者，谓恐动逼迫，使人畏惧，而有死者。……因戏恐迫，使人畏惧致死伤者，以戏杀伤论。

③ 唐律《斗讼》“斗殴误杀伤傍人”条规定：诸斗殴……若以故僵仆而致死伤者，以戏杀伤论。《疏》议曰：仰谓之僵，伏谓之仆。谓共人斗殴，失手足跌，而致僵仆，误杀伤傍人者，以戏杀伤论。

④ 林伯源编著：《中国武术史》，北京体育大学出版社1994年版，第214－215页。

⑤ “今后军民诸色人等，如有习学相扑，或弄枪棒，许诸人首告是实，教师及习学人并决七十七下，拜师钱物给告人充赏。两邻知而不首，减犯人罪一等。社长知情故纵，减犯人罪二等。”陈高华等点校：《元典章》，中华书局、天津古籍出版社2011年版，第1940页。

⑥ （清）沈之奇撰：《大清律辑注》，怀效锋、李俊点校，法律出版社2000年版，第689页。

⑦ （明）雷梦麟撰：《读律琐言》，怀效锋、李俊点校，法律出版社2000年版，第355页。

“戏谓明许相击,搏以角胜负者也。故晋人谓之两和相害,言知其足以相害,而两相和以为之,则其杀伤非出于不意。”①

《大清律例》因袭明律,“戏伤”之罪“以斗伤论”。与唐律相比,清律涉及“戏伤”定罪科刑的律文仅有一条,未如唐律般分层级细化,且科刑较唐律重。其与“误杀伤”“过失杀伤”同时规定于“戏杀误杀过失杀伤人”条,一定程度上缺乏独立性与体系化。该条规定:

> 凡因戏[以堪杀人之事为戏,如比较拳棒之类]而杀伤人,以斗杀伤论。②

此条是对“戏伤”的概括性规定。“戏伤”无害人之意,但以堪杀人之事为戏,且“实由我下手”,故而加重处罚不减等。其后还规定了“诈陷人致伤”条:

> 若知津河水深泥淖,而诈称平浅及桥梁渡船朽漏不堪,渡人而诈称牢固,令人过渡以致陷,溺死伤者[与戏杀相等],亦以斗杀伤论。③

该条具体列举了一种与戏杀伤大致相等的情况:行为人在明知有潜在危险的情况下,故意诓骗他人过渡,以致使人受伤,是故意忽视这种危险,带有主观的犯罪意图色彩,如因此致人死亡,同“戏杀”;如致人受伤,同“戏伤”。“因诈言出于思,故于殴人之伤害故意无所不同,则以斗杀伤处罚。”④

二、“戏伤”的成罪条件

“戏伤”的行为表现为“以力共戏”,“两和”为前提,“相害”为结果,主观上无故意相害之心,客观结果表现在行为对象身体之损害。其罪之

---

① (清)薛允升:《唐明律合编》,中国书店出版社 2010 年版,第 490 页。
② 参见田涛、郑秦点校:《大清律例》,法律出版社 1999 年版,第 433 页。
③ 参见田涛、郑秦点校:《大清律例》,法律出版社 1999 年版,第 433 页。
④ [韩]韩相敦:《传统社会杀伤罪研究》,辽宁民族出版社 1996 年版,第 117 页。

成立包含三个要素：一是因共戏实际造成了人身伤害；二是所发生的伤害后果为行为人所可能预见（有预见可能性）；三是相戏行为与结果之间存在直接因果关系。

（一）“戏伤”之罪过形式

《大清律辑注》载：“夫戏本和同，非有争斗，然其事则堪以杀伤人之事也。”①当以杀伤人之事为戏之时，共戏双方实质上已对其危险性和可能导致的危害后果有共同的认知，均不希望发生该危险后果，虽无故意害人之心，自始至终抱着“和同”的心态，但并非纯粹出于意外，主观上表现为一定疏忽大意或过于自信的过失（非故意）。

相较唐律，清律关于“戏伤”规定较少且处刑较重，对于“戏”似乎也限定了范围。唐律《斗讼》设“戏杀伤人”条。《唐律疏议》曰：“‘戏杀伤人者’，谓以力共戏，因而杀伤人，减斗罪二等。……‘虽和，以刃’，礼云：‘死而不吊者三，谓畏、压、溺。’况乎嬉戏，或以金刃，或乘高处险，或临危履薄，或入水中，既在险危之所，自须共相警戒，因此共戏，遂致杀伤，虽即和同，原情不合致有杀伤者，唯减本杀伤罪一等。”②唐律列举了诸多因“戏”而杀伤人的具体情形，规定减本伤罪一等、二等或不减等科处。清律并未如唐律一般区分徒手比力等以力共戏与以有杀伤力的刀刃等器具共戏的不同情形，只要因戏而伤，均以斗伤论。薛允升曾对此提出异议：“谋、故重，则戏、误不能不从轻，其理然也。”③鉴于此，1906 年，沈家本修律时也拟将“戏杀伤”罪减等改为流、徒。④

综上，“戏伤”的罪过形式介于“故伤”“斗殴伤”与“过失伤”之间。“戏伤”犯罪中，当事人对行为风险虽有所预见且有共同认识，但相比“故伤”“斗殴伤”，“戏伤”的预见程度更低。“过失伤”是因意外或较小程度的疏忽大意

① （清）沈之奇撰：《大清律辑注》，怀效锋、李俊点校，法律出版社 2000 年版，第 689 页。

② 岳纯之点校：《唐律疏议》，上海古籍出版社 2013 年版，第 364 页。

③ 胡星桥、邓又天主编：《读例存疑点注》，中国人民公安大学出版社 1994 年版，第 593 页。

④ 参见（清）沈家本：《刑部、督察院会奏议覆虚拟死罪改为流、徒折》，载上海商务印书馆编译所编纂：《大清新法令》（第 1 卷），李秀清等点校，商务印书馆 2010 年版，第 300 页。

导致,“戏伤”则表现出更大程度的疏忽,因而两者在罪刑上有些许差异。

(二)“戏伤”之行为后果:“相害”

因“戏”行为本身“相害”导致共戏人受伤是“戏伤”导致的行为后果。尽管伤害结果非共戏人直接追求,但其行为已造成且必须造成“相害”的结果。若未造成身体受损的后果,则不成立“戏伤”。

清代还区分犯罪情节是戏耍嬉戏,还是打斗。自始至终无争殴、争斗情节是“戏伤”与“斗殴伤”的最大区别。“戏伤”要求自始至终双方均保持“和同”的状态,若共戏过程中从嬉戏明显转变为争斗,那么犯罪性质相应就会发生改变。实践中,刑部常用“虽曰衅起于戏,显有争斗情形”等理由来区分“戏杀”与“斗殴杀”。要之,若共戏双方以“戏”开始,但“戏”的过程中发生争斗,那么不管发生何种伤害后果,该行为的性质不再为“戏”,而是斗殴。

(三)“戏伤”之因果关系:“伤”起于“戏”

“戏伤”之“戏”为因,“伤”起于“戏”,“伤”为果,是因果相连的一个过程。例如,拳击过程中打伤对手,其行为对结果就具有直接关联性。

(四)“戏伤”与亲属相犯

为维持尊卑等差秩序,唐律“戏伤”排除亲属之间相犯,亲属之间共戏不成立“戏伤”。唐律规定:卑幼与期亲尊长、外祖父母、夫、夫之祖父母等尊长虽“和同”者,仍不得共戏,否则各从斗杀伤法论处,不得减等。《唐律疏议》曰:“此等尊长,非应共戏。纵虽和同,并不得为戏。”[①]“(戏杀伤人)尽管损伤的直接对象是当事人的身体,但损害的间接对象是当事人背后的尊亲和家族,而损害的实质更是孝道……戏杀这种个人承诺和

① 钱大群撰:《唐律疏义新注》,南京师范大学出版社2007年版,第737页。

自治的意思，在‘身体发肤受之父母’的范围内，没有法律地位和意义。”[①]同理，“戏伤”亦同。然而，明清律未作此区分，不论当事人之间身份关系如何，均以斗杀伤论，在立法科学性、独立性和完整性上不及唐律。正如沈家本指出：“唐戏杀分减二等、减一等及不和同不得为戏各以斗杀伤论三等……（明律）删去此等等级，遇有案件，似此者定罪，遂难允当。此明之不如唐者也。”[②]

实践中，司法官吏会对“戏杀伤”作较大幅度的扩张解释，即使如玩笑嬉闹等，也可能构成法律中的“戏”；此外，如蹋球、砖石等危险物，也属于“堪杀人之事为戏”中的“事”。因而，马若斐提出，很多介于戏杀伤人与过失杀伤人之间的行为，司法者倾向入于“戏杀伤人”罪。[③] 还有学者认为，在德本刑用、明刑弼教、原心定罪等法律思想的指引下，清代罪名的设置过度倾向于考量犯罪人在主观心态与主观恶性上的差异，导致罪名呈现碎片化。[④]

在清代社会生活中，原则上应当会有不少因戏而伤的案件，在《刑案汇览三编》《驳案汇编》等司法档案中有少量“戏杀”案记载，但并未发现“戏伤”案。笔者认为，主要有两个原因：一是社会生活中常常通过调解、和解等手段使得“戏伤”案件未进入正式的诉讼流程；二是因不少“戏伤”案在双方共戏中存在争斗情形，而被科以“斗殴伤”之罪，或者因情节轻微而未进入司法诉讼程序。

第四节 “误伤”及其成罪条件

在斗殴、盗窃等犯罪过程中，常常会因认识对象错误造成他人之误

① 马欣：《戏杀罪的流变研究》，武汉大学2017年硕士学位论文，第56页。

② （清）沈家本撰：《历代刑法考》，邓经元、骈宇骞点校，中华书局1985年版，第845页。

③ 参见[英]马若斐：《传统中国法中的“戏杀”与“疏忽”》，载[英]马若斐：《传统中国法的精神》，陈煜译，中国政法大学出版社2013年版，第210页。

④ 参见徐进：《当“假戏”意外“真做”——从一起意外致死案看传统法律“戏杀伤人”罪的司法适用》，载《法律适用》2020年第22期。

伤。“误伤”之行为人原有害心、本有恶意，只是客观上错误地造成第三人身体受损之后果。沿袭前朝，清代重惩误伤父母、祖父母等虽非故意但仍侵犯家族伦理关系、悖逆于伦常之道的犯罪行为，即便无忤逆情形或因情切救父而误伤尊属等情可矜悯的情况，也未有多大宽宥。

一、“误伤”释义

对于“误伤”之“误”的含义，古今学者已有不少见解，譬如清人沈之奇认为，“误是一时差错失手之事”。[①] 当代学者闵冬芳认为，“误是关于对象认识错误或者认识不符合实际”。[②] 谈在祥提出：“‘误’所表述的‘过失’行为，更多表达的是行为人‘注意义务’或者‘注意能力’没有达到一定要求或水平。即由于认识上的不足或者错误，导致方法、手段、行为上的不足或者错误。”[③]

统而概之，古今学者基本达成共识：“误伤”之“误”者，乃一时差错失手，行为人认识的犯罪事实与实际发生的客观事实不符，导致行为人拟伤害的行为对象与其实际侵害的对象不一致，表现为客体认知错误，类似于现代刑法中的“事实错误”或普通法传统中所谓的“犯意转移”，与“过失”强调出人意料、非本意、没有预见等情况不同。比如，甲蓄意伤害预期目标乙，但实际错误地伤害到了一个他并不打算伤害的旁人丙。虽然甲对丙伤出于无心，但本怀有害人之心，具有一定的社会危害性，故而按律例规定，甲同样要像伤害了乙一样有罪并承担责任。“《辑注》云：按故杀无为从者，因故而误，罪在一人，杀则斩，伤则照斗殴律轮，适得本罪固无疑矣。若在谋杀，则同谋之人有造意、加功、不加功，及同谋不行之分。谋杀之事有已杀、已伤、已行之分。假如甲造意，与乙丙丁戊同谋杀赵，甲与戊不行，令乙丙丁夜伺赵于路而杀之，乃误杀伤钱，乙丙加功，丁不加功，律止云以故杀论，不言伤。注补出仍以斗殴论。……盖所谋之人原未受伤，

---

① （清）沈之奇撰：《大清律辑注》，怀效锋、李俊点校，法律出版社 2000 年版，第 691 页。

② 闵冬芳：《中国古代的故杀》，载《河北法学》2009 年第 4 期。

③ 谈在祥：《论〈唐律〉中的过失犯罪》，载《河北法学》2013 年第 9 期。

而行者误有杀伤，岂非已行者哉？乙丙二人伤则照斗殴律，分首从科之，杀则乙下手为重，依本律论斩，丙仍照伤科罪，似合轻重之宜。”[①]因此，可以说，“误伤”是本有伤人之心或者斗殴的故意，但由于一定的差错，客观上导致第三人被伤害的后果。这也是唐代以来，因斗殴而误杀伤旁人者，皆以斗杀伤论而不以过失论的缘由所在。显然，清律也沿袭了这一规定。《大清律例·刑律·斗殴上》“斗殴”所附条例规定，若凶徒因事忿争，执持凶器伤人以及误伤旁人，与凡剜瞎人眼睛，折跌人肢体，全抉人耳鼻口唇，断人舌，毁败人阴阳者，发近边充军。

二、“误伤”的成罪条件

“误伤”之罪由两个构成条件组成。

第一，主观方面有伤人之故意（“原有害心”），但未预见到伤害实际受害人之后果，行为人的真实犯罪意图虽未实现，但错误地对他人造成了实际伤害。

第二，客观方面有导致误伤第三人的具体伤害行为，以及致人身体受损的行为后果。清代考虑了“误伤”之行为人的原始犯罪意图以及该意图转移的程度，具备一定复杂性。其误中旁人虽出于不意，但其心乃欲伤之心，即便未及于欲殴欲杀之人，而旁人已被杀伤，所以殴与杀之事已施于人矣。“误杀伤系因行为错误之犯罪，无论打击错误或客体错误，按故意的恶性程度来评价其犯罪行为。”[②]“所谓误杀伤系指由于犯罪客体或方法的错误，发生与当初目的不同之结果而言。”[③]

作为比较，我们可以来看一下唐律“误伤”的有关规定。类似“戏伤”犯罪，汉律、唐律“误伤”科刑较“斗殴伤”轻缓，但自明代起至清代，“误伤”均比照“斗殴伤”科刑，不再减等。唐律将“误伤”分为三种类型：(1)因斗殴而误伤旁人，以斗伤论。类似于现代刑罚之打击错误。(2)因

① （清）薛允升：《读例存疑点注》，中国人民公安大学出版社1994年版，第595页。
② ［韩］韩相敦：《传统社会杀伤罪研究》，辽宁民族出版社1996年版，第238页。
③ ［韩］韩相敦：《传统社会杀伤罪研究》，辽宁民族出版社1996年版，第132页。

故僵仆,失手足跌而致伤人,以戏伤论。类似于现代的疏忽大意过失或意外。(3)误伤同伙(助己者),各减二等,明清律无此条。[①] 可见,唐律斗殴误杀伤旁人以斗杀伤论,致死减一等,因与本杀伤有异也。《后汉书·郭陈列传第三十六》载:“法令有故、误,章传命之谬,于事为误,误者其文则轻。”但明清一概从严,改为均以斗杀伤论,致死不减等,用刑甚严。

第五节 “过失伤”及其成罪条件

在伤人犯罪体系中,“过失伤”是主观恶意最低的“伤”罪类型,也是可责性最轻的“伤”罪,既包括纯粹的意外事件导致的“过失伤”,也包括最低限度的主观有责性——具有一定疏忽大意的行为导致的“过失伤”。

一、“过失伤”释义

中国古代高度重视原心定罪,历代典章和著述中常见关于过失犯罪的规定,基本都从轻处罚。最早见诸文献的表达术语大约是“过”与“眚”。先秦时《尚书·虞书·大禹谟》有言“宥过无大,刑故无小”,宽宥过失,惩罚故意。西周时《尚书·周书·康诰》有“人有小罪,非眚,乃惟终自作不典;式尔,有厥罪小,乃不可不杀。乃有大罪,非终,乃惟眚灾”的记载,对故意犯(“非眚”)重罚,对过失犯(“眚”)从轻处罚。《周礼·地官司徒·调人》“凡过而杀伤人者”注:“过,无本意也”“凡过而杀伤人者,以民成之。”[②]《周礼·秋官司寇》还记载了“三宥三赦之法”:“壹宥曰不识,再宥曰过失,三宥曰遗忘”,这说明西周时期关于过失犯罪的制度已比较成熟。“《春秋》言肆眚者,皆谓缓纵过失之人。是肆为缓,眚为过也,过而有害,虽据状合罪,而原心非故如此者,当缓赦之。小则恕之,大则宥

---

① 参见岳纯之点校:《唐律疏议》,上海古籍出版社2013年版,第361-362页。

② 李学勤主编:《十三经注疏·周礼注疏》,北京大学出版社1999年版,第357页。

之。”[①]《唐律》中的“过失”一词是专门用于“过失杀伤人”的限制性法律用语[②]，其对“过失”和“过失伤”有较为系统的阐释，注解中具体列举“乘高履危足跌及因击禽兽”等过失之不同情形，立法缜密。鉴于行为人虽无意，但毕竟导致他人身体受损伤，因此不能完全免责，一般情况下，“过失伤”，按唐律各依其状，以赎论。唐律还专设“因盗过失杀伤人”条，特别规定因盗（盗的故意）而过失杀伤人者，是盗罪与过失杀伤罪二罪并发，不同于普通过失杀伤，可以说是过失结果加重犯，不论得财不得财，以斗杀伤论，不准收赎。[③] 除干涉皇权统治与伦理秩序“为其事大，虽失不减”外，绝大多数过失犯罪都可适用“减等”“不坐”或“上请”等减轻责任，对后世律典有重要影响。“刑故无小，宥过无大。圣君原心省意，故诛故贳误。故贼加增，过误减损。”[④]此处之“误”乃“过误”，非误杀伤之“误”。

按清律，“过失伤”罪无故意伤人意图，但因意外或者疏忽大意而致伤害后果。如共举重物，因力不能制，伤及同举重物者；弹射禽兽，因事投掷砖瓦，不期伤人之类。在量刑上，“过失伤”准斗殴伤人罪科处，无单独的刑罚规定（见表2.3）。

表2.3 清律“过失伤”律例

序号	犯罪情节	刑事科刑	民事处罚	来源
1	过失伤人	准斗伤罪	收赎，给付被害人之家	《刑律·人命》“戏杀误杀过失杀伤人”
2	因公务急速而驰骤杀伤人	以过失论	收赎，给付被害人之家	《刑律·人命》“车马杀伤人”

① （清）沈家本撰：《历代刑法考》，中华书局1985年版，第2087页。
② 参见黄明儒：《浅析〈唐律〉中过失犯罪的法律用语》，载《法学评论》1998年第2期。
③ 参见岳纯之点校：《唐律疏议》，上海古籍出版社2013年版，第313页。
④ 黄晖撰：《论衡校释》，中华书局1990年版，第502-521页。

续表

序号	犯罪情节	刑事科刑	民事处罚	来源
3	奴婢过失伤家长	杖一百、流三千里	不收赎	《刑律·斗殴下》“奴婢殴家长”
4	雇工人过失伤家长及家长期亲	各减本伤罪二等	不收赎	
5	子孙过失伤祖父母、父母,妻妾过失伤夫之祖父母、父母	杖一百、徒三年	不收赎	《刑律·斗殴下》“殴祖父母父母”
6	马、牛及犬有触抵踢咬人,而(畜主)记号拴牵不如法,因而伤人	以过失论	各准斗殴杀伤,收赎,给主	《兵律·厩牧》“畜产咬伤人”
7	果有疯疾执持凶器伤人	依过失伤律	收赎,给付被伤之人	《刑律·斗殴下》“凶器伤人果有疯疾例”

注:本表依据乾隆五年(1740年)版《大清律例》整理而成。

《大清律例·刑律·人命》“戏杀误杀过失杀伤人”条规定:

若过失杀伤人者,[较戏杀愈轻]各准斗杀伤罪,依律收赎,给付其[被杀伤之]家。①

《大清律例·名例律上》“常赦所不原”条规定:过失杀伤人犯罪,并从赦宥。清律对“过失伤”作了定义,较明律有所扩充:“过失谓耳目所不及,思虑所不到,如弹射禽兽,因事投掷砖瓦,不期而杀人者,或因升高险足,有蹉跌累及同伴;或驾船使风,乘马惊走,驰车下坡,势不能止;或共举重物,力不能制,损及同举者。凡初无害人之意,而偶致杀伤人者,皆准斗殴杀伤人罪。”②通过清律中列举的具体事例可见,“耳目所不及”,乃视听未见,“思虑所不到”,乃根本未想到有他人会出现,表示行为人在犯罪过程中不存在主观上的过错,纯属偶然;“共举重物”而伤人,又表明这类行为存在一定的危险性,行为人对这种危险性应该有一定预见和认知,但仍

① 参见田涛、郑秦点校:《大清律例》,法律出版社1999年版,第433页。
② 田涛、郑秦点校:《大清律例》,法律出版社1999年版,第433页。

使被害人处于危险境地中受伤，存在较低程度的疏忽大意。

从唐律与清律关于“过失”的注解来看，两者的认定范围有所不同。唐律注曰：“谓耳目所不及，思虑所不到；共举重物，力所不制；若乘高履危足跌及因击禽兽，以致杀伤之属，皆是。”疏议：“过失之事，注文论之备矣。杀伤人者，各准杀伤本状，依收赎之法。注云‘谓耳目所不及’，假有投砖瓦及弹射，耳不闻人声，目不见人出，而致杀伤；……或共举重物，而力所不制；或共升高险，而足蹉跌；或因击禽兽，而误杀伤人者：如此之类，皆为‘过失’，称‘之属’者，谓若共捕盗贼，误杀伤旁人之类，皆是。其本应居作、官当者，自从本法。”对比可见，首先，清律无专门关于“因盗而过失伤人”“共捕盗贼误杀伤旁人以过失论”“因击禽兽而误杀伤人”之规定。其次，唐律“误伤”有时以“过失伤”论处，“过失杀伤人”与“误杀伤人”有着密切关系。如唐律第423条规定：“诸在市及人众中……其误惊杀伤人者，从过失法。”清律结合司法实践，增加了“驾船使风、乘马惊走，驰车下坡，势不能止”等情形，且对“过失杀伤”注为“初无害人之意而偶致杀伤人者”，更强调“依律收赎，给付其被杀伤人之家”。

二、“过失伤”的成罪条件

鉴于过失伤人的社会危害性小，只要没有危及封建统治秩序和家族关系，一般科刑轻缓，予以轻判或者免除刑事责任，如遇会赦皆得免其罪。[①]“过失杀伤律，原无罪。但谓其人无辜死伤由我所致，故准斗杀伤收赎。”[②]

---

① 《大清律例》卷五名例律上・常赦所不原：凡犯十恶，杀人，盗系官财物，及强盗，窃盗，放火，发冢，受枉法、不枉法赃，诈伪，犯奸，略人，略卖和诱人口；若奸党，及谗言佐使杀人，故出入人罪；若知情故纵听行，藏匿，引送，说事过钱之类一应实犯，[皆有心故犯]虽会赦并不原宥。其过误犯罪，[谓过失杀伤人，失火及误毁、遗失官物之类。]并从赦宥。[谓皆得免罪。]田涛、郑秦点校：《大清律例》，法律出版社1999年版，第97页。

② （明）冯孜：《大明律集说附例》卷六，“戏杀误杀过失杀伤人”条。

(一)罪过形式:过失

如上,不论是唐律还是清律,其“过失伤”之“过失”者,均可表达为“不意误犯”“非出于本意”,包含两层含义:一是行为人没有犯罪意图,与被害人也无嫌隙,并不希望和放任、追求其伤害行为后果的发生,更无相争斗之情形,这是最重要、最基本的意识方面的认定条件,类似于当今刑法中的意外事件,也是“非故意”的具体体现。二是行为人对危险有一定预见,但因疏忽大意偶然导致伤人后果。两种情况中的行为人均须承担刑事责任,该责任直接建基于行为和结果的“因果关系”之上,而不是行为人主观“过错”之上。①

从本书所选各“过失伤”案的审理与罪刑适用情况来看,司法官吏在判案时,更为重视判断行为人有无主观过错,是否存在争斗情形,是否与初无害人之意而偶致杀伤之律注相符。详见以下两案对比:

案例1:道光七年江苏司“铡草喂牛伙伴取草铡落右手”案中,皮常与同主雇工孟金素无嫌隙。冬季的某一天,两人一起铡草喂牛,皮常因失手落刀,不意铡落孟金的右手。地方官吏拟照刃伤人律科处徒刑。但刑部持反对意见,认为该案的犯罪情节不同于争斗,伤非意料所及,且皮常初无害人之心而致人受伤,故改照过失伤律收赎。② 该案为典型的“过失伤”案,刃伤人律隶属“斗殴”门,虽确因金刃致伤人,但地方官吏的判决显然未考虑皮常的主观犯罪意图因素,也未判断双方当事人是因争斗伤人还是意外偶致伤人,因而被刑部驳回改判。

案例2:嘉庆二十三年河南司审拟“母因迁怒向子赶殴自行磕伤”案中,庆善之母舒氏因生气迁怒庆善,向其赶殴,却被地上的砖块绊跌磕伤额颅。该案中,地方官吏拟科庆善以过失伤母之罪。然刑部以为,初审结果与例不符,若受伤者系因赶殴失跌磕碰致伤,便不能以自行跌磕之伤科

---

① 参见(清)沈之奇撰:《大清律辑注》,怀效锋、李俊点校,法律出版社2000年版,第680页。

② 参见(清)祝庆祺等编:《刑案汇览三编》(二),北京古籍出版社2004年版,第1141页。

他人以过失伤人之罪。即便是过失伤父母,也必须与过失伤人律注相符。因此,最终按违犯教令律将庆善拟以杖一百,鞭责发落。[①] 该案与前述案件不同,庆善之母乃自行失跌磕伤,并非意外致伤,与“过失伤”之构成特征不符,故不得照“过失伤”科刑,与皮常案中的初无害人之心而致人受伤者不同。

(二)行为后果:行而已伤

“行而已伤”是“过失伤”须具备的客观结果要件,也是行为人不期望发生的行为结果。“过失伤”乃偶然意外致人受伤,对实际发生的伤害后果根本没有预见,或者有所预见而无意伤人,故当行为与伤害后果间存在一定的联系,仍会被认定为有罪。也就是说,除了没有伤人的主观意图外,还必须有伤害结果的发生,才构成“过失伤”,不存在“行而未伤”之情形。同时,无害心的行为与客观实害结果之间必须有直接的因果关系,才能成立“过失伤”。

(三)“过失伤”排除共同犯罪

“过失伤”无共犯之说,排除共同犯罪。正如沈之奇于《大清律辑注》中载:“若两人过失杀人,不得依首从法。盖过失出于不意,原无首从可言也。应两人同出收赎之数,伤者亦然。”[②]“过失伤”同“过失杀”,因其主观上的“无害心”之非故意与未预见,故不存在共同犯罪。

三、“过失伤”与“戏伤”、“误伤”之别

清代高度重视以“害心”来划定“伤”罪类型,其“戏伤”与“误伤”、“过失伤”一体规定于《大清律例·刑律》“戏杀误杀过失杀伤人”条中,均为非故意状态下的伤人犯罪,且均为既遂犯罪,造成了一定的伤害后果。

---

① 参见(清)祝庆祺等编:《刑案汇览三编》(三),北京古籍出版社2004年版,第1839-1840页。

② (清)沈之奇:《大清律辑注》,怀效锋、李俊点校,法律出版社2000年版,第693页。

与唐律分为“戏杀伤人”、“斗殴误杀伤人”和“过失杀伤人”三层,同置于“斗讼律”篇不同,清律沿袭明律,合而为一。

由以上分析可知,“误伤”为原有害心,本有恶意,但行为人最初想侵犯的客体与客观发生之结果产生错误;“过失伤”为耳目所不及且思虑所不到而偶然致伤,本无害人之心,为不意误犯,造成客观伤害后果实属意料之外,其心其情可原,故可赦宥;“戏伤”为两和相戏,无争斗情形,也无致伤情事,但行为人对所戏行为之危险性有明确认知,共戏人应当对这种危险性给予高度注意与预防,因而其犯意与量刑较“过失伤”重。[①] 戴炎辉指出:“盖过失杀伤之赎铜,各准本杀伤本状(真刑)而定;今戏杀伤比之情重,更应准本杀伤罪收赎。同时赎铜入被杀伤人之家,理应从重,以保护之。”[②]因此,“戏伤”“误伤”“过失伤”之区别主要体现在犯罪意图上,除“戏伤”犯罪的行为人对其行为的伤害后果应当有所预见外,“误伤”与“过失伤”均不存在这种预见性;量刑之差异性在于行为人主观恶性程度及其危险性,除本条另有规定以外,均以“斗殴伤”为比照科刑之标准。“戏伤”“误伤”“过失伤”三者按犯罪意图程度从高至低,刑罚呈越来越轻的态势。

第六节 “盗伤”及其成罪条件

在伤人犯罪体系中,“盗伤”是因“盗”而伤人,发生在窃盗过程中,其“盗”之本意并非杀伤人,但在“盗”的过程中实际上导致伤人的后果,为贼盗罪名的结果加重情节。实践中,清代严惩“盗伤”之罪,从《刑案汇览三编》来看,“盗伤”案司法适用较为复杂,可进一步细分为强窃盗伤人、

① “斗殴伤”与“戏伤”的外在表现形式都是当事人之间的交互行为,主观上对行为之危险性与可能导致的伤害结果皆有不同程度的认知,皆不希望产生或直接追求伤害结果的发生,基于此种相似性,“戏伤”比照“斗殴伤”科处。

② 戴炎辉:《唐律各论》,台北,成文出版社有限公司1988年版,第529页。

白昼抢夺伤人、劫囚伤人和亲属相盗伤人四个主要类别。

一、“盗伤”释义

我国古代多以严法治盗,“盗”罪是历代封建王朝严厉打击的刑事犯罪。所谓“盗”,乃“取非其物”。[①]《晋书·刑法志》载:“试观自古国家倾覆之由,何尝不起于盗贼。”从西周的“保民而不宥盗”[②],到春秋战国时期,李悝《法经》确立了“王者之政莫急于盗贼”[③]的法律思想,以及秦朝时期的“六亲相保,终无寇贼”[④],直至清王朝仍遵循“弭盗安民,乃为治之首务”[⑤]的刑法理念。诚然,“盗”罪本意非伤人或杀人,而在于强抢窃盗。以“盗”为目的而伤人的行为,为贼盗罪名的结果加重情节,本书称之为“盗伤”[⑥]。

《大清律例·刑律·贼盗》具体列举了多种“盗伤”犯罪行为。其关于“盗伤”的律文共有6条(见表2.4),条例22条(见下文各类“盗伤”条例),皆根据当事人之间的身份关系不同、有无护卫所盗窃的赃物(护赃)、是否已离盗所、是否拒捕刃伤人、是否造成客观伤害后果等情节,分别定罪量刑。由于“盗”的犯罪过程较为复杂,且多为共同犯罪,与其他类别的“伤”罪相比,具有律少例多、刑罚严苛的特点。

---

① (唐)房玄龄等撰:《晋书》,中华书局1974年版,第928页。

② “凡盗贼军乡邑及家人,杀之无罪。”参见钱玄等注译:《周礼》,岳麓书社2001年版,第338页。

③ (宋)朱熹撰:《周易本义》,九州出版社2004年版,第74页。

④ 张晋藩:《中华法制文明的演进》,中国政法大学出版社1999年版,第117页。

⑤ (清)吴坛:《大清律例通考》,马建石、杨育棠等校注,中国政法大学出版社1992年版,第688页。

⑥ 京都大学人文科学研究所“三国时代出土文字资料”研究班把《二年律令·盗律》中的“盗杀伤人”解释为“以盗为目的而杀伤人”。笔者亦认同此观点。参见冨谷至编『江陵張家山二四七號墓出土漢律令の研究(譯注篇)』(朋友書店,2006年)54頁。

表 2.4 清律“盗伤”律文科刑

序号	所属门类	犯罪情节	刑事科处
1	卷二十三 贼盗上·强盗	窃盗临时拒捕伤人	斩监候
		窃盗事主知觉,弃财逃走,事主追逐,因而拒捕殴人	依罪人拒捕律;至折伤以上,绞监候
		窃盗伤人自首	免盗罪,依斗殴伤人律
2	卷二十四 贼盗中·劫囚	私窃放囚人逃走因而伤人;官司差人追征钱粮,勾摄公事,及捕获罪人,聚众中途打夺,因而伤差人	绞监候
3	卷二十四 贼盗中·白昼抢夺	白昼抢夺伤人	为首斩监候,为从减一等
		本与人斗殴或勾捕罪人,因而窃夺财物伤人	各以故、斗论
4	卷二十五 贼盗下·亲属相盗	亲属窃盗、强盗伤人	依伤尊长卑幼本律
		同居卑幼引他人盗已财物伤人;他人伤人,卑幼不知情	依伤尊长卑幼本律
5	卷二十五 贼盗下·略人略卖人	诱卖良人伤被略人	绞监候
6	卷二十五 贼盗下·夜无故入人家	夜无故入人家,其已就拘执而擅伤	减斗殴伤罪二等

注:本表根据乾隆五年(1740 年)版《大清律例》整理而成。

唐律“盗伤”可转化为“故伤”与“斗伤”,在盗窃过程中,如果故意或者过失伤人而自首,可以免除盗罪,而转科“故伤”或“过失伤”之罪。[①] 若有因盗故杀伤人,或过失杀伤财主而自首者,免其盗罪,科以故杀伤罪。故而戴炎辉提出,对行为人初无盗财之心,因行为过程中见财物才在杀伤人后取财的,可理解为“结合犯”,有从故、斗法的必要。[②] 相较而言,唐清

① 唐律《名例》“犯罪未发自首”条规定:“犯罪未发而自首者,原其罪。……其于人损伤,(因犯杀伤而自首者,得免所因之罪,仍从故杀伤法。本应过失者,听从本法。)”

② 参见戴炎辉:《唐律各论》,台北,成文出版社有限公司 1988 年版,第 417 – 418 页。

律“盗伤”有三大区别：其一，唐律更重视行为人在“盗”过程中伤人的故意或过失心态，以此区别“盗伤”“故伤”与“过失伤”；而清律更重视“盗”中的“拒捕”伤人行为，其细分拒捕之不同情节，犯罪意图并非区别定罪的主要标准。其二，唐清律因盗伤人而自首虽均可免其盗罪，但唐律根据行为人的犯罪意图科以“故伤”或“过失伤”之罪，而清律则科以“斗殴伤”之罪。其三，清律结合司法实践，制定较多条例以适应实际社会需求，表现出律少例多、因时制宜的特点。但相对唐律，清律刑罚更重。如不论强盗有无持械伤人，均处斩决，情重者，又加枭示。光绪十三年章程规定：强劫之案，但有一人执持鸟枪洋枪者，无论曾否伤人，不分首从均拟斩决，加以枭示。[①] 鉴于此，吉同钧比较日法德等国家“盗伤”罪立法后提出：“互相比较，彼法轻而盗风日减，我法重而盗案日增。”[②]他认为条例越多刑罚越重，反而容易增长盗窃之风，治标而不治本。

“盗伤”之罪与“故伤”“斗殴伤”“戏伤”“误伤”“过失伤”不同，行为人初始时主观上仅有窃盗的故意，“伤”发生在“盗”的过程中，与盗罪密不可分，“盗伤”实为盗罪的结果加重犯。[③] “窃盗意在得财，本无杀伤人之心，一经伤人，则有强形矣。”[④]“强形”，指窃盗本无杀伤人之心，一经伤人，则由窃盗转变为强盗。

二、“盗伤”的主要类型及其成罪条件

本书中的“盗伤”泛指违反清律“贼盗”门中因“盗”而伤人之规定的

---

① 参见(清)吉同钧纂辑，闫晓君整理：《大清律例讲义》，知识产权出版社 2018 年版，第 88 页。

② 参见(清)吉同钧纂辑，闫晓君整理：《大清律例讲义》，知识产权出版社 2018 年版，第 86 页。

③ 结果加重犯是故意犯与过失犯在一构成要件结合者，其刑罚是对故意行为和其中之过失行为之惩处。系因犯罪致生一定结果，法律另设加重其刑之规定者而言，致死或致伤情形之加重处罚，是因其结果而加重。此种形态之犯罪，自要求原来犯罪行为与加重结果之间存有相当因果关系。参见[韩]韩相敦：《传统社会杀伤罪研究》，辽宁民族出版社 1996 年版，第 95、116 页。

④ 胡星桥、邓又天主编：《读例存疑点注》，中国人民公安大学出版社 1994 年版，第 430 页。

犯罪行为。按《大清律例》体例及司法档案的分类,可进一步细分为强窃盗伤人、劫囚伤人、白昼抢夺伤人、亲属相盗伤人等。由于窃盗与强盗常常会发生转化,因而将窃盗伤人与强盗伤人合并为强窃盗伤人这一个类别。

(一)强窃盗伤人

我国对强窃盗伤人犯罪的规制较早。按汉律,因盗伤人者,不论是否得财,与杀同罪,皆处以分裂肢体的酷刑(磔刑)。《二年律令·捕律》还规定:“群盗杀伤人、贼杀伤人、强盗,即发县道,县道亟为发吏徒足以追捕之,尉分将,令兼将,亟诣盗贼发及之所,以穷追捕之,毋敢□界而环(还)。”[①]唐律规定,若强盗持杖伤人者,斩;持杖不伤人,绞。其主要区别在于,强盗[②]乃行盗之人公然盗取钱财,是以暴力、恐吓或强劫等威力方式取财,先强后盗,或先盗后强,类似于当代的抢劫罪,“唐律强盗伤人即斩,必有所受之矣”。[③] 而窃盗则是行盗之人私窃并掩面,隐藏行踪获取钱财。两者侵犯的都是公私财物的权益,严重危害封建经济基础和社会秩序、社会治安。

清律就强窃盗伤人,有1条律文,13条条例。

《大清律例·贼盗上》“强盗”条规定:若窃盗中临时拒捕伤人,斩监候;若窃盗时被事主知觉弃财逃走,事主追逐因而拒捕殴人至折伤以上,依罪人拒捕律科处;若窃盗伤人自首,得免盗罪,依斗殴伤人律科处。该律文规定较为简约,实践中,司法审判纂辑的条例,细化了不同场景与情节,弥补了律文之不足,较为具体且复杂(见表2.5)。

---

① 朱红林:《张家山汉简〈二年律令〉集释》,社会科学文献出版社2005年版,第54、106页。“群盗”指逃亡的人聚集在一起,靠打家劫舍或抢夺过客商旅谋生。

② 唐律《贼盗》“强盗”条注文载:“诸强盗,……十匹及伤人者,绞;杀人者,斩。(杀伤奴婢亦同。虽非财主,但因盗杀伤皆是。)其持仗者,虽不得财,流三千里;五匹,绞;伤人者,斩。”《疏》议曰:“注云‘杀伤奴婢亦同’,诸条奴婢多悉不同良人,于此,杀伤奴婢亦同良人之坐。‘虽非财主,但因盗杀伤皆是’,无问良贱,皆如财主之法。”

③ (清)沈家本撰:《历代刑法考》,邓经元、骈宇骞点校,中华书局1985年版,第141页。

表 2.5 清律“盗伤”之强窃盗伤人条例科刑

序号	所属门类	强窃盗伤条例	来源
1	卷二十三贼盗上·强盗条例	强盗杀人,放火烧人房屋,奸污人妻女,打劫牢狱仓库,及干系城池、衙门,并积至百人以上,不分曾否得财,俱照得财律,斩,随即奏请审决枭示。若止伤人而未得财,比照抢夺伤人律科断。	田涛、郑秦点校版《大清律例》第378页
2		凡响马强盗执有弓矢军器,白日邀劫道路,赃证明白者,俱不分人数多寡,曾否伤人,依律处决,于行劫处枭首示众[如伤人不得财,依白昼抢夺伤人斩]其江洋行劫大盗,俱照此例立斩枭示。[如伤人不得财,依白昼抢夺伤人,斩]	
3		凡未伤人之盗首,能于未发时自首者,发近边充军。至闻拿投首,与悔过自首者不同,照情有可原例,发遣。窝家盗线,如有自首,及闻拿投首者,亦照未伤人之盗首,分别充军、发遣。倘有亲属首告,亦照此例办理。	田涛、郑秦点校版《大清律例》第381页
4		凡强盗诬扳良民,除首盗杀人及伤人伙盗并行劫三次者,俱例应正法,无庸加等外,其未伤人伙盗,加等照伤人例,拟斩立决。	田涛、郑秦点校版《大清律例》第382页
5		凡行劫二次之伙盗,又每案内各转纠三人以上,及帮助捆殴按捺事主,逼索财物者,无论伤人不伤人,并不得以情有可原,循例奏请。	田涛、郑秦点校版《大清律例》第384页
6		窃盗临时盗所拒捕(护赃,护伙者皆是),及虽未得财而未离盗所,逞凶拒捕,或虽离盗所而临时护赃格斗(已离所护伙者不在此例),杀人者,不论所杀系事主、邻佑,将为首者,拟斩立决;为从帮殴如刃伤即他物手足,至折伤以上者,俱拟绞监候。伤非金刃,又非折伤者,发云贵两广极边烟瘴充军,拒捕未经帮殴成伤者,发极边四千里充军。其伤人未死,如刃伤及折伤以上者,首犯拟斩监候;为从发近边充军。其伤人未死,如刃伤及折伤以上者,首犯拟斩监候;为从发近边充军。若伤非金刃,伤轻平复,首犯改发边远充军。如年在五十以上,发近边充军。拒捕未经成伤者,首犯发近边充军;为从各杖一百、徒三年。如被事主事后搜捕,起意拒捕者,仍依罪人拒捕本律,分杀、伤科断。	薛允升《读例存疑点注》第428页

续表

序号	所属门类	强窃盗伤条例	来源
7		窃盗拒捕刃伤事主，罪应拟绞之犯，如闻拿畏惧，将原赃送还事主，确有证据者，准其照闻拿投首例，量减拟流。若只系一面之词，别无证据，仍依例拟绞监候，秋审时入于缓决。	薛允升《读例存疑点注》第428页
8		窃盗弃财逃走，与未经得财逃走，被事主追逐拒捕，或伙贼携赃先遁后逃之贼被追拒捕，及已经逃走，因见伙盗被获，帮护拒捕，因而杀人者，首犯俱拟斩监候。为从帮殴，如刃伤及手足，他物至折伤以上者，俱拟绞监候。伤非金刃，又非折伤者，发近边充军。未经帮殴成伤者，杖一百，流三千里。其伤而未死，如刃伤及折伤以上者，首犯拟绞监候；从犯减等拟流。若伤非金刃，伤轻平复，并拒捕未经成伤者，及事后拒捕，有拒捕杀伤者，仍各依罪人拒捕本律科断。	薛允升《读例存疑点注》第429页
9		凡强盗除杀死人命、奸人妻女、烧人房屋罪犯深重，及殴事主至折伤以上，首伙各犯俱不准自首外，其伤人首伙各盗，伤轻平复，如事未发而自首，及强盗行劫数家止首一家者，均发遣新疆给官兵为奴。系闻拿投首者，拟斩监候。未伤人之首伙各盗，及窝家盗线，事未发而自首者，杖一百，流三千里，闻拿投首者，实发云贵两广极边烟瘴充军，免刺“改遣”二字。以上各犯，如将所得之赃，悉数投报，及到官后追赔给主者，方准以自首论。若赃未投报，亦未追赔给主，不得以自首论。遇有脱逃被获新疆遣犯，及实发云贵两广人犯，均照例即行正法。流犯仍加等调发。	薛允升《读例存疑点注》第434－435页
10		地方文武官员，因畏疏防、承缉、处分、恐吓事主抑勒讳盗，或改强为窃者，均照讳盗例革职。承行书办，杖一百。若抑勒苦累事主致死，或刑伤至笃疾者，除革职外，照故勘平人律治罪。	张荣铮等点校版《大清律例》第371页
11		凡盗首伤人逃逸后，若能捕获他盗解官投首者，照伤人伙盗自首拟军例，减一等，杖一百，徒三年。	张荣铮等点版《大清律例》第376页
12	卷二十四贼盗中·窃盗条例	凡窃盗临时拒捕……其伤人未死者，首犯，拟斩监候；为从，发边卫充军。若伤非金刃，又伤轻平复，并拒捕不伤人者，首犯，发边卫充军；为从及自首者，杖一百、徒三年。	田涛、郑秦点校版《大清律例》第392页

续表

序号	所属门类	强窃盗伤条例	来源
13	卷二十四贼盗中·盗田野谷麦条例	凡盗掘金、银、铜、锡、水银等矿砂,每金砂一斤,折银二钱五分;银砂一斤,折银五分;铜、锡、水银等砂一斤,折银一分二厘五毫,俱计赃,准窃盗论。若在山洞捉获,持杖拒捕者,不论人数、砂数多寡,及初犯、再犯,俱发边远充军。若杀伤人,为首者,照窃盗拒捕杀伤人律,斩。	田涛、郑秦点校版《大清律例》第397页

注:本表依据田涛、郑秦点校版《大清律例》、张荣铮等点校版《大清律例》和薛允升《读例存疑点注》整理而成。

(二)白昼抢夺伤人

白昼抢夺与强盗、窃盗的界限较为分明。“抢夺”“抢劫”在汉律叫“劫”;唐律将其归入“强盗”罪;明律专门增设“白昼抢夺”罪,将“抢夺”从“强盗”中分出,主要以“人少人多,有无凶器”来区别抢夺罪与强劫罪,并在“抢夺”条后附所谓的“响马强盗例”①。对“抢夺”与“窃盗”的区别,学界已有不少解释。“夺是争取。抢夺是碎然争得。特点在于抢者出其不意或乘其不备被抢者措手不及。取得虽平稳,究未行使威力,显不同于强盗,亦不同于窃盗,情节在强窃之间。故其处罚亦重于窃盗而轻于强盗。”②“出其不意,攫而有之曰抢,用力而得之曰夺,人少而无凶器者,抢夺也;人多而又凶器者,抢劫也。凡徒手而夺于中途,虽暮夜亦是抢夺,但无白昼二字耳。虽昏夜抢夺,执有凶器,即是强盗;欺其不见、不知而取之,即是窃盗,故不言云云。”③故在白昼为抢夺,在夜间为窃盗,在途截抢者,虽昏夜仍问抢夺,只去白昼二字。纠抢为纠集多人去抢夺;伙抢是伙同抢夺,类似当今的团伙抢夺;独抢是单独一人抢夺。清律关于“白昼抢夺”立法有1条律文、4条条例(见表2.6)。

① (清)沈之奇撰:《大清律辑注》,怀效锋、李俊点校,法律出版社2000年版,第590页。
② 蔡枢衡:《中国刑法史》,中国法制出版社2005年版,第32页。
③ 胡星桥、邓又天主编:《读例存疑点注》,中国人民公安大学出版社1994年版,第446页。

表 2.6 清代“盗伤”之白昼伤人条例科刑

序号	白昼伤人条例	条例来源
1	抢窃拒伤事主,伤轻平复之案:如两贼同场拒伤一人,一系他物,一系金刃,无论先后下手,以金刃伤者为首。如金刃伤轻,他物伤重,而未至折伤者,仍以金刃伤者为首。如一系刃伤,一系他物折伤,刃伤重以刃伤为首,折伤重以折伤为首。刃伤与折伤俱重,无可区别者,以先下手之人为首。若俱系金刃,或俱系他物,以致命重伤者为首。如俱系致命重伤,或俱系他物折伤,亦以先下手之人为首。如两人共拒一人,系各自拒捕,并不同场者,即各科各罪,各以为首论。	卷二十四刑律·贼盗中·白昼抢夺
2	凡总甲、快手、应捕人等,指以巡捕勾摄为由,殴打平人,抢夺财物者,除实犯死罪外,犯该徒罪以上,不分人多人少,若初犯一次,发边远充军;再犯,发原抢夺地方枷号两个月,照前发遣。	
3	凡出哨兵弁,如遇商船在洋遭风尚未覆溺,及着浅不致覆溺,不为救护反抢取财物拆毁船只者,照江洋大盗例,不分首从枭示。如遭风覆溺,人尚未死,不速救护,止顾捞抢财物,以致商民淹毙者,将为首之兵丁,照抢夺杀人例,拟斩立决;为从,照伤人律,拟斩监候。所抢财物照追给主。如不足数,将犯人家产变赔。	
4	凡白昼抢夺杀人者,照窃盗拒捕杀人例,拟斩立决;下手为从之犯应发吉林、乌喇等处者,依名例改遣之例问发。其抢夺伤人,首犯,仍照本律科断;下手为从者,亦照窃盗拒捕伤人为从例,发边远充军。俱仍照面上各刺凶犯二字。若伤非金刃又伤轻平复者,照窃盗拒捕例,为首者,发边远充军;为从及自首者,杖一百、徒三年。其抢夺窃盗杀伤之案,以下手伤人者为首,在场助力者为从。其不曾助力者仍照抢夺、窃盗本律首、从论。伤有多处者,以致命伤重者为首;致命伤多者,以后下手为首;其致命重伤不知孰为先后者,以初动手者为首。	

注:本表依据田涛、郑秦点校版《大清律例》、张荣铮等点校版《大清律例》和薛允升《读例存疑点注》整理而成。

“白昼抢夺”条规定:

凡白昼抢夺人财物者,杖一百、徒三年。伤人者,[首]斩[监候];为从,各减[为首]一等,并于右小臂膊上刺抢夺二字。其本与人斗殴,或勾捕罪人,因而窃取财物者,计赃准窃盗论,因而夺去者,加二等,罪止杖一百、流三千里、并免刺。若[窃夺]

有杀伤者,各从故、斗论。[①]

该条区分了两种情形:一是于白昼抢夺财物过程中伤人,首犯处斩监候,从犯减一等并刺字。二是行为人在与对方斗殴或在逮捕罪犯过程中窃夺财物因而伤人的,如果行为人故意为之,则从“故伤”论;如果仅因斗殴而伤人,则从“斗殴伤”论。例如,嘉庆二十二年四川司案,刘老么路上偶遇康茂谦携带钱文,向其索欠不给而起意抢夺,后用刀戳死康茂谦。地方官员拟照“抢夺杀人例”斩决。刑部审核后认为,刘老么乃索要欠款,并非凭空抢夺,经驳改后,将刘老么改依“与人斗殴、因而夺取财物、若有杀伤者,各从故、斗论律”,故杀者绞监候。[②]

抢夺伤人作为一种暴力行为,是否刃伤及折伤以上是认定其犯罪情节严重程度和刑罚量刑轻重的标准。若伤而未死,则以是否刃伤及折伤以上,分别斩军治罪。实践中,抢夺杀人、伤人之案,其最初之意在于抢夺,原无杀伤人之意,清代司法官吏按照抢夺杀人、伤人之例,分别办理。

(三)劫囚伤人

“劫囚”被清律附于“贼盗”门中。《大清律例》“劫囚”条规定:

若私窃放囚人逃走者……窃而未得囚者,减[囚]二等;因而伤人者,绞[监候];杀人者,斩。……若官司差人追征钱粮,勾摄公事,及捕获罪人,聚众中途打夺者,[首]杖一百、流三千里;因而伤差人者,绞[监候]。……其率领家人、随从打夺者,止坐尊长。若家人亦曾伤人者,仍以凡人首从论。[家长坐斩,为从坐流。不言杀人者,举轻以该重也。其不于中途而在家打夺者,若打夺之人,原非所勾捕之人,依威力于私家拷打律,主使人殴者,依主使律。若原系所勾捕之人,自行殴打,在有罪者,依

① 参见田涛、郑秦点校:《大清律例》,法律出版社1999年版,第386-387页。

② 参见杜家骥主编:《清嘉庆朝刑科题本社会史料辑刊》,天津古籍出版社2008年版,第75页。

罪人拒捕律;无罪者,依拒殴追摄人律。][①]

该条包含两种伤害犯罪行为:一是私窃放囚人逃走因而伤人;二是官司差人追征钱粮,勾摄公事,及捕获罪人,聚众中途打夺,因而伤人。聚众打夺因而伤差者,绞监候,为从减一等;聚至十人,为首者斩监候,为从各减一等。但经聚众夺犯,虽未伤人,首犯亦照因而伤人律,从重拟绞。夺犯系属行强,被置于劫囚律内,因其事与劫囚相类也。清律劫囚无聚众字样,但夺犯必加聚众二字。聚众夺犯伤差,律严首祸之人,故以起意夺犯者为首,首从均从严惩办。若出于私心,有心故犯,非因公事,则不构成本罪。私窃放囚犯因而伤人、行劫罪囚因而伤人或聚众夺犯过程中伤人(非囚犯),均为劫囚伤人。因劫囚而杀人,在唐律被称为"劫杀"。但唐律"劫杀"不单指劫囚杀人,而是泛指以威力强取人、财、物的过程中,致人死亡的犯罪行为。按唐律《贼盗》"劫囚"条规定,劫轻囚伤人、劫死囚不伤人者,绞,各依首从科断;杀人者,斩。若劫囚时杀伤被劫之囚本人,只坐劫囚之罪;劫囚误伤父祖等特殊身份关系者,依过失之法。

清律有关劫囚伤人的规定有1条律文、5条条例,分别对聚众中途打夺官差、行劫罪囚、罪人监内结伙反狱杀伤官弁役卒等作出规定,最高刑罚至斩决,较唐律为重(见表2.7)。

表2.7 清代"盗伤"之劫囚伤人条例科刑

序号	劫囚伤人条例	条例来源
1	凡官司差人追征钱粮,勾摄公事,并捕获罪人,但聚众至十人以上,中途打夺为从者,如系亲属,并同居家人,照常发落。若系异姓,同恶相济,及槌师、打手,俱发近边充军。	田涛、郑秦点校版《大清律例》第386页
2	凡行劫罪囚,不论曾否得囚,有无伤人,将为首之人,拟斩立决。有伤人者,将伤人伙犯,亦拟斩决。	

① 参见田涛、郑秦点校:《大清律例》,法律出版社1999年版,第385-386页。

续表

序号	劫囚伤人条例	条例来源
3	官司差人捕获，罪人有聚众中途打夺，殴差致死，为首者不论曾否下手，拟斩立决。为从下手，致命伤重致死者，绞决。帮殴有伤者，不论他物金刃，拟绞监候。随同拒捕，未经殴人成伤之犯，改发极边足四千里充军。其伤差未至死者，首犯照律拟绞监候。但经聚众夺犯，虽未伤人，首犯亦照因而伤人律，从重拟绞。为从之犯，仍照律坐罪。若数年后，此风稍息，请旨仍复旧例遵行。	薛允升《读例存疑点注》第443页。此条系乾隆十八年钦奉上谕，恭纂为例，嘉庆二十二年改定
4	凡官司勾摄罪人，已在该犯家拿获，如有为首纠谋，聚至三人以上，持械打夺伤差者，即照中途夺犯例，分别杀伤治罪。若并未纠约聚众，实系一时争斗拒殴，致有杀伤，仍照各本律定拟。其非本案罪犯，及非所勾摄之人，无论在途、在家，俱以凡斗论。	薛允升《读例存疑点注》第444页
5	罪囚由监内结伙反狱，如有持械杀伤官弁役卒，及并未伤人首从各犯，不论原犯罪名轻重，悉照劫囚分别杀伤一例科罪。	薛允升《读例存疑点注》第778页

注：本表依据田涛、郑秦点校版《大清律例》、张荣铮等点校版《大清律例》和薛允升《读例存疑点注》整理而成。

（四）亲属相盗伤人

我国古代社会是以血缘为基础的宗法等级社会，《大清律例》以身份体现高低贵贱，秉承重义轻利的伦理亲情观，以“亲属相盗”专条规制盗者和被盗者为亲属关系的盗罪。亲属相盗主要用于规制亲属之间的盗窃行为，指的是一定范围内具有法律意义上的亲属之间以非法占有为目的、窃取对方所有的数额较大的财物，或者多次窃取的行为。[①] 若在盗窃行为过程中发生暴力伤害行为，则构成亲属相盗伤人犯罪。

《大清律例》“亲属相盗”条规定：

> 凡各居[本宗外姻]亲属，相盗[兼后尊长、卑幼二款]财物……若有杀伤者，[总承上窃、强二项]各以杀伤尊长卑幼本

① 参见鲁昕：《历史维度的亲属相盗立法论考》，载《政法论坛》2010年第6期。

律,从[其]重[者]论。①

若同居卑幼,将引[若将引各居亲属同盗,其人亦依本服降减,又减为从一等科之,如卑幼自盗,止依擅用不必加。]他人盗己家财物……若他人杀伤人者,卑幼纵不知情,亦依杀伤尊长卑幼本律,[仍以私擅用加罪及杀伤罪权之]从[其]重[者]论。②

该条关于亲属相盗伤人的规定分为两层:一是亲属相盗伤人,二是同居卑幼将引他人窃盗伤人。家庭是社会的基本单位,其稳固直接影响封建社会的统治秩序和宗法伦理纲常。因此,清代高度重视亲属相盗伤人等家族内部犯罪,兼顾法律与情理的融合,更多地强调卑幼之责任,表现出对封建尊卑等级的维护。司法中,清代结合主观意图、犯罪情节、身份等级等因素,在量刑时计赃并结合主客观情节进行增减损益。亲属相犯得因亲属之宽宥而减免刑罚,且亲者轻、疏者重,以实现家庭内亲属之间的团结、和睦。但若在攫取财物的同时,侵害他人的生命健康权,即便是盗窃亲属的财物,也要加重处罚。

本章小结

本章重点对六类“伤”罪的内涵和成罪条件,以及各自之间的联系与区别进行系统研究。笔者研究发现:

“故伤”是主观犯罪意图程度最高的“伤”罪类型。其罪过形式为直接故意,“伤而未死”是“故伤”与“故杀”的划定标准。清律通过具体列举与比附援引结合的方式,详细列举了故屏去人食服伤人、故用蛇蝎毒蛊咬伤人、故放令畜产伤人、故禁故勘平人伤人、尊长故残卑幼、故折人肢体等规定,并将放火故烧房屋伤人、故决河防伤人、不顾风浪中途停船索要船

① 参见田涛、郑秦点校:《大清律例》,法律出版社1999年版,第400页。

② 参见田涛、郑秦点校:《大清律例》,法律出版社1999年版,第400-401页。

钱因而伤人等犯罪行为以“故伤”论。

“斗殴伤”乃因相斗、殴之事而致人身体损害，当事人之间各有伤害，罪过形式类似于当今的间接故意，伤人手段包括手足、他物（含金刃与凶器）伤人。“斗殴伤”立法以具体列举为主，一般但殴即坐，视伤情轻重量刑。根据行为人与行为对象之间的身份关系，分为凡人“斗殴伤”与特殊“斗殴伤”；根据行为对象人数多寡，分为“斗殴伤”与“共殴伤”。

“戏伤”乃因“戏”伤人，“两和”为前提，“伤”起于“戏”，“戏”为因，“伤”为果，其罪过形式介于故意与过失之间。不论当事人之间身份关系如何，若发生“戏伤”均以斗伤论。与唐律相比，清律“戏伤”未像唐律般按情节分级处罚，相对缺乏独立性与体系化。

“误伤”之行为人主观上有伤人之故意，但错误地对他人造成了实际伤害，客观方面有导致误伤的具体行为以及致人身体受损的行为后果。唐律“误伤”一般从轻或减等处罚，但明清律一概从严，均以斗杀伤论，至死不减等，用刑甚严。

“过失伤”是主观可责性最低的“伤”罪类型。其立法分为概括规定、具体列举和比附科刑三种类型，其中，《大清律例》将一些非故意，但犯罪情节比“过失伤”严重的犯罪比照“过失伤”论处，包括车马伤人、疯疾执持凶器伤人和畜产咬伤人。除奴婢过失伤家长和子孙过失伤尊属以外，均比照“斗殴伤”论处。

“盗伤”是以“盗”为目的而伤人的刑事犯罪，行为人初始仅有盗窃的故意，为贼盗罪名的结果加重情节。清代重惩贼盗犯罪，“盗伤”之罪，律少而例多，罪刑较其他“伤”罪复杂，处罚也更严厉。按照《刑案汇览三编》体系结构及所载案件分布，“盗伤”案主要分为强窃盗伤人案、劫囚伤人案、白昼抢夺伤人案、亲属相盗伤人案四类。

除“盗伤”外，其余类型“伤”罪以主观犯罪意图为区分标准，其中，“故伤”与“斗殴伤”在行为人主观故意心态以及外部行为表现上存在差异；“戏伤”“误伤”“过失伤”均为非故意心态下的既遂伤人犯罪，主观恶性较弱，三者区别主要在于行为人主观恶性程度及其社会危险性大小。

第三章 《刑案汇览三编》所见清代“伤”罪法律规范的司法适用

因《刑案汇览三编》等文书判牍更为关注的是罪刑适用的问题，故其表达风格为简要叙述案情与逻辑推理、判决结果，较少提及审判程序及其他法律问题，因而我们很难从中窥见案情侦破和审理过程等内容。本章以《刑案汇览三编》记载为核心，主要探讨清代“伤”罪法律规范的司法适用问题，包括罪刑适用方式、刑罚加减等分析与民事救济措施等内容。

第一节 罪刑适用方式

清代“伤”罪立法采用确定法定刑模式，尽可能作出详细具体的规定和注释来统一对律义的认知，便于司法官吏在审理案件时准确适用，防止司法擅断。但世情万千，立法难以涵摄社会生活的方方面面，当司法官吏难以找到与其所审案情相应的法律条款时，他们只能尽量从几个相近的法律条款中找出一个他们认为与案件最相关的法律条款。故而，当法有明文时，应援引该条律例；当法无明文时，比附类推[①]、概括性禁律、皇帝

① “以物相并曰比，依凭为则曰附。”参见(元)徐元瑞撰：《吏学指南》，杨讷点校，浙江古籍出版社1988年版，第128页。比附，也称比照或类推适用，是我国古代的一种基本法律方法，即在法无正条时，从已有的律例中寻找最接近本案案情与事实的法律条款，在性质认定、犯罪情节或刑罚幅度上以已有罪刑规定为比照，兼顾犯罪情节与伤害程度，可以加等减等处罚，作为判案依据。但必须上奏上级和皇帝，层层把关，获得批准；否则，会受到相应处罚。这是对比附适用所作的程序规范，也是对司法官吏的审断限制。

谕旨等便会被频繁地应用于司法裁断中,以堵塞法律空白,消除立法盲点。

《刑案汇览三编》中,裁断“伤”罪案件时,清代主要采取援用律例、援照通行与成案、适用概括性禁律、以皇帝谕旨裁断等方式。从“伤”罪案记载来看,清代司法官吏在审断案件时主要使用的推理模式是:首先,确认案件基本事实和具体犯罪情节,包括两造的身份关系、行为人所侵害的法益及伤害方式、结果等,形成完整的证据锁链;其次,运用逻辑推理来选择与该“伤”罪案件情罪相符或最相切合的律例,将案件事实涵摄于具化的法律规范之中;最后,结合案件实际,权重各种涉案因素作出裁断。此类似于当今的“三段论”。其间,司法官吏关注的焦点主要有三个:一是当事人之间的身份关系。根据身份关系以及《大清律例》中的服制图规定,特殊身份关系当事人之间的伤害犯罪,一般会在凡人“伤”罪基础上酌情作加减惩处,这体现了统治阶级对伦理纲常、等级差序的高度重视。二是案件事实的认定。包括查明行为人的主观犯罪意图、伤害行为和伤害结果,收集和运用各类言辞与实物证据等。三是综合考虑各种因素,寻找适合的律例或比附论罪,使案件事实与法律规范相契合,实现追求情法之平的目标。

一、援用律例与成案、通行

援用律例是清代最主要的罪刑适用方式。清代采用“典例相辅”的立法体系,条例附于律文之后,作为律文之补充。① 当行为人及其犯罪行为都符合现有的法律条文规定,且没有其他酌定加重或减轻刑罚的情节时,司法官吏便会直接援引本条文,或通过比照其他律例的方式,扩大法律的适用范围。《刑案汇览三编》中的 316 宗“伤”罪案采用此种方式的案件最多,共有 279 宗,占比 88.3% 。其中,引律为据的有 133 宗,引例为据的有 146 宗,援用律文的案件数稍低于条例,律与例的适用差距并不

① 参见吕丽:《例与清代的法源体系》,载《当代法学》2011 年第 6 期。

大。可以说,“伤”罪条例与律文互相补充,二者相辅相成。

当司法官吏在处理疑难案件找不到适合的法律条文时,还会用援照通行或成案的方式来审断案件。在《刑案汇览三编》中,有不少关于通行的记载,有关“伤”罪的有:川匪拦抢仅止一人各照本例①、伤人伙盗闻拿投首发遣脱逃请旨即行正法②、强奸拒伤虽未成奸例不准首③、私枭聚众拒伤商巡秋审酌缓④、亲属抢窃杀伤不得照擅杀论⑤、马惊不能控制方向照过失论⑥等。这些规定针对司法实践中的特定情节,在法无明文之时,就“伤”罪治理设置新的通行,由各省遵照执行,以便统一适用,避免各省就同类“伤”罪案的裁断不一等问题。这些通行有的还经纂辑后上升为正式的条例。“在清代,很多条例正式出台之前先以‘通行’的面貌出现,不过并非所有的‘通行’最后都会成为正式立法条例。”⑦

成案乃经皇帝钦定或大臣奏定,发挥着司法“准判例”的作用,主要用于解决现有法律及其适用的局限。“成案俱系例无专条、援引比附、加减定拟之案。”⑧成案与律例互为表里,极有可能成为新例而取代旧例,或作为新例入律,或作为其他案件的比附依据。⑨ 在清代,成案经历了严格

① 参见(清)祝庆祺等编:《刑案汇览三编》(一),北京古籍出版社2004年版,第566-568页。

② 参见(清)全士潮等纂辑:《驳案汇编》,何勤华等点校,法律出版社2009年版,第31页。

③ 参见(清)祝庆祺等编:《刑案汇览三编》(一),北京古籍出版社2004年版,第141-142页。

④ 参见(清)祝庆祺等编:《刑案汇览三编》(一),北京古籍出版社2004年版,第352-354页。

⑤ 参见(清)祝庆祺等编:《刑案汇览三编》(一),北京古籍出版社2004年版,第639-641页。

⑥ 参见(清)祝庆祺等编:《刑案汇览三编》(二),北京古籍出版社2004年版,第1136-1137页。

⑦ 闵冬芳:《清代的故意杀人罪》,北京大学出版社2015年版,第76页。

⑧ [美]D. 布迪、[美]C. 莫里斯:《中华帝国的法律》,朱勇译,江苏人民出版社2003年版,第170-172页。

⑨ 随着司法权不断下移,大量的成案被引用。乾隆时期,以成案代替律例的情况已经不能禁断。尽管乾隆三年刑部议复条奏定例规定:“除正律、正例以外,凡属成案未经通行著为定例,一概严禁,勿得混行牵引,致罪有出入。如督抚办理案件,果有与旧案相合,可援为例者,许于本内声明,刑部详加查核,附请著为定例。”但乾隆八年又删改该例,允许有限适用成案:“司刑名者,偿引用律例,意为低昂,其弊不可不防。嗣后如有轻重失平、律例未协之案,仍听该督援引成案,刑部详加查核,将应准应驳之处,于疏内声明请旨。”到嘉庆时期,以成案代替律例的情况屡见不鲜,导致“引案附例,上下其手”的司法怪相屡禁不止。参见胡星桥、邓又天主编:《读例存疑点注》,中国人民公安大学出版社1994年版,第870页。

限制适用到允许参照使用的发展历程。清律“刑律·断罪引律令”所附条例规定:“除正律、正例而外,凡属成案,未经通行著为定例,一概严禁,毋得混行牵引,致罪有出入。如督抚办理案件,果有与旧案相合,可援为例者,许于本内声明,刑部详加查核,附请著为定例。”①但实践中,成案是有法律效力的,起到一定辅助裁判的作用,因而有时也会被援引为裁断依据。在《刑案汇览三编》中,引照成案定罪的案件有19宗,且司法官吏在分析案情之时,常常会参考以往成案,即使最终并不将其作为定罪量刑的依据。司法官吏援用成案时,常常按照“类似问题类似处理”的思路,将待审案件与往年成案的情节或其中的规则原则两相对比、参照,探寻其中的相似性,用以适用待审案件。

二、皇帝谕旨

清代皇帝具有绝对的权力(包括司法权),可以针对具体的案件发布谕旨、诏令,或直接下旨改判。如程小珠强奸穆周氏未成,刃伤本妇平复,闻拿投首案,后奉皇帝上谕:绞监候,秋后处决。就该案,皇帝还提出:

> 近来外省办案,往往欲博宽厚之名,于律载案犯罪名置之不论,转引他条,思为末减。是乃姑息之见……嗣后外省题本案件遇有似此不因本律定拟,妄行援照别条者,着刑部堂官即将本案改正,并将该督抚臬司奏参,毋庸再行驳令另拟也。将此通谕知之。②

基于此类情况,有学者提出,“中国古代虽然制定了很多且具有较高水准的法典,但传统的中国社会却不是一个由法律来调整的社会”③。此说显然过于果断,至少从本书对清代“伤”罪案件的诸多分析可论证,以皇帝诏令或上谕改判的12宗案件为例(见表3.1),其中从重处罚的有7

---

① 田涛、郑秦点校:《大清律例》,法律出版社1999年版,第596页。

② 参见(清)祝庆祺等编:《刑案汇览三编》(一),北京古籍出版社2004年版,第142页。

③ [美]D. 布迪、[美]C. 莫里斯:《中华帝国的法律》,朱勇译,江苏人民出版社2003年版,第3页。

件,均为以下犯上等严重威胁统治秩序的犯罪;从轻处罚的有5件,主要是“误伤”等情节较轻的犯罪。这些案件占据总数的极小部分,且其基本遵循了相关立法规定,没有大的背离,较大程度上实现了罪责刑相适应。

表3.1 《刑案汇览三编》所载皇帝审断“伤”罪案

序号	案件名	地方上报审理结果	皇帝裁断结果	案发时间	地域	案件类别	量刑幅度
1	步甲怙恶凶殴本官永远枷号	依旗人屡次酗酒滋事怙恶不悛例发黑龙江充当苦差,先枷号三个月。	奉旨:步甲凌桂先因殴死伊妻拟绞援减,今又乘醉逞凶殴伤本管官,情殊凶横,该部拟发黑龙江充当苦差,先枷号三个月,尚不足示惩,凌桂着永远枷号常川游示九门儆众。	嘉庆十九年	江苏	斗殴伤	从重
2	步甲不服约束殴伤本官	若仅照律拟流,不足示惩,俱请发往黑龙江为奴。	奉旨:赵三首先肆横,实属藐法,赵三着加枷号三个月,游示各旗堆拨,满日发往黑龙江。舒成着即发遣。	嘉庆二十四年	湖广	斗殴伤	从重
3	共殴尊长成笃首从俱系卑幼	首犯依殴本宗小功亲属至笃疾者拟绞,从犯从重改拟极边烟瘴充军。	皇帝驳回,着军机大臣会同刑部详议后,刑部载入例册通行:卑幼殴本宗外姻缌麻以上尊长成笃之案,除原谋首犯下手伤重一人拟绞,听从帮殴之犯仅止手足他物轻伤,问拟满流仍照律办理外,若听从帮殴有折伤及刃伤者,应于所犯流罪上加重发极边烟瘴充军。	乾隆五十六年	河南	斗殴伤	从重

续表

序号	案件名	地方上报审理结果	皇帝裁断结果	案发时间	地域	案件类别	量刑幅度
4	知州非刑拷讯致犯受伤病毙	照有司官因公事非法殴打至折伤以上，减凡斗伤二等，于破伤人骨律上减二等杖八十，系职官交部严加议处。	奉旨：事犯到官在道光八年十一月初九日恩诏以前，王有元、王增含儿所得杖罪均应援免。	道光九年	陕西	斗殴伤	从轻
5	驻防旗人屡次滋事销档充徒	按刃伤人律应杖八十、徒二年，系旗人折枷鞭责。	奉上谕：本案马甲广春于两经鞭责后，复敢因事争闹用刀伤人，实属怙恶不悛，着即销除本身旗档，照民人例定地发配，折责充徒，以昭儆戒。	道光十七年	福建	斗殴伤	从重
6	护军在慈佑门斗殴伤人	护军全志在慈佑门该班，因同日该班之嵩受出言相戏，用砖块砸伤嵩受额颅等处。	奉旨：全志着革去护军，照例杖一百，流三千里，枷号三个月，不准折责发落即行实发。	道光十六年	无	斗殴伤	从重
7	门军殴伤本管官永远枷号	从重发往驻防当差。	奉旨：长安着照例永远枷号常川，游示九门，以昭炯戒，刑部堂官着交部议处。	道光八年	广东	斗殴伤	从重
8	门千擅杀伤贿纵米石之门领	依谋杀人伤而未死伤经平复律拟绞监候。	属有意擅伤，未免情轻法重。奉旨：双福著即发往乌鲁木齐当差，以示惩儆。	道光四年	浙江	斗殴伤	从轻
9	商巡遵驳拟斩秋审再行酌核	依其殴之人执持凶器伤人例发近边充军。	恩旨：按此次条款凡凶器伤人者准减。逢本年清理庶狱恩旨，所得徒罪应准累减为杖一百。	道光十二年	直隶	斗殴伤	从轻

续表

序号	案件名	地方上报审理结果	皇帝裁断结果	案发时间	地域	案件类别	量刑幅度
10	误伤父母拟斩改缓后请留养。	其母无次丁，现呈请留养。	奉旨：此系法外施仁，嗣后不得援以为例。浙江司传知各司一体遵行，不得援以为例。	嘉庆二十五年	浙江	误伤	从轻
11	殴妻误伤其母旋因患病身死	照律斩立决。	奉旨九卿议奏，改为斩候。	嘉庆二十二年	直隶	误伤	从轻
12	窃贼刃伤事主畏惧送还赃物	行窃图脱，拒伤事主，于绞罪上量减一等，问拟杖流。	奉旨：赵兴文一犯着改为应绞入于缓决。嗣后遵新例办理。	嘉庆四年	山东	盗伤	从重

注：本表依据（清）祝庆祺等编《刑案汇览三编》（北京古籍出版社 2004 年版）整理而成。

三、适用概括性禁律

为解决彼时社会现实与严格法定刑之间的矛盾，"庶补遗缺"，化解法律适用的僵硬性问题，加强对封建礼教和统治秩序的维护，清代立法者制定了一些具有较大涵摄性与较强适用性的禁止性规范——概括性禁律。援引概括性禁律，主要是因为其量刑幅度较为灵活，可以"随时而定"，不用特别注重案件事实及其司法适用之间的关系，存在较大的适用空间，更有利于实现司法官吏所追求的裁判结果。可以说，概括性禁律是司法官吏行使有限自由裁量权的一种法律依据。

《刑案汇览三编》所载"伤"罪在司法中适用最多的概括性禁律是"不应为"律[①]。唐律正式创设"不应得为"律，《大明律》将唐律"不应得为"

① 如清代戴震所说："理也者，情之不爽失也；未有情不得而理得者也。"《刑案汇览三编》常见评语"究属不合""情殊不合"等语，指该犯罪行为不合情理，理不可为者。

改为“不应为”[1],《大清律例》卷三十四“杂犯”仍设“不应为”条[2],也常被作为一种教化手段,被司法官吏用来处理犯罪情节不太严重的案件,以示惩戒。“不应为”律将情理与法律有效联结起来,用以确认判决的正当性和合法性。根据“事理”轻重分情轻与情重两种情形,量刑从笞四十至杖八十。例如,对于妇女罪犯,若对未生产的妇人进行拷决,未导致堕胎的严重伤害后果,以及产限未满经拷决未致死,依“不应为”轻律科断,给予笞四十的处罚。又如,若仅口角詈骂,并无揪扭情事,因向人赶殴,自行失跌身死,以及被死者扑殴,闪避致令自行失跌身死,照不应重律杖八十。

本书所选“伤”罪案中,“不应为”律主要适用于三种情形:一是挑衅起争,因“致肇衅端”间接导致伤害的行为,行为与结果之间没有直接因果关系;二是斗殴伤人案中,因听从、帮助或不行劝阻义务等损伤人的“理不可为”之事[3];三是其他于礼法不合导致情法轻重失衡的行为,为实现“情罪相符”的目标,彰显平允而予以适用。具体刑度由司法官吏根据案情酌情裁断,可以说是严格意义上的“依法判决”的例外。司法官吏往往会通过自身直观的价值判断推理来与立法意图、案情相融合,将情理与法律结合作出其认为最适当的裁断。

道光二年安徽司“小功堂弟欲向赶殴扑空跌毙”案内,聂金瓯因聂谱堂卖地并不邀其作中,心怀不平而找寻理论。聂金瓯不服,取锄头欲将土墙毁坏,聂谱堂将锄头夺过,丢弃在地,聂金瓯追赶扑殴,聂谱堂身往右闪,聂金瓯扑空站立不稳,失跌倒在锄口上磕伤左耳窍,越十日殒命。该案中,地方官吏本欲将聂谱堂依斗杀律绞监候。刑部持反对意见,认为聂金瓯虽向聂谱堂斗殴,但聂谱堂仅止闪避,业经释手跑走,并未动手与之抵御,全无争斗情形。聂金瓯因欲殴人而自行扑空失跌毙命,事出意料之外,系属死由自取,与人无尤,与斗杀情形不符,不得拟以绞抵,就案酌拟,

---

① 怀效锋点校:《大明律》,法律出版社 1999 年版,第 204 - 205 页。

② 清律“不应为”条规定:“凡不应得为而为之者,笞四十。谓律、令无条,理不可为者。事理重者,杖八十。律无罪名,所犯事有轻重,各量情而坐之。”田涛、郑秦点校:《大清律例》,法律出版社 1999 年版,第 540 页。

③ 参见(清)祝庆祺等编:《刑案汇览三编》(一),北京古籍出版社 2004 年版,第 662 页。

聂谱堂将锄夺弃止属不应,罪名出入悬殊,驳令另行妥拟。[①] 类似还有云南司"殴伤胞伯之后胞伯被母逼毙"案[②]。

此外,还有少量案件适用棍徒扰害例[③]。相对"不应为"律,棍徒扰害例处刑(军刑)较严厉,用以处理"伤"罪案情较为严重的案件。

四、法的形式性与量刑允协之争

根据"断罪引律令"条规定,官司断罪必须援引现有律例,贯彻法定罪刑原则,若司法官吏违反此法,需承担相应刑事责任,这在一定程度上限制了司法官吏的审判自由裁量权。但与此同时,清代也允许类推适用。例如《大清律例·名例律下》"断罪无正条"律条规定:

> 凡律令该载不尽事理,若断罪无正条者,(援)引(他)律,比附应加应减,拟断罪名,(申该上司),议定奏闻。若辄断决,致罪有出入,以故失论。[④]

该条例还补充规定:

> 其律例无可引用,援引别条比附者,刑部会同三法司公同议定罪名,于疏内声明律无正条,今比照某律某例科断,或比照某

---

① 参见(清)祝庆祺等编:《刑案汇览三编》(三),北京古籍出版社 2004 年版,第 1508－1509 页。

② 参见(清)祝庆祺等编:《刑案汇览三编》(二),北京古籍出版社 2004 年版,第 1262 页。

③ 参见(清)祝庆祺等编:《刑案汇览三编》(一),北京古籍出版社 2004 年版,第 661、662 页("因其拒捕始照棍徒免再加等"案,"挟恨殴打粉涂面目溲溺污人"案和"借钱不遂咬落右耳吞咽入肚"案)。"棍徒扰害"例规定了较为严厉的处罚:军流刑。

④ 田涛、郑秦点校:《大清律例》,法律出版社 1999 年版,第 127 页。若律例本有正条,承审官任意删减,以致情罪不符,及故意出入人罪,不行引用正条,比照别条,以致可轻可重者,该堂官查出即将承审之司员指名题参,书吏严拿究审,各按本律治罪。《大清会典则例》有关比附援引说明:"凡议处官员,例无正条必须旁引比照者,如比照则例可以引用全条,务将全条载入;如不便引用,务将所引则例或一段,或数语载入案内;如例无可引,比照律文定拟者,亦务将律文或一段,或数语引用定议。"《钦定大清会典则例》卷十二,《文渊阁四库全书》,台北,商务印书馆 1983 年版,第 620 页。《大清律辑注》"断罪无正条"处有注:"法制有限,情变无穷。所犯之罪无正律可引者,参酌比附以定之……"(清)沈之奇撰:《大清律辑注》,怀效锋、李俊点校,法律出版社 2000 年版,第 116 页。

律某例加一等、减一等科断，详细奏明，恭候谕旨遵行。①

以上由皇帝裁定的类比适用，显然与依律断罪规定相抵触。而之所以有"断罪无正条"与"比引律条"的规定，有司法官吏提出，是因为"案情百出多歧，律例岂能尽备，是以名例律内特设有断罪无正条援引他律他例比附加减定拟之通例，惟在谳狱各官临时斟酌情节折衷比拟，期无枉纵"。② 因此，有学者认为，"《大清律例》中对于犯罪与刑罚的关系实行了法定罪刑与有限类推并存的原则"。③ 两者之间的矛盾最终由皇帝来解决，可以说，皇帝是封建社会的最高法官；除了皇帝，其他司法官吏都受到罪刑法定与有限类推原则的规束。

清代律例中的绝对确定法定刑（法定性）与司法运行中的罚当其罪价值追求之间始终有着一定的内在矛盾关系，即法有正条与法无正条之间存在一个相对模糊的适用地带。理论上讲，法有明文时引用相关律例，应然能实现情罪允协、罪刑适中的目标。但在"伤"罪案件审断中也存在一种现象：当法有正条，但因为案情较复杂、特殊，或者严重违背纲常伦理、危害统治秩序等，适用该正条难以实现罪刑允协时，司法官吏就不得不平衡法的形式性与量刑"得中"之间的冲突，解决立法稳定性与司法公平正义的矛盾关系。正如《刑案汇览三编》中常常可见刑部对地方初审所作的"罪名虽无出入，引断究未允协""不足蔽辜""情重法轻""情轻法重"等批示断语。也就是说，虽然刑名、量刑是大致合宜的，但援引裁断的律例因不太合情理或有特殊情节等原因，适用正条会导致情法失衡，为此，司法官吏为实现"情法两平"，便会弃正条而援引比附他律（例）。从某种程度而言，摒弃法律的形式性来换取量刑的"得中"，仍要给出法源上的依据——"以法之名"，这也折射出传统中国式"法治"的一个独特面相。④

---

① 田涛、郑秦点校：《大清律例》，法律出版社 1999 年版，第 127 页。

② （清）祝庆祺等编：《刑案汇览三编》（二），北京古籍出版社 2004 年版，第 1217 页。

③ 张晋藩主编：《中国法制通史》（第 8 卷），法律出版社 1999 年版，第 494 页。

④ 参见陈新宇：《法有正条与罪刑不符——〈大清律例〉"审拟罪名不得擅拟加等"条例考论》，载高鸿钧、於兴中主编：《清华法治论衡》（第 12 辑），清华大学出版社 2009 年版。

因此，“伤”罪案审断中，当法有正条时，司法官吏也有可能比附类推相似条款，或者断之以概括性禁律。当律例有明文规定时，司法适用即遵照律例，如“依……罪”等描述；若为比附类推，则常见“比照……罪”等描述。其比附加减之含义，盖因天下之事变化无穷，然则律例之规定有限，如不比照加减援用，案件审断将无所依据，故司法官吏常临时酌断，议定奏闻。然而，司法官吏在类推“照律定拟”时，也有可能将个人的情理价值观融入案件审判中，特别是对于一些情节凶残的案件加等处罚的情况较为常见（详见本章第二节“罪刑加减分析”），但需要恭候皇帝谕旨。因此，沈家本才会提出，因比附缺乏有效的约束，多使得律成具文，因而司法弊端日益突出。比附“以情理为相似性之基础，发现、论证法条与罚则，并通过审判经验与覆审保障其客观性。其以追求量刑的妥当性为主要目标，但亦存在使量刑走向反面畸重畸轻之危险”。[①]

经过梳理与统计，《刑案汇览三编》所载316宗“伤”罪案中，除29宗案件因被驳回而未有裁断外，有193宗案件采用了直接援引律例的方式，约占比61%；104宗案件采用了比附类推方式，约占比33%。

第二节 罪刑加减分析

为追求“情罪相符”的审判目标，避免“情轻法重”或“情重法轻”，清代“伤”罪司法中存在三种量刑幅度，分别是在律例正条基础上加等、减等和免除刑罚。其中，加、减刑是在定罪后依罪之本条规定，或者案件具体情节进行的量刑上的加等或减等。所谓加者，在本罪上加重，但按律加罪止于杖一百、流三千里，不得加至于死，本条加入死者除外；减者，数满乃坐。又可分为两类情形：第一类为法定的加减刑，此类情形具体规定于

① 陈新宇：《从比附援引到罪刑法定——以规则的分析与案例的论证为中心》，北京大学出版社2007年版，第131－132页。

法律规范之中，以增强罪名与刑罚之间的联系，这种具体化标准使得司法判决具备高度可预测性与一致性，限制了司法官吏的自由裁量权。例如，亲属相犯按服制加减等；罪人拒捕刃伤所捕人于本罪上加二等；殴受业师加凡人二等；闻拿投首减一等；共殴之从犯减一等；夺获凶器伤人减一等；保辜限内医治平复减二等；因斗互相殴伤下手理直减一等之类。第二类为非法定的加减刑，司法官吏具有少量的自由裁量权，但需皇帝谕旨批准。“断罪无正条”条规定，法无正条时，援引比附应加、应减，需要报送上司议定罪名，且于疏内声明律无正条，今比照某律、某例断罪，或者比照某律、某例加一等、减一等断罪，详细奏明，恭候谕旨遵行。其加刑者，多属淫恶且有违伦理、法不当容、危害统治秩序等情节较为严重的“伤”罪案件；其减刑者，多是情状可矜悯而报以衿恤之情的“伤”罪案件。

在 316 宗“伤”罪案量刑中，未加等、减等的有 189 宗；免罪的有 3 宗；加、减罪刑的共有 126 宗，占比达 39.9%，其中加等的有 72 宗，减等的有 57 宗，有 3 宗案件因共同犯罪同时存在加减等。

除以上所述法定刑外，第二类非法定的加减刑原因主要有：

一、加等之原因

（一）无逼迫别情间接致人死亡而加等

实践中，虽无逼迫别情，但因行为人斗殴等伤人行为间接导致他人自尽等死亡后果，由于自尽或死亡究由殴伤起衅，为防情轻于法，轻重相权，清代司法官吏通常会于本“伤”罪上加一等处罚。如以下三宗案件：

案例 1：嘉庆元年，广西司邓孔会因被邓孔元发现窃情暴露羞愧自尽案中，邓孔元为邓孔会胞弟，该案中该犯无逼迫别情，但邓孔会自尽终因邓孔元推跌起衅。若照律仅科伤罪未免情重法轻。故于殴伤本律满徒上加一等，杖一百、流二千里。[①]

① 参见（清）祝庆祺等编：《刑案汇览三编》（二），北京古籍出版社 2004 年版，第 1260－1261 页。

案例 2:嘉庆二十二年,陕西司李全幅因向其兄李全升讨钱未给发生口角,被拳殴抵格,致抓伤李全升咽喉。后李全升被石绊失跌身死。死虽非斗殴直接导致,但有间接关联,因而最终裁定将罪犯于殴伤胞兄满徒上加一等,杖一百、流二千里。[①]

案例 3:道光二年,云南司胡腾奉将胞伯胡灿殴伤,胡灿欲将其控告,该犯之母胡杨氏闻知往前吵闹,以致胡灿被逼自尽,胡杨氏亦畏罪轻生。最终,将胡腾奉依侄殴伯叔伤者杖一百、流二千里律上酌加一等,杖一百、流二千五百里。[②]

类似案件还有嘉庆十八年郭增拳伤继父郭二致令气忿自缢案[③],嘉庆十四年赵转殴伤胞兄赵六三致令自尽案[④]、道光四年回殴功尊自尽并无逼迫情状案[⑤]等。

(二)一时争斗致伤多人而加等

若因一时争斗,致伤三人以上者,因伤害人数较多,社会影响较大,如仅按律问拟,较犯罪情节和结果而言,刑罚过轻,因此清代司法官吏一般会衡情加等论处,“以示惩儆”。

道光四年“疑窃戳伤人父子四人成笃”案内,黄二怀疑冯沅相行窃,将其两目挖去,又主令刁麻子等戳瞎冯汶标、冯文照、冯汶超双目,致父子四人俱成笃疾。因致笃疾四人,情状凶恶,故将黄二于近边军上酌加一等,发边远充军。[⑥]

类似案件,还有道光二年外结徒犯王春因口角争吵用刀划伤四人限

---

① 参见(清)祝庆祺等编:《刑案汇览三编》(二),北京古籍出版社 2004 年版,第 1260 页。
② 参见(清)祝庆祺等编:《刑案汇览三编》(二),北京古籍出版社 2004 年版,第 1262 页。
③ 参见(清)祝庆祺等编:《刑案汇览三编》(二),北京古籍出版社 2004 年版,第 1249 页。
④ 参见(清)祝庆祺等编:《刑案汇览三编》(二),北京古籍出版社 2004 年版,第 1261－1262 页。
⑤ 参见(清)祝庆祺等编:《刑案汇览三编》(四),北京古籍出版社 2004 年版,第 298 页。
⑥ 参见(清)祝庆祺等编:《刑案汇览三编》(四),北京古籍出版社 2004 年版,第 310 页。

外平复案①、道光十一年寇金刃伤雷金声等五人限外平复案②等。

(三)特定省份凶徒伤人加重处罚

清代对犷悍成风、动辄争殴之地,特严其罪。例如,豫省等地凶徒斗殴伤人,即使并未使用凶器,亦加重照凶器科处;仅听从帮殴未伤人,仍照例不分首从严惩。颍州府属凶徒结伙三人以上持械伤人不分首从,实发云贵两广极边烟瘴充军。如嘉庆二十二年喻松林等扎伤杜魁身死案、嘉庆十七年本部议覆河抚审办王安平案等。③

二、减等之原因

若被伤者起衅,其自身过错导致伤害后果,即被伤者过错致己伤,实践中一般减等论处。如下案:

案例:嘉庆二十二年,福建司营兵罗汉州因典史俞国栋买肉故短发价,又因斤两短少差传查问,将兵丁薛柱奉掌嘴杖责。该犯忿激不平,纠兵拦殴,是该典史任意凌虐,自取侮辱。故将罗汉州等于部民军士怀挟私仇,挺身闹堂,殴伤本官例量减一等,拟以满流。④

三、“依法勿论”的特殊情形

通过分析不负刑事责任的“伤”罪案发现,除皇帝赦免的特殊情形外,不负刑事责任的情形还包括“依法勿论”,主要针对“情有可原”“情可矜悯”等情况而设,包括以下情形:

其一,“本夫捉奸殴伤犯奸有服尊长勿论”例。此条例系乾隆二十一年,江苏司蔡通捉奸,刃伤胞叔蔡奕凡,照律勿论案内声明纂辑为例,其

① 参见(清)祝庆祺等编:《刑案汇览三编》(二),北京古籍出版社2004年版,第1350页。

② 参见杜家骥主编:《清嘉庆朝刑科题本社会史料辑刊》,天津古籍出版社2008年版,第605页。

③ 参见(清)祝庆祺等编:《刑案汇览三编》(二),北京古籍出版社2004年版,第1355-1356页。

④ 参见(清)祝庆祺等编:《刑案汇览三编》(二),北京古籍出版社2004年版,第1389页。

“伤者均勿论”五字，系在非登时又非奸所，或已就拘执而杀者之后。迨乾隆五十三年修例时，将“止殴伤者照律勿论”八字移改在前，作为除笔。详绎例文止字之义，凡止殴伤者无论折伤以上及是否登时皆在勿论之列。因此，嘉庆十七年山东省刘义财因缌麻叔祖刘大江与伊弟妻李氏通奸，捉奸擦瞎刘大江两目成笃，及嘉庆二十年河南省李青凤因小功服叔李均明私娶伊母凌氏为妻，挖瞎李均明两目成笃，先后咨请部示二案，将该犯等均照捉奸止殴伤犯奸尊长例勿论咨覆在案。①以蔡奕凡案为例：

案例：乾隆二十年，江苏司蔡奕凡与胞侄蔡通之妻卢氏通奸，被蔡通撞遇，蔡通气愤而用刀砍伤奸夫，并杀死奸妇。该地方官吏拟将蔡通依刃伤胞叔律绞立决，同时夹签声明蔡通情有可原等因具题至刑部。刑部详查律例，检阅条议，认为从无本夫获奸致伤有服尊长仍应科罪之文，故将蔡通改依“捉奸止殴伤犯奸尊长例”，予以勿论。②该案中，蔡通因蔡奕凡犯奸而刀砍尊长，本属情有可原，隶属矜疑之列。且按《大清律例·刑律·人命》“杀死奸夫”条规定：本夫于奸所亲获奸夫奸妇，登时杀死者勿论。该案之蔡通仅致伤尊长未死，照律自应勿论。

类似案件，还有道光十二年山西司“本夫殴伤奸拐伊妻罪人成笃”一案。③

其二，“奸盗拒捕与擅伤别项罪人”例。该条例规定，本夫及本夫、本妇有服亲属捉奸，殴伤奸夫，或本妇及本夫、本妇有服亲属殴伤图奸、强奸未成罪人④，或男子拒奸殴伤奸匪，或事主殴伤贼犯，或被害人殴伤挟仇放火凶徒及凶恶棍徒，至折伤以上者，无论登时事后，概予勿论。（期服以下尊长卑幼，因捉奸、拒奸，或因尊长卑幼强奸、图奸殴伤尊长卑幼者，悉

① 参见（清）祝庆祺等编：《刑案汇览三编》（二），北京古籍出版社 2004 年版，第 960－961 页。

② 参见（清）祝庆祺等编：《刑案汇览三编》（二），北京古籍出版社 2004 年版，第 873 页。

③ 参见（清）祝庆祺等编：《刑案汇览三编》（二），北京古籍出版社 2004 年版，第 961 页。

④ 按律载：卑幼殴本宗小功尊长笃疾者，绞。本夫捉奸，杀死犯奸有服尊长止殴伤者，照律弗论。按以上条例规定，在清代，为惩治亲属间乱伦行为，卑幼于尊长，例许捉奸，则难必不致伤，例既止致伤者弗论，则无论成笃成废，皆在伤者之列。

照此例勿论。此外，不得滥引，仍按殴伤尊长卑幼，各本律问拟。其旷野白日盗田野谷麦者，以别项罪人论）其余擅伤[①]别项罪人，除殴非折伤勿论外，如殴至折伤以上，按其擅杀之罪，应以斗杀拟绞者，仍以斗伤问拟。[②] 例如以下两案。

案例1：嘉庆十九年“亲属殴伤强抢罪人限外身死”案内，四川司谭昌爵拟求向胜杰之女为媳，虽曾央人说合，但向胜杰未受聘，因此谭昌爵听从姜有万强抢。姜有万被向胜杰追捕时抵挡，被向胜杰殴伤左手腕，被向世宽殴伤左腿，后姜有万失跌落坡，磕伤顶心，越二十八日殒命。该地方官吏拟将向世宽依擅杀罪人律拟绞监候，将向胜杰、谭昌爵分别拟杖。刑部却认为，姜有万殒命为自行失跌。向胜杰因姜有万持刀拒捕用担格殴一伤，按律应予勿论。[③]

案例2：同类案件还有山西司“本夫殴伤奸拐伊妻罪人成笃”案，虽詹法盛殴伤他人犯罪，但其所伤害对象为奸拐妻子之罪人，故依本夫捉奸殴伤奸夫至折伤以上，无论登时事后概予勿论例勿论。[④]

另外，对于判处斩决极刑的“伤”罪案件，基本都严重违背纲常伦理或严重危害统治秩序，如“乡约演戏不服查禁殴伤典史”案，基本案情如下：

道光元年，陕西省杨逢才听从党学章殴伤官役案内，党学章国服期内酬神演戏，经典史金品三查禁，不服喝令殴打拳伤该典史右眼。情殊恶劣，故将党学章比依部民杀害本官已伤为首例拟斩立决，杨逢才依为从例，拟绞监候。[⑤]

---

① “擅伤”指的是未按法定程序或权限而擅自实施的伤人行为。

② 此条系嘉庆十一年刑部议复陕西巡抚咨富平县民韦孝割伤调奸罪人韦秉清脚筋成废一案，纂为定例，道光四年改定。本条专门针对奸盗拒捕，殴伤未死者而言。殴伤未至折伤以上勿论。同时将奸盗与别项罪人严加区分。但以上不同情形均予以勿论，似有畸轻畸重之嫌。胡星桥、邓又天主编：《读例存疑点注》，中国人民公安大学出版社1994年版，第772页。

③ 参见（清）祝庆祺等编：《刑案汇览三编》（一），北京古籍出版社2004年版，第307－308页。

④ 参见（清）祝庆祺等编：《刑案汇览三编》（二），北京古籍出版社2004年版，第961页。

⑤ 参见（清）祝庆祺等编：《刑案汇览三编》（二），北京古籍出版社2004年版，第1387页。

类似案件还有"夤夜贴符被拿殴伤本管典史"案①、"奴仆殴伤家长之生祖母"案②等。

第三节 民事救济措施

"伤"罪治理不仅是刑事法律和刑事司法的范畴,也涉及民事领域。民刑合一是清代乃至中国传统社会司法审判的一个重要特点,不论是田土、钱债、户婚等民事纠纷,还是重大刑案,案件的判决有时既包括刑事因素,也包含民事因素,形成了不少有益经验。虽然《大清律例》规定的民事救济种类和条款较为有限,但也表明清代已经关注受害人及其家属的利益和社会正义、个人正义的分配平衡,体现了一定的人道主义关怀。

一、救济方式多样化

民事救济方式体现了传统社会人身损害的惩罚性、补偿性功能,一定程度上保障了人的生命健康权。受害人因伤受损致残必然带来一些财产损失和花费,而通过民事救济手段可以使其得到一定补偿,及时得到医治。

清代"伤"罪的民事救济方式包括收赎、养赡、给付马匹③、不准食粮④、

① 参见(清)祝庆祺等编:《刑案汇览三编》(二),北京古籍出版社2004年版,第1392-1393页。

② 参见(清)祝庆祺等编:《刑案汇览三编》(二),北京古籍出版社2004年版,第1440-1441页。

③ 根据"车马杀伤人"条例规定:"一凡骑马碰伤人,除依律拟断外,仍将所骑之马给与被碰之人。若被碰之人身死,其马入官。"也就是说,如果因骑马而碰伤人的,除了按律审判定罪外,若仅伤人,则骑马之人需将所骑之马给付给被碰之人;若被碰之人身亡,则将所骑之马没入官府。

④ 《刑律·斗殴》条例规定:"一护军兵丁,及食粮当差人役,若执持金刃伤人或自伤者,除革役照律例问拟外,永不准食粮。闲散人有犯,立案永不准食粮充役。"

追还嫁妆①、倍追给主②等,体现其民事救济多样化的特点(见表3.2)。

表3.2 清代"伤"罪民事救济方式

序号	罪名	伤害结果	民事救济方式
1	过失伤人	造成伤害	收赎给付其被杀伤之家
2	车马伤人	造成伤害	收赎给付其家
3	畜产咬踢人	造成伤害	收赎给主
4	夫殴妻	至折伤以上	收赎
5	庸医用药或针刺不当	造成伤害	收赎给付其家
6	果有疯疾执持凶器伤人	造成伤害	收赎,给付被伤之人
7	故用蛇蝎毒蛊咬伤人	至笃疾	给付财产养赡
8	故屏去人服用饮食之物而伤人	至笃疾	给付财产一半给笃疾之人养赡
9	殴大功以下尊长	至笃疾	给付财产一半养赡
10	祖父母、父母、嫡、继、慈、养母非理殴子孙之妇,及乞养异姓子孙	至笃疾	追还初归嫁妆,仍给养赡银一十两
11	因斗殴致使瞎人两目,折人两肢,损人二事以上及因旧患令致笃疾,若断人舌,及毁败人阴阳者,将犯人财产一半,断付被伤笃疾之人养赡	至笃疾	给付财产一半养赡
12	因斗互相殴伤	至笃疾	断财养赡
13	骑马碰伤人	造成伤害	所骑之马给予被碰之人

注:本表依据田涛、郑秦点校版《大清律例》整理而成。

① "殴大功以下尊长"条规定:祖父母、父母、嫡、继、慈、养母非理殴打子孙之妇,若殴打子孙之妇伤至笃疾,除给付财产养赡外,还需要归还其嫁妆。但若是祖父母等非理殴子孙之妾,就不在追给嫁妆之列。

② 《刑案汇览三编》载贵州司乾隆五十四年说帖"殴毙人命顺取财物倍追给主"案,明确区分了与人斗殴窃取财物伤人命是否依例倍追还主。(清)祝庆祺等编:《刑案汇览三编》(二),北京古籍出版社2004年版,第805页。

二、以收赎、养赡为主

从《大清律例》规定可见，清代“伤”罪的民事救济措施以收赎、养赡为主，通过立法强制性地对受害人或其家属遭受的损失进行财产补偿。

收赎也叫赎刑，是依律赎情可矜疑者，即以缴纳一定数量的赎金代替应受之刑罚，求得赎免。在清代，仅某些特殊身份的人或轻罪、疑罪、过失杀伤罪等允许使用赎刑，以践行儒家之仁政，这是我国古代一种重要的刑罚制度。按“老小废疾收赎”律载，七十以上及废疾犯流罪以下收赎，八十以上及笃疾犯盗及伤人罪亦收赎，其余皆勿论。在过失杀伤案中，以赎代刑更为常见。赎金一般收归国有。然而，也有一些条文规定将赎金作为医药费给付受害人及其家属，类似于对人身伤害的民事救济或赔偿。“刑罚与收赎，虽一为报复，一为补偿，一个追求施害方和受害方在利益损失上大致相等，一个追求施害方的利益补偿与受害方的利益损失的基本等价，但都是报偿原则的不同形态，体现的是利益得失上的大致平衡。”① 收赎之规定产生较早，唐律就明确规定了所赎之铜各入被杀伤之家，予以赔偿；九品以上官员犯流罪以下均可以铜收赎，七品以上官员犯流罪以下可减一等；在伤害赔偿上，宗亲官僚的等级身份是重要的赔偿标准，等级越高，赔偿也越高。元代沿袭草原民族“赔命价”的传统伦理习俗，实行追征烧埋银，作为杀伤人的赔偿。清代宗亲贵族与平民相较，赔偿数额最高可达六十倍，体现了“别尊卑异贵贱”的宗法伦理理念。

养赡主要针对重伤人或其他残忍杀人的情况，是在给予罪犯一定刑事处罚的同时，责令其支付一定数额的资金给被害人之家，用以赡养被害致死者的家属或者被害重伤致残者的一种民事救济手段。清律关于养赡的规定有《刑律·人命》“屏去人服食”条、《刑律·斗殴》“斗殴”条、“殴大功以下尊长”条、“殴祖父母父母”条等。赔偿标准除固定数额外，多以

① 汪雄涛：《清代律例原则中的利益平衡》，载《湖北大学学报（哲学社会科学版）》2010 年第 2 期。

伤人者的家庭财产多少为依据。《刑案汇览三编》也不乏对伤害犯罪实行财产养赡的案例记载。例如,乾隆六年三月十六日河抚题"殴死同堂卑幼拟流者应断产"案,赵二妮殴伤大功堂弟赵二保身死,经通行并纂例:

> 嗣后遇有此等殴死同堂卑幼,罪应拟流之案与殴至笃疾但罪不至绞者,均照律断给财产一半养赡。①

然而,被伤之人如有罪,则不能断财养赡。乾隆六十年直隶司李有亮与高廉鸡奸,因高廉借贷不允,用刀割伤高廉。地方官吏拟依毁败人阴阳不能生育律杖一百、流三千里,断付财产一半养赡。而刑部认为,两人和同鸡奸,均属罪人,李有亮为图泄忿伤人;高廉淫恶作孽,为有罪之人,不应断给财产为贪淫遭害者。② 类似还有道光六年赵起左妒奸将顾连双目揉瞎案,因顾连系犯奸罪人,故即使伤至笃疾,亦毋庸断给财产。③

本章小结

本章主要以《刑案汇览三编》为研究素材,探讨清代"伤"罪法律规范的司法适用问题,包括罪刑适用方式、刑罚加减等分析与民事救济措施等。

在"一罪一刑"立法模式之下,清律尽可能作出详细具体的规定和注释来统一对律义的认知,有关"伤"罪的规定具体明确,但仍难以涵摄社会生活的方方面面。故而当"法无明文"之时,比附类推、适用概括性禁律、援照通行与成案、以皇帝谕旨裁断等多元化处理方式便被应用于"伤"罪案司法裁断中,以填补法律空白。当法有正条与罪刑不符之时,极有可能会出现法律的形式性与量刑允协之争。

---

① 参见(清)祝庆祺等编:《刑案汇览三编》(三),北京古籍出版社2004年版,第1507页。

② 参见(清)祝庆祺等编:《刑案汇览三编》(二),北京古籍出版社2004年版,第1352页。

③ 参见(清)祝庆祺等编:《刑案汇览三编》(二),北京古籍出版社2004年版,第1352-1353页。

总体来看,“伤”罪属于清代比较高发的犯罪之一,其法律治理以客观归罪原则为主,审判时也会根据犯罪情节酌情加等、减等。为追求“情法两尽”“情罪相符”的价值目标,清代“伤”罪司法确立了三种量刑幅度,包括加等、减等和免除刑罚。实践中,司法官吏往往会对无逼迫别情间接致人死亡、因一时争斗致伤多人、特定省份凶徒伤人等情节凶残恶劣的特殊情况加重处罚;若因被伤者过错致已伤,一般可减等处罚;免除刑罚的情形较少,除“本夫捉奸殴伤犯奸有服尊长勿论”例、“奸盗拒捕与擅伤别项罪人”例等条例规定的“依律勿论”情形外,多为皇帝谕旨赦免。在民事救济方面,清代规定了多种救济方式,以收赎与养赡为主,体现了清代对受害者及其家属利益的关注。

第四章 《刑案汇览三编》所见清代“伤”罪案的司法裁判规则

由于六类“伤”罪的内涵及其成罪条件不同，因而在实际运作中也会表现出不同的特性，乃至形成差异化的司法裁判规则。本章以《刑案汇览三编》为基本素材，深入探讨“伤”罪案中调查取证、共犯首从、犯罪自首与律例适用等方面的普遍性适用规则，以期加强对清代“伤”罪律例运行以及办案经验的认知。

第一节 “故伤”案的司法裁判规则

司法实践中，清代“故伤”以“斗殴伤”为比附论罪核心，尊卑亲属间“故伤”从重处罚。由于主观心态不能直观窥见，行为人的犯意往往通过其行为的事由、过程和结果等具化场域和情节来体现。因而有学者说，清代在司法责任问题上更多采取“情境法”，也就是根据案件发生的实体环境与主观、客观情节综合配置相应的法律责任，而不过度纠结于行为人的心理状态。①

---

① 参见陈磊：《犯罪故意的古今流变——兼评方法论意义上故意与过失的界分》，载《环球法律评论》2014 年第 4 期。

一、罪刑适用以"斗殴伤"为比照核心

按《大清律例》规定,"故伤"之罪比照"斗殴伤"科刑的律例有3条,除"以故伤论"的情形外,包括"故禁故勘平人"条规定"故勘平人至折伤以上,以凡斗伤论",《刑律·人命》"屏去人食服"条规定"故用蛇蝎毒蛊咬伤人者,以斗殴伤论"[①],还有《兵律·厩牧》"畜产咬伤人"条规定"故放令杀伤人者,减斗殴杀伤一等,若亲属有犯者,依尊卑相殴杀伤律"。我们可从以下两个案件来看实践运作中"故伤"案的法律适用情况。

案例1:嘉庆十八年陕西司"故杀伤而未死仍照斗殴伤论"案内,冯海凝因此前与樊太简有嫌隙,迁怒樊太简之子樊陈保子,临时起意欲杀,并用刀划伤其咽喉等处,伤而未死。经初审,地方官吏拟比照谋杀人伤而未死律量减拟流,来咨刑部。[②]

该案中,冯海凝"临时起意",有杀人之害心,而并非谋划之"谋杀",因此,刑部予以驳回,认为该案应为故杀案,同时指出,故杀律内既不言伤而未死,即为"故伤",自应照斗伤定拟。并且,参见故用蛇蝎叠伤人致死,并谋故杀而误杀旁人以故杀论各条,其伤而不死俱载明以斗殴伤论。故而将冯海凝改照刃伤人律杖八十、徒二年。这不仅体现了"谋杀"与"故杀伤"之差异,也说明"故伤"科刑以"斗殴伤"为比照核心。

案例2:乾隆五十四年"典史抑勒讳盗刑伤事主平复"案内,已革典史赵坤以事主形迹可疑,令民人刘平吉跪链审问,致使刘平吉的两膝跪久成伤。刘平吉虽伤轻平复未至残废,但赵坤有意讳盗苦累事主,情节较重。因此,司法官吏将赵坤从重比照抑勒讳盗,苦累事主,伤至废疾,照故勘平人成废,依凡斗伤论,杖一百、徒三年。[③]

该案中,赵坤故勘平人至废疾,明显存故意伤人之心,"非因争斗而

---

① 田涛、郑秦点校:《大清律例》,法律出版社1999年版,第432页。

② 参见(清)祝庆祺等编:《刑案汇览三编》(二),北京古籍出版社2004年版,第1109-1110页。

③ 参见(清)祝庆祺等编:《刑案汇览三编》(一),北京古籍出版社2004年版,第487-488页。

伤”,为典型“故伤”案。按《大清律例·刑律·断狱上》“故禁故勘平人”条规定:如果官吏因怀挟私仇而故勘无辜的平民百姓者,虽未造成伤害后果,也要处以杖八十的刑罚;如致人折伤以上者,则依凡人“斗殴伤”论处。所谓故勘,是有审问权的司法官吏,非法对无罪的平人加以拷讯。清代还有比附本条论处的条例:“地方文武官员,因畏疏防、承缉、处分、恐吓事主抑勒讳盗,或改强为窃者,均照讳盗例革职。承行书办,杖一百。若抑勒苦累事主致死,或刑伤至笃疾者,除革职外,照故勘平人律治罪。”[①]此处,故勘平人成废亦以“斗殴伤”为比附核心。

二、尊卑之间“故伤”从重论处

受到彼时纲常伦理以及法律的制约,卑幼侵害尊长的案件相对于尊长侵害卑幼的案件要少。在《刑案汇览三编》中,有 2 宗尊长故意伤害卑幼的案件,尚未发现卑幼故意伤害尊长的案件。若尊长故残卑幼之情形过于恶劣,为避免情重法轻,维持情理法之间的平衡,司法官吏也会加等论处,而非依律减等。

嘉庆二十二年陕西司“挟嫌主令次侄砍伤长侄成废”案内,为泄私忿,张兴起意毒殴其胞侄张全义泄愤,临时逼迫张全义之胞弟张全兴用刀砍伤张全义,致成废疾。按照卑幼并无干犯,尊长毒殴故残卑幼至笃疾例,将张兴比照卑幼并无干犯,尊长挟嫌毒殴故残卑幼至笃疾者,期亲伯叔杖九十、徒二年半例上量减一等,处以杖八十、徒二年;张全兴为从犯,依刃伤胞兄律拟流。[②]

根据《大清律例》“同姓亲属相殴”条规定:同姓亲属相殴,虽五服已尽,而尊卑名分犹存者,尊长犯卑幼减凡斗一等。若卑幼并无干犯,而尊长毒殴故残卑幼至笃疾者,按服制关系减等科处。该案中,张兴作为伯叔,起意故意伤人致使胞侄张全义成废疾,从伤害结果看,虽并未造成笃

① 张荣铮等点校:《大清律例》,天津古籍出版社 1993 年版,第 371 页。

② 参见(清)祝庆祺等编:《刑案汇览三编》(二),北京古籍出版社 2004 年版,第 1586 - 1587 页。

疾这一更为严重的后果,但司法官吏核其情节,与尊长毒殴故残卑幼至笃疾例最为贴近,因此,比照尊长毒殴故残卑幼至笃疾例,在严格论处的基础上减凡一等论处。但至废疾而非笃疾,实际上加重了处罚。

道光十三年陕西司"无服族叔故残卑幼至笃疾"案内,史魁系史十娃的无服族叔,史魁临时起意商同史幅才用石灰将史十娃的两眼抹瞎,实属尊长非理毒殴,故残卑幼至笃疾。基于无服叔侄关系,若照服尽尊长犯卑幼律减等拟徒,其罪转轻于缌麻尊长故残卑幼至笃疾拟流二千里之例;若比照平人一律问拟,又无所区别。未免情重法轻,最终将史魁比照缌麻尊长故残卑幼至笃疾例上酌加一等,杖一百、流二千五百里;史幅才为从犯应满徒,因其系史十娃缌麻尊长,故照凡人减一等,杖九十、徒二年半。[①] 该案之史魁非理毒殴故残无服族孙史幅才,怀"故伤"之心致其两眼全瞎而伤至笃疾,如当事人之间均系平人,没有特殊身份关系,自应照凡人"斗殴伤"论;但因史魁与史幅才为受伤者史十娃之无服尊亲属,名分犹存,按服制定罪原则,应减凡人罪一等拟徒。然而,该案故意伤人之情太重,若仅拟徒显得情重法轻,因此并未依律减一等,而是以"情重法轻"为由比照尊长毒殴故残卑幼至笃疾例酌加一等。可见,清代司法中,"情理"与"法"密不可分,在量刑中均发挥着重要的作用。

有学者以为,"故伤"这一类别在明清律中是缺失的,任何故意施加的伤害行为在唐宋法律之下都可被归为"故伤",而在明清法律之下则被归为殴伤。[②] 但从以上关于"故伤"犯罪之立法及司法档案(司法适用情况详见本书附录)记载,清代仍然存在"故伤"这一犯罪行为,且其是"伤"罪体系中处于主观罪过程度最高的犯罪类型(详见附录中的"故伤"案)。

---

① 参见(清)祝庆祺等编:《刑案汇览三编》(四),北京古籍出版社 2004 年版,第 337 页。

② 参见[美]胡宗绮:《意欲何为:清代以来刑事法律中的意图谱系》,景风华译,广西师范大学出版社 2020 年版,第 81 页。

第二节 “斗殴伤”案的司法裁判规则

经分析《刑案汇览三编》所载200宗“斗殴伤”案发现，司法官吏审理清代“斗殴伤”案时关注的中心主要表现在证据定谳、伤害结果认定和律例适用三个方面，并且有专门区分“斗殴伤”与“斗殴杀”的制度规则。

一、证据定谳：重金刃与凶器

证据是查明案件事实的基础，对辨清待证事实乃至定谳都至关重要。“斗殴伤”罪案件中，客观犯罪工具与犯罪行为、伤害结果能够在一定程度上反映行为人的主观心态，因此，清代将证据收集与伤情检验作为必经程序。“争殴时所持之具，与所伤之处，可以定有心无心之分。”[①]清律对不同危害程度的伤人工具科以不同刑罚。如“斗殴”门内，以手足、他物分别科罪。他物即手足以外的伤害手段，其又以凶器伤人与刃伤人为重。因手足伤人最为分明，且其情节轻微，在《刑案汇览三编》中极为少见，故不赘述。

（一）刃伤对象人数与身份关系

金刃伤人也叫刃伤。若非以刀刃伤人，而是以刀背或刀柄等伤人，则不为刃伤，而为他物伤。清律“斗殴”条规定：刃伤人者，杖八十、徒二年，其处罚严于手足、他物斗殴成伤，宽于斗殴至残废笃疾。司法实践中，金刃伤人案科刑还要视伤害对象人数多寡，以及当事人之间的身份关系。

第一，若刃伤多人量刑酌加一等。例如，段进德因挟高乞不雇看青之嫌向论争殴，用刀刃伤高乞母子三人平复一案内，因段进德伤害三人，人数较多，造成的社会危险性和影响较大，故将段进德照刃伤人杖八十、徒

① （清）汪辉祖：《佐治药言·续佐治药言》，商务印书馆1937年版，第34页。

二年律酌加一等，杖九十、徒二年半。[①]

第二，若刃伤功尊限内平复不减等。例如，王五子用刀砍伤其小功服叔王其耀，限内医治后平复案内，地方官吏拟照凡人罪减二等拟徒。但刑部认为，不得以服制案件与凡人并论，并援照嘉庆十三年直隶省咨翟丑刃伤小功服叔翟思孔案。由于事关服制，虽限内平复，但未便减等，因而将翟丑照刃伤小功尊属递加凡人三等拟杖一百、流二千里。经援照成案，将王五子照刃伤小功尊属本律递加凡人罪三等，杖一百、流二千里。[②]

（二）凶器的认定及其来源

清代对凶器伤人犯罪严惩不贷，高度关注凶器的认定问题。凶器乃杀伤人之物，执持凶器斗殴，是有故意行凶杀伤人之心，因此不论伤之轻重，但殴即坐。因凶器种类甚为繁杂，基于社会管理需要，清律及司法实践对凶器与民间器具作了细致区分，曾就此多次创设通行、纂辑条例，如夺获凶器伤人减等例、聚众执持凶器伤人拟发边远充军例等。[③]

直至清中后期，司法所认定的凶器范围越来越宽泛：从视情节分辨、具体列举，到将非民间常用之物均以凶器伤人论，刑罚日趋严苛。例如，嘉庆十八年，经郑庚寅用铁尺殴伤大功堂兄郑宏义并误伤小功堂侄郑五身死案获准专设通行：“嗣后凡例载凶器及虽非例载而非民间常用之物如铁尺拳心铁叉等项伤人者，概依凶器伤人例拟军，不得率行轻纵，以符例

① 参见（清）祝庆祺等编：《刑案汇览三编》（四），北京古籍出版社2004年版，第311页。

② 参见（清）祝庆祺等编：《刑案汇览三编》（三），北京古籍出版社2004年版，第1502页。

③ 如“斗殴”条所附凶器伤人例规定：凶徒因事忿争，执持刀枪、弓箭、铜铁简、剑、鞭、斧、扒头、流星、骨朵、麦穗、秤锤凶器，但伤人及误伤旁人，与凡剜瞎人眼睛，折跌人肢体，全抉人耳鼻口唇，断人舌，毁败人阴阳者，俱发近边充军。若聚众执持凶器伤人，及围绕房屋抢捡家财，弃毁器物，奸淫妇女，除实犯死罪外，徒罪以上不分首从，发边远充军。虽执持凶器而未伤人者，杖一百。凶徒因事忿争，执持腰刀、铁枪、弓、箭，并铜铁简、剑、鞭、钺、斧、扒头、流星、骨朵、麦穗、秤锤等凶器，及库刀、朴刀、顺刀等并凡非民间常用之刀，但伤人及误伤旁人者俱发近边充军，如系民间常用之镰刀、菜刀、小刀、柴斧不在此限。参见田涛、郑秦点校：《大清律例》，法律出版社1999年版，第445－446页。

案而免参差。"[1]直至道光六年,不论是用刀刃还是用刀背,均以凶器论。[2]

光绪五年盛京"扑枪锈刀非民用物伤人均照凶器科断"案内,宁远州详解旗人孙朝俊等用扑枪扎砍旗人靳得俞身死。盛京刑部以扑枪系民间常用之物,并非凶器,拟将孙朝俊依刃伤人律杖八十、徒二年,因系旗人,折枷三十日,枷满鞭责省释等因咨部。刑部查历年成案,认为扑枪、扎枪、长枪等虽例内未载明,但非民间常用之物,一经伤人,即应照凶器伤人论处。同时,为防办理分歧,咨部查案通行:嗣后遇有此等案件,凡非民间常用之物,一经伤人,均仍照凶器伤人科断,以归画一而免歧异。[3] 该案的争议焦点在于伤人之扑枪是否属于凶器。刑部本已查到条例载明:凶徒因事忿争,执持铁枪等项凶器伤人者,发近边充军;又除例载凶器外,其余例未赅载,凡非民间常用之物,均以凶器伤人论。在已有定例且嘉庆十五年通行再次强化的情况下,刑部仍再次通行各省同一办理,说明清后期着实存在不遵条例、重复规定等司法乱象。

除认定凶器外,司法官吏重点关注的还有凶器的来源。凶器来源是科刑的参照标准之一,清代制定"夺获凶器伤人例",严格区分自行携带凶器与夺获相争者凶器伤人。若平人因事忿争,如凶器夺自相争者,则照凶器伤人例减一等处罚;如夺获同伙的凶器殴伤人或者临时拾获凶器伤人均不减等。

嘉庆二十二年,山西司张学三等共殴李梦麟身死案内之余人张四娃夺获凶器铁简,帮殴伤人案中,因凶器夺自相争者之手,与自带凶器、临时拾获凶器伤人有别,故张四娃被判于凶器伤人军罪上量减一等,拟杖一

---

① (清)祝庆祺等编:《刑案汇览三编》(二),北京古籍出版社2004年版,第1346-1347页。

② "凶器军器伤人不分兵民"案中,营兵郑俊等疑贼共殴林大科身死。余人梁升用铁枪戳伤林大科。刑部认为,因凶器非民间应有之物,不论是否有刃及用背用刃,均以凶器论。该司不按例拟军错误,应就案改拟,并传各司存记,画一办理。参见(清)祝庆祺等编:《刑案汇览三编》(二),北京古籍出版社2004年版,第1345-1346页。

③ 参见(清)祝庆祺等编:《刑案汇览三编》(四),北京古籍出版社2004年版,第573-574页。

百、徒三年。[①]

反之,在嘉庆二十四年江苏司周四等听从刘八殴伤吴祥身死案、嘉庆二十一年河南司魏致中等共殴霍玉佩身死案内之刘殿臣拾获铁尺,殴伤霍玉佩左腿案内,其凶器分别源自伙犯与临时拾获,与夺获自相争者不同,故而仍依凶器伤人例拟军,不减等。[②]

从清代立法和司法来看,刃伤以律文规定为主,而凶器伤人依条例增订为主,以此区分刃伤与凶器伤人适用。同时,也引发了一些争议。例如,薛允升认为,清律将凶器与金刃判而为二,强行区分,轻重互相歧异。原例言刀枪、弓箭、铜铁简、剑等凶器已包含金刃在内。现定之例以镰刀、菜刀、柴斧为寻常金刃,以腰刀、针、斧等类为凶器。并且,律文内金刃重于他物,而条例内凶器又重于金刃,论理本不可通。[③]

二、律例适用:以援引斗殴本律例为主

因斗殴有关律例规定较为详尽,故"斗殴伤"案比其他类型"伤"罪案适用比附援引的情况要少,其更多是直接援引"斗殴"条律例,且援引律文比援引条例更为常见。

在200宗"斗殴伤"案中,除3宗案件记载不明和9宗案件被刑部驳回未适用律例外,有99宗案件援引律文,以"刃伤人律"为主;86宗案件援引条例,以"凶器伤人例"为主;12宗案件援引往年成案;9宗案件经皇帝降旨俞允或恩诏裁断;1宗案件适用通行(因同一案件可能有同时适用律、例或援引成案、通行等情况,故数据之间存在少量交叉)。此外,当法无明文之时,清代司法官吏还会比照不应重律科处(有4宗案件,详见附录中的"斗殴伤"案)。

① 参见(清)祝庆祺等编:《刑案汇览三编》(二),北京古籍出版社2004年版,第1347页。

② 参见(清)祝庆祺等编:《刑案汇览三编》(二),北京古籍出版社2004年版,第1347－1348页。

③ 参见胡星桥、邓又天主编:《读例存疑点注》,中国人民公安大学出版社1994年版,第620页。

三、“斗殴伤”案与“斗殴杀”案的界限

查看《刑案汇览三编》中的“斗殴伤”案与“斗杀”案，经比较发现，实践中，清代主要以保辜制度、行为人主观心态和罪坐所由原则来区分“斗殴杀”与“斗殴伤”。其中，罪坐所由原则是非必然因果关系[①]的一种体现，是直接因果关系的例外。

（一）保辜制度

保辜是古代处理刑事伤害犯罪的一种特殊法律制度。《大清律例》专设“保辜”条，通过对伤情进行分类查验，验伤之轻重，就手足伤人、他物伤人或金刃伤人各自设立明确的时限，责令犯人在此期限内保辜医治。[②] 所谓保人之伤，保己之罪，使得加害人能够在保辜期限内积极为受害者治疗以减轻罪刑。如果当事人之间的斗殴行为没有直接致人死亡，而是造成受害者身体健康受损，且经保辜数日后仍未死亡，或原殴致命伤轻正限外余限内抽风身死，则成立“斗殴伤”，止科“伤”罪；若斗殴时当场死亡，或者在保辜期限内身亡，则为“斗殴杀”。“凡斗殴伤者，历代皆有保辜之制；保辜者，各随其伤轻重，令殴者以日数保之，限内致死，则坐重辜，见《急就篇》颜注。”[③]相关研究成果很多，故不赘述。

保辜制度虽说是区分伤人罪与杀人罪最直观且明确的判断标准，但考察“伤”罪司法案例可知，保辜制度或者说伤害结果并非判断“伤”罪与杀人罪的唯一标准。实践中，有不少导致死亡结果但仍科“伤”罪或者虽仅致伤但仍科杀人罪的案例，这说明“伤”罪有其独立且较为复杂的认定标准。

---

① 所谓非必然因果关系，是指特定行为与损害结果之间并没有必然的因果关系，司法官仅依据这种并不严格的关系而判令特定行为人承担一定的法律责任。

② 按该规定，以手足和他物殴人致伤的，伤轻则限二十日平复；以刀刃和汤火致伤人的，辜限三十日；若折跌人肢体、使人破骨堕胎的，勿论使用手足或他物伤人，辜限五十日。

③ 陈顾远：《中国法制史概要》，商务印书馆 2017 年版，第 302 页。

（二）主观心态：伤人还是杀人

“斗殴伤”处于故意伤害与过失伤害之间的灰色地带。若在斗殴之时有心逞凶杀人，虽伤而未死，亦科“杀”罪而非“伤”罪；若非有心杀害，则止科“伤”罪，如下列三宗案件。

案例1：道光元年，奉天司梅克宽等开场聚赌，经官兵查知前往捕拿，梅克宽因害怕被获治罪，喝令拒捕殴打，致伤官兵。地方官吏拟将梅克宽依部民犯罪不服拘拿，挺身闹堂逞凶，杀害本官已伤者为首照光棍例斩决。但刑部以梅克宽喝令拒捕系因畏罪起见，尚非有心逞凶杀害，其在庙会地方亦与公堂迥别，不得谓之挺身肆闹，遂改依殴伤本管官律杖一百、流二千里上加拒捕罪二等，发新疆充当苦差。①

案例2：道光十六年，江苏司郭三子因与王帼磬口角，用拳殴伤王帼磬右眼胞逃跑，王帼磬追赶，被邻船桩缆绊跌垫伤身死。地方官吏拟处斗殴杀人绞律，但刑部认为，王帼磬之死乃由于向追致跌，非郭三子意料所及，地方官吏裁断罪名错误，驳回再议。②

案例3：道光十四年，安徽司董泳善因被小功服叔董寿凝掌殴，用手搪抵致伤董寿凝鼻梁，其后董泳善逃跑，董寿凝因追赶自行滑跌身死。经审理，地方官吏认为，董寿凝之死实非该犯意料所能及，故仍应科以伤罪，因此将董泳善依殴小功尊属律，杖七十、徒一年半。③

以上三宗案件中，行为人均无杀人故意，并非有心干犯，导致死亡后果实非意料所及，因此，均科“伤”罪，而非“杀”罪。

（三）罪坐所由原则

因果关系是清代司法官吏进行法律推理判断的重要内容。实践中，“斗殴伤”案在适用保辜制度的同时，还须考量伤害行为与伤害结果的关

---

① 参见（清）祝庆祺等编：《刑案汇览三编》（二），北京古籍出版社2004年版，第1389页。

② 参见（清）祝庆祺等编：《刑案汇览三编》（四），北京古籍出版社2004年版，第257页。

③ 参见（清）祝庆祺等编：《刑案汇览三编》（四），北京古籍出版社2004年版，第299页。

系，是否“与本伤无涉”。《刑律·斗殴上》“保辜期限”条例规定：原殴伤轻，本不至于死，过数日后因伤风而死亡的，将殴打之人杖一百、流三千里，免其抵偿；如受害者因患其他病症死亡，与本伤无涉（无关）的，即使在保辜期限内，仍按律依本殴伤法科处，而非科以杀人之罪。[①] 但实践中，也存在例外。

湖南司郑浩喜等殴赶龚添照凫水溺毙案和陕西司许帮钱文翻悔不给功叔自尽案，依罪坐所由原则分析了“斗杀”与“斗伤”罪之区别。

案例1：龚添照被郑浩喜等捉奸而殴伤，被追情急跳入河内意图凫水过河躲避，但游至中流溺毙。地方官吏认为，龚添照系被追至溺，而溺由于郑浩喜等追赶，按照罪坐所由原则，应以斗杀论。[②]

案例2：朱荣因降服大功叔朱满瑚向其借钱索帮，应许后翻悔不给，以致朱满瑚自缢身亡。地方官吏拟将朱荣依卑幼殴本宗大功尊属律，杖八十、徒二年，报咨刑部。但刑部持不同意见，认为该案虽尚无逼迫情状，但朱满瑚之死究根到底是因该犯许帮翻悔所致，按照罪坐所由原则，应酌照逼迫大功尊长致死之律量减问拟。地方官吏只科殴伤之罪，而置人命于不问，殊未允协，改依逼迫期亲尊长致死绞监候，大功以下递减一等律量减一等，杖一百、徒三年。[③]

从以上两宗案件可见，受害者之死与施害者之特定行为并无直接因果关系，龚添照之死由郑浩喜之追殴所致，朱满瑚之死由朱荣许帮翻悔所致，并非被殴打致死。从现代刑法理论来讲，两案中的打伤行为与死亡后果之间并不构成刑法上的因果关系。但其后果为施害者行为所由，从这一事实出发，那么由此带来的利益损害自然需要有人来承担。有学者将此称为“非必然因果关系”，即特定犯罪行为及其损害后果之间并无必然因果关系，但司法官吏仍依据这种并不直接、严格的因果关系判令行为人

---

① 参见田涛、郑秦点校：《大清律例》，法律出版社1999年版，第446页。

② 参见（清）祝庆祺等编：《刑案汇览三编》（二），北京古籍出版社2004年版，第1115－1116页。

③ 参见（清）祝庆祺等编：《刑案汇览三编》（二），北京古籍出版社2004年版，第1252页。

承担一定的法律责任。[①] 据此，罪坐所由原则是对杀人罪适用的扩大解释，是保辜制度的例外。

第三节 “误伤”案的司法裁判规则

“误伤”因对伤害对象认识错误造成。从《刑案汇览三编》所载“误伤”案来看，清代“误伤”犯罪主要包含因斗误伤、因谋故杀而误伤、罪人图脱误伤事主、非斗殴误伤四种类型，各自治理的规则存在些许差异，但也存在某些联系。

一、“斗误”伤人视身份关系区别办理

《大清律例·刑律·人命》“戏杀误杀过失杀伤人”条规定，因斗殴误伤旁人的（以下简称“斗误”），以斗伤论处。[②] 此外，清律还有凶徒因事忿争执持凶器误伤人[③]、同谋共殴误伤以“斗殴伤”论[④]的规定。从司法治理实践来看，根据行为人与犯罪对象之间的身份关系不同，分为普通“斗误”案与特殊“斗误”案。

（一）普通“斗误”案

普通“斗误”，是在斗殴过程中错误地导致了与己无身份关系之人的误伤。清代司法中较为常见的普通“斗误”案为施放鸟枪或竹铳而误杀

① 参见张伟仁：《中国传统的司法和法学》，载《现代法学》2006 年第 5 期。

② 参见田涛、郑秦点校：《大清律例》，法律出版社 1999 年版，第 97 页。

③ 《大清律例·刑律·斗殴上》“斗殴”条例规定：凶徒因事忿争，执持刀枪、弓箭、铜铁简、剑、鞭、斧、扒头、流星、骨朵、麦穗、秤锤凶器，但伤人及误伤旁人，与凡剜瞎人眼睛，折跌人肢体，全抉人耳鼻口唇，断人舌，毁败人阴阳者，俱发近边充军。

④ “同谋共殴，有误杀伤旁人者，下手重伤人，自依斗殴杀伤论矣。其原谋之人伤则亦照斗殴律减一等，杀则仍照共殴律拟流。余人满杖，杀伤之人虽误，谋殴之情则一也。”同谋共殴而误伤旁人不因所侵害的客体错误而阻却斗殴故意，虽失其所谋之意，仍区分原谋、下手重者和余人治罪。

伤旁人类案件。以《驳案汇编》一宗案件为例。

乾隆三十九年，江西司黄昌怀放枪打鹿、误伤姚文贵身死案中，地方官吏以其犯罪情节与“耳目所不及、思虑所不到，初无害人之心，偶致杀伤人”之律注符合，拟将黄昌怀以“过失杀人者准斗杀律”收赎。但刑部认为，民间捕猎施放枪箭打射禽兽应加倍审慎，不可全无顾忌、任意施放，若仅以“过失”收赎，情为未协。为使共相警惕，庶情法均归平允，比照“捕户于深山旷野安置窝弓，不立望竿，因而伤人致死”律杖一百、徒三年，仍追埋葬银一十两，并载入例册。[①] 该案区分了行为人犯罪的主观意图，即实“无害人之心”，但又因施放枪箭为危险行为而应尽加倍的注意义务，非过失可比。因此，仅以过失收赎于情理上并未允协。类似案例，还有乾隆二十七年福建司福安县民谢佛保放枪误伤王永满身死案[②]，乾隆四十三年直隶司东光县民边六举枪打雀枪发致伤尤和身死案[③]等。

至嘉庆六年，刑部结合司法实践，专就向城市宅舍以及深山旷野施放鸟枪竹铳而误伤旁人这一问题议准定例，因该条例比照斗伤减等论处，故可视为因斗殴而误伤。具文如下：

> 凡鸟枪竹铳向城市及有人居止宅舍施放者，虽不伤人，笞四十；误伤人者，减汤火伤人律一等；因而致死者，杖一百、流三千里。若在深山旷野施放，误伤人者，减汤火伤人律二等；因而致死者，杖一百、徒三年。皆追征埋葬银一十两。[④]

（二）特殊“斗误”案

特殊“斗误”是在斗殴过程中，因伤害对象错误导致与己有亲属身份

---

① 参见（清）全士潮等纂辑：《驳案汇编》，何勤华等点校，法律出版社2009年版，第325－326页。

② 参见（清）全士潮等纂辑：《驳案汇编》，何勤华等点校，法律出版社2009年版，第334页。

③ 参见（清）全士潮等纂辑：《驳案汇编》，何勤华等点校，法律出版社2009年版，第335－337页。

④ 胡星桥、邓又天主编：《读例存疑点注》，中国人民公安大学出版社1994年版，第605页。

关系之人的误伤。西汉武帝时期，汉律规定，殴父枭首。若误伤父母，因罪犯伦常，仍重处。因袭之，清代亦重惩殴父母、祖父母这一侵犯家族伦理关系、悖逆于伦常之道的行为，并将其纳入"十恶"之"恶逆"犯罪之中。但与有心杀害而言，误伤父母、祖父母之行为又稍稍显得宽缓。特殊"斗误"案较为复杂，以下面四种情形为主：

第一，子孙误伤祖父母、父母，若无忤逆情形，并非有心干犯，实系误伤，情可矜悯者，援案声请，恭候钦定。清帝国以"孝"为伦理基础立法，即便是子孙误伤祖父母、父母，同样予以严惩，但如情实可矜，经奏请可从斩决减为斩候。

嘉庆时期，山东司称：误杀误伤祖父母、父母类案件，历来并未画一办理。山东省题翟小良误伤其父翟玉阶案，湖北省题赵才鼎误伤其母张氏案，广西省题葛莫氏误伤其姑葛邓氏案，各省均未援引成案，只于本内声明并非有心忤逆逞凶干犯。嘉庆二十一年六月内臣部审奏樊魁用刀吓砍其弟樊沅，经其母樊王氏夺刀，自行划伤案，将樊魁依子殴父母律拟斩立决具奏。奉谕旨，因樊魁素多孝顺，其母之伤由自划，该犯并无忤逆干犯情形，故改判斩监候。经查，误杀罪干凌迟之犯既得法外从宽，援案声请，则误伤并未致死，罪止斩决之犯，其情更可矜原，亦应援案声请，以昭平允。①

据此，道光二年刑部奏准定例：

> 子孙误伤祖父母、父母致死，律应凌迟处死者，仍照本律定拟。援引白鹏鹤案内钦奉谕旨，及陇阿候案内钦奉谕旨，恭候钦定。其误伤祖父母、父母，律应斩决者，仍照本律定拟，援引樊魁案内钦奉谕旨，恭候钦定。至误杀、误伤夫之祖父母、父母，亦照此例办理。②

---

① 参见（清）祝庆祺等编：《刑案汇览三编》（三），北京古籍出版社 2004 年版，第 1613－1615 页。

② 参见胡星桥、邓又天主编：《读例存疑点注》，中国人民公安大学出版社 1994 年版，第 662 页。

如上,即使可以援案声请,报皇帝钦定,但如同樊魁案,也仅是从斩立决改判为斩监候,仍难逃死刑。

第二,若因情切救父而误伤尊属,实系情实可悯者,可减等发落。清代因救父(母)情切误伤其他尊长的案例较多,司法适用时较为复杂,时常因救护主体、犯罪工具、罪数形态等不同而产生诸多法律问题。按清律,祖父母、父母被大服亲属殴打,子孙只能解救,不得还殴,如还殴,将各依服制科罪,处罚较平人为重,但可依律声明照例两请,皇帝以及刑部官员往往会根据服制关系、行为性质、伤害结果和工具,以及情理减轻处罚。《大清律辑注》载:"凡祖父母、父母为人所殴,子孙即时救护,因而还殴其人者,非折伤,弗论;至折一齿以上至笃疾,俱照凡人律减三等。子孙见亲被殴,非还殴则不得救,殴人所以救亲,非逞凶肆恶之比。重在'即时救护'四字。见其情急势迫,不得已而出于此也,故注曰:'稍迟,以斗殴论。'即时是救护,非即时是殴人矣。"①"本欲救护其亲,恐不得脱,不得已而还殴之,非有意于殴人也。"②因此,若实可矜悯者,大多能获得减等处罚。例如,于添位主使伊子于热儿并于二造等殴伤胞兄于添金身死案③,其基本案情如下。

乾隆四十一年,直隶司唐县民于添位系于添金同母胞弟,两人分居度日。某日,于添位因占胞兄于添金田地被控告,心生气愤,起意纠殴泄忿,因而主使于二造、于热儿斗殴泄忿,殴伤于添金及其妻郭氏,于添金之子于瑞听闻父母被殴,情切救护,黑暗不明之中,误伤于添位左眼角。该案为子孙情切救父还殴伤尊属的典型案例。于瑞实属因情切救父而误伤伯叔,且于添位主使子弟殴死胞兄在先,本就属于重罪之人,与寻常的侄儿殴叔伯不同,于瑞情有可悯,刑部考虑到这一酌情量刑因素,结合案件具体情节,驳改拟后酌情将于瑞减等发落,依侄殴伯叔伤杖一百、流二千里

---

① (清)沈之奇撰:《大清律辑注》,怀效锋、李俊点校,法律出版社2000年版,第784页。

② (明)雷梦麟撰:《读律琐言》,怀效锋、李俊点校,法律出版社2000年版,第393-394页。

③ 参见(清)全士潮等纂辑:《驳案汇编》,何勤华等点校,法律出版社2009年版,第444页。

罪上量予末减,改为杖一百、徒三年,到配所折责四十板。[①]

第三,因疯误伤祖父母、父母,具折奏闻。《大清律例》“老小废疾收赎”条规定:盗及伤人但罪不至死者,收赎。因已侵损于人,故而不许全免,令其收赎,其余皆勿论。“断狱”条又规定:审办逆伦重案,除子孙殴伤、误伤、误杀及过失杀祖父母、父母,仍各照定例办理外,子孙殴杀祖父母父母之案,无论是否因疯,悉照本律问拟。据此,考虑到司法审判的需要,乾隆二十六年,经姜会因疯杀母案纂辑定例:

> 嗣后各州县设遇有此等事(即疯病人杀伤父祖辈),禀明督抚,一经查实……将该犯立行按法凌迟处死,一面具折奏闻。[②]

至道光三年又奉旨:

> 嗣后除子孙殴伤、误伤、误杀及过失杀祖父母、父母,仍各照定例奏明办理外,其子孙殴杀祖父母、父母之案,无论是否因疯,悉照本律问拟,一面恭请王命,一面具折奏闻。该部通行各督抚将军都统府尹,一体遵照办理,以免歧误。[③]

以上三种情形虽科处之刑罚有所不同,但在据实上奏、恭候钦定上是一致的,均须皇帝谕旨裁断。

第四,金刃、竹铳等误伤期亲尊长、尊属,情可矜悯者,拟绞监候。清代多次就以金刃、竹铳等工具误伤期亲尊长、尊属设立通行或纂辑定例,从“夹签声明”到“问拟绞候”,刑罚更加清晰、具化、严厉。例如,乾隆五十七年曾定例强调:卑幼刃伤期亲尊长之案,如衅起挟嫌,有心刃伤者,依律问拟绞决,毋庸声请;若非有心干犯,或系金刃误伤,及情有可悯者,夹签声明。其后,嘉庆七年九月,经刑部核覆安徽省题孙登扎伤胞兄孙梅案

① 参见杨一凡、徐立志主编:《历代判例判牍》(第6册),中国社会科学出版社2005年版,第583页。

② 胡星桥、邓又天主编:《读例存疑点注》,中国人民公安大学出版社1994年版,第601页。

③ 参见中国第一历史档案馆编:《嘉庆道光两朝上谕档》(第28册),广西师范大学出版社2000年版,第453-454页。

内，奉上谕：嗣后刃伤期亲尊长律应问拟绞决之犯，如讯非有心干犯，或系金刃误伤，及情有可悯者，俱着问拟绞候，均毋庸夹签声请，着刑部纂入例册遵行。迨嘉庆十一年修例时，将此条载入例册在案。[①]

值得注意的是，若犯时不知受害者身份，不管是误伤官吏或尊属，按清律“本条别有罪名”条规定，均依凡人斗殴法。例如，嘉庆十九年“瞽目之人被扭误殴汛弁成伤”案内，罗世达系双瞽，在回家途中跌倒，误撞汛弁刘殿元，因被该汛弁扭拿而拳殴汛弁成伤，经人喝止，称系汛弁，立即停手，并叩头认错。因实系犯时不知汛弁身份，故地方官吏仅依凡人手足殴人成伤律，处笞三十。刑部亦照覆。[②]

二、因谋故而误伤旁人以“斗殴伤”论

清代，因谋杀或故杀而导致误伤旁人的情形较多，在罪刑适用上，均以“斗殴伤”论处，体现了以“斗殴伤”为比照核心的特点。

因谋杀人而导致旁人误伤时，以“斗殴伤”论。

嘉庆十八年“谋毒小功堂侄误毒胞叔未死”案中，汪銮陛图谋毒害小功堂侄，但误毒胞叔汪培珠等伤而未死。地方官吏查律载：“谋杀人而误杀旁人者，以故杀论。注云：死者处斩不言，伤仍以斗殴论。”故因谋杀而误杀伤旁人，律俱以斗殴杀伤论，并视当事人之间的身份关系，分别问拟。因汪培珠系汪銮陛之期亲叔，依服制科斗伤罪，最终照侄殴期亲伯叔父母律拟杖一百、流二千里。[③]

“故杀”从产生犯意到实施行为造成伤害结果的时间往往很短，因其仓促性，常常会引发误杀伤行为。

道光七年，张先名欲放铳杀害胞侄，但因故误伤胞兄张先发，伤经平复。地方官吏拟将张先名比照金刃误伤期亲尊长之例处以绞候。但刑部以为，张先名因故杀而误伤胞兄，按律得以斗伤论，按汤火伤保辜，因尚在

① 参见（清）祝庆祺等编：《刑案汇览三编》（三），北京古籍出版社 2004 年版，第 1551 页。
② 参见（清）祝庆祺等编：《刑案汇览三编》（一），北京古籍出版社 2004 年版，第 186 页。
③ 参见（清）祝庆祺等编：《刑案汇览三编》（三），北京古籍出版社 2004 年版，第 1549 页。

折伤以下且伤经平复,未便照刃伤定罪律外加重。故退交议驳。① 其后,经刑部改照火器伤人军罪,按服制递加四等,加发新疆,仍照奏定章程改发云贵两广极边烟瘴充军,加枷号三个月。该案即因故杀而误伤旁人之案,虽然清律有“金刃误伤期亲尊长”专条,但酌其情节,并非一般误伤,因此仍按误伤律比照斗伤论处。因涉及尊卑差序,故按服制加等。类似案件还有“放铳误伤胞伯伤痊因病身死”案、“铳伤兄妻误伤胞兄伤俱平复”案等②。

三、窃盗图脱误伤事主量刑减等

窃盗图脱误伤事主指行为人在窃盗时被事主发现,当场以自割发辫、衣襟等方式图脱而误伤事主的行为,主观上非有心逞凶伤人。针对司法实践中的此类情节,经道光二年南抚题贼犯曾三拒捕刃伤事主周明畴一案,专门纂辑并通行“窃盗图脱,用刀自割发辫襟带,误伤事主减军例”,其规定:

> 凡窃盗刃伤事主之案,除仅止被追,并未获住贼犯,因自图脱身,或见伙犯被获,有心逞凶,刃伤事主者,仍照向例拟绞监候外,如有被事主扭获,情急图脱,用刀自割发辫衣襟,以致误行划伤事主,于拒捕刃伤拟绞监候例上量减为极边烟瘴充军。③

上述条例专指行为人窃盗刃伤事主案内,被事主扭获,其误伤事主,必实系被扭情急,只图脱身,自割发辫衣服襟带不期误伤者而言,偶致划伤而非有心干犯方准酌予减等。由于实属意料所不及,故原宥之而量从末减。若其伤由于误,而并非因自割发辫衣服襟带以致误伤者,不得率议轻减,自应仍照原例问拟;若该犯误伤后,有一夺一扭等拒捕情形即为逞

---

① 参见(清)祝庆祺等编:《刑案汇览三编》(三),北京古籍出版社 2004 年版,第 1546 - 1547 页。

② 参见(清)祝庆祺等编:《刑案汇览三编》(三),北京古籍出版社 2004 年版,第 1547 - 1548 页。

③ 参见(清)祝庆祺等编:《刑案汇览三编》(三),北京古籍出版社 2004 年版,第 2135 页。

凶拒捕，也不得照本误伤例问拟，以免将争拒致伤之案牵引割带割襟误伤之例。

至道光三年，清代就窃盗图脱误伤事主是否实发四省的法律适用问题又纂辑新例。基本案情如下：

道光三年“窃盗割辫误伤事主实发四省”案内，鄢茂兴行窃，被获图脱，用刀割辫，致误伤事主平复。地方官吏拟照新例减发极边烟瘴充军，但就是否实发四省，咨请部示。刑部以为，“窃盗图脱，用刀自割发辫襟带，误伤事主减军例”系仿照窃赃满贯及刃伤事主等项秋审缓决减军之例办理，而窃赃满贯及刃伤事主、秋审缓决减等，从前本应发遣新疆，后因调剂，将此项人犯减发极边烟瘴充军，系由新疆条款内改为内地，例应实发云贵两广四省烟瘴充军，不得照名例以足四千里为限，令遵照办理，并将该犯右面刺“改发”二字。[①]

若窃盗图脱，伤非事主，则不适用上例，仍照“斗殴伤”论处。道光十一年“割辫误伤事主之邻佑”案内，张喜安乘夜行窃事主张泳积钱铺，被张泳积铺邻王万年揪住发辫声喊，该犯情急图脱，拔刀割辫，划伤王万年左手腕等处平复。地方官吏拟将张喜安照窃盗被事主扭获，情急图脱，用刀自割发辫，误伤事主例，于死罪上酌减一等，减为实发烟瘴充军。刑部查例载：窃盗拒捕，若伤非事主，但系刃伤，仍照律加本罪二等问拟。故改依刃伤人杖八十、徒二年律上加拒捕罪二等，杖一百、徒三年。[②]

四、非斗殴金刃误伤援照不应重律

除比照斗殴科刑外，司法实践中，非斗殴金刃误伤还视犯罪情节酌情援照不应重律。

嘉庆十九年江苏司提督咨请“情非斗殴金刃误伤”案中，无服制之金六误行划伤送金七，伤止浮皮微破。因例无金刃误伤之条，将金六酌情照

---

① 参见（清）祝庆祺等编：《刑案汇览三编》（三），北京古籍出版社 2004 年版，第 2143 页。

② 参见（清）祝庆祺等编：《刑案汇览三编》（三），北京古籍出版社 2004 年版，第 2135 页。

不应重律杖八十。[①]

道光十四年，褚套儿用刀切菜，刀尖误行划伤满吉太左耳，限内平复，验明仅止浮皮微破，且衅非伊起，伤由误划。因例无金刃误伤之条，若照刃伤人限内平复减等拟徒一年，似觉情轻法重，故将褚套儿照不应重律杖八十。[②]

本书所选《刑案汇览三编》316 宗"伤"罪案件中，共有 34 宗"误伤"案，其中"罪人拒捕"篇收录最多。主要呈现出三个特征：第一，"误伤"案被刑部驳回的较多，原因主要在于初审结果认定的犯罪主观情节不清，即意图——是有心拒捕还是意外所致不明。[③] 由于主观因素不同，罪名认定与惩治结果不同，因而需进一步查明案件事实。第二，在定罪量刑上，除被驳回案件和以不应重律处外，其余都比照"斗殴伤"或误伤本例科刑。因而，可以说"误伤"科刑以"斗殴伤"律为援引比照核心。第三，因"误伤"并非有心干犯，而是因错误偶致伤人、出于意料之外，故司法实践中，如无特殊情形，一般会酌情从轻或减等处罚（详见附录中的"误伤"案）。

第四节 "过失伤"案的司法裁判规则

"过失伤"犯罪一般会从轻论处，除非当事人之间有特殊的身份关系或者情节过重。《刑案汇览三编》中载有 10 宗与"过失伤"紧密相关的案件。其中，一般"过失伤"案 2 宗，卑幼过失伤尊属案 4 宗，疯疾之人"过失伤"案 2 宗，车马过失伤人案 2 宗（详见附录中的"过失伤"案）。

---

① 参见（清）祝庆祺等编：《刑案汇览三编》（二），北京古籍出版社 2004 年版，第 1350 页。

② 参见（清）祝庆祺等编：《刑案汇览三编》（四），北京古籍出版社 2004 年版，第 310－311 页。

③ 如道光二年"割辫后又致伤事主未便减军"案中，贼犯张二先被事主刘畛揪扭发辫，情急图脱，用刀欲将发辫割断，误将刘畛额颅扎伤。本属情急图脱，尚无心拒捕。但该犯先是向刘畛夺枪，致枪杆碰伤刘畛囟门等处，后因割辫图脱已将刘畛误伤，事后犹不弃刀，乃有心拒捕。因此，最后依窃盗未得财逃走，被事主追逐拒捕刃伤例，拟绞监候。参见（清）祝庆祺等编：《刑案汇览三编》（三），北京古籍出版社 2004 年版，第 2136 页。

一、典型科刑规则:收赎

收赎是“过失伤”最典型的科刑规则。在我国古代恤刑原则之下,过失杀伤一般可收赎,过失杀伤尊属除外。明代雷梦麟曾释义:“过失杀伤人者,耳目之所不及,思虑之所不到,原其心非杀伤人之心也,即其事非杀伤人之事也,但其人由我而死伤,故准斗杀伤科罪,收赎钱钞。”[①]赎金一般收归国有。然而,也有一些条文规定将赎金作为医药之资给付受害人及其家属,类似于当今人身伤害的民事救济或赔偿。给付医药之资一般适用于伤而未死的赎金和受害人在保辜期间的医药费用,或称“伤银”。

实践中,清代对于过失造成两人以上伤害结果的案件,根据具体伤情分别给付赎银,体现了赎银抽分的公平公正性。

乾隆五十五年,福建司所审办贾大赶车碰轧杜从富、王俱幅两人,王俱幅伤轻平复,杜从富受伤成废,请于收赎废疾外另追他物伤赎银一案中,贾大过失致人一伤一废。集注曾有一人过失伤二人收赎,均给二家之语,似乎只追一分赎银,抽分摊派,但案内两者伤重不同,赎银多少自应有别,如何分别无明文规定。刑部以为,凡应行治罪人犯固属罪不重科,至过失伤人律以收赎,并不科以实罪,今既致伤二人,照律于追征废疾赎银外再追加他物伤人赎银七钱九厘,使得受伤之人均得照数领回医药银两。[②]

(一)《大清律例》“过失杀伤收赎图”

《大清律例》明列“过失杀伤收赎图”,将刑罚与收赎银两额度按照等级排序对应作表,轻罪轻罚,重罪重罚,有着鲜明的等差性,便于司法官吏援引适用。通过这种刑罚与金钱的作抵,实现当事人之间利益的平衡。流罪及其以下刑罚赎银如下所示。

折伤以下:

---

① (明)雷梦麟撰:《读律琐言》,怀效锋、李俊点校,法律出版社2000年版,第356页。

② 参见(清)祝庆祺等编:《刑案汇览三编》(二),北京古籍出版社2004年版,第1134-1135页。

笞二十——三钱五分四厘(手足殴人不成伤)

笞三十——五钱三分二厘(手足殴人成伤及他物不成伤)

笞四十——七钱九厘(他物成伤)

笞五十——八钱八分七厘(拔发方寸以上)

杖八十——一两四钱一分九厘(血从耳目出,内损吐血,污人头面)

折伤以上:

杖一百——一两七钱七分四厘(折齿眇一目,抉毁耳鼻破骨及汤火铜汁伤人)

杖六十、徒一年——三两五钱四分八厘(折二齿二指与髡发者)

杖八十、徒二年——五两三钱二分二厘(折人肋,眇人两目,堕人胎与刃伤人)

废疾笃疾:

杖一百、徒三年——七两九分七厘(折跌人肢体及瞎人一目者)

杖一百、流三千里——十两六钱四分五厘(瞎人两目,折人两肢,损人二事以上,因旧患令至笃疾,断人舌,毁人阴阳等)

赎刑有刑罚幅度限制,若拟处刑罚为流罪以上(如绞罪)则不可收赎。

作为清末修律的产物,1910 年颁布的《大清现行刑律》“老幼废疾及过失杀伤情可矜者”按律仍可收赎;但到 1911 年的《钦定大清刑律》则废除了收赎制度,历经四千多年的中国传统赎刑自此消亡而不复存在。

(二)“过失伤”收赎之例外

自古以来,过失犯罪皆许以宥减,但也有例外情形。清代对亲属之间的过失杀伤不允许收赎。因尊卑亲属间杀伤有违伦常大义,与自古倡导的“亲亲”“尊尊”等礼治思想不符,为了强化君权,故而加重其刑,包括子孙过失伤祖父母、父母,妻妾过失伤夫之祖父母、父母,奴婢过失伤家长,以及雇工过失伤家长及家长期亲,均不允许收赎(见表 2.3)。

“过失伤”除奴婢过失伤家长和子孙妻妾过失伤尊属以外,其余立法条文没有明确的科刑规则，均比照“斗殴伤”科处。可以说，“过失伤”之量刑同“戏伤”“误伤”，均以“斗殴伤”为比附中心。

二、以“过失伤”论的特殊情形

清代还将一些非故意但犯罪情节类似的犯罪，比照或依“过失伤”律论处，主要有因公务驰骤车马伤人、疯疾执持凶器伤人和畜产咬伤人。

（一）因公务驰骤车马伤人以过失论

在清代，车马是重要交通工具，如急速驰骤、纵马狂奔极易导致杀伤人事件。行为人应当意识到其危险性。故清律设专条惩治车马杀伤人之行为，分别无故于街市镇店驰骤车马伤人和因公务急速驰骤伤人两类情形。《大清律例·刑律·人命》“车马杀伤人”条规定：如由于公务公事骑马急速驰骤，因而杀伤人的，以过失论，按律收赎给付被杀伤之人。为保证公务运行顺畅，所为系正事，即使伤人亦以过失论处，并可依律收赎。若无故驰骤车马伤人，虽无伤人之心，但伤人者，并非思虑所不到，故依斗伤罪减一等科处，不收赎。

司法中也严格区分“因公”与“无故”驰骤车马导致的“过失伤”。乾隆三十六年山西道御史曾奏请：嗣后凡车马杀伤之案，审明骑御之人实系途次缓行，而马骡因他故惊逸，势不能驭者，方依过失律定拟外；其有事非急公任意驰骋车马，以致马惊杀伤人者，虽马惊为实，也依无故驰骤车马律断罪，不得以过失收赎。刑部认为，过失杀伤皆事出意外，实系耳目所不及、思虑所不到，初无害人之心而偶致杀伤者，方依律追埋收赎。若无故驰骤车马，其伤人并非意料所不及，故止减斗杀伤一等，分别城市旷野问拟。无论是否公务急速或无故驰骤，情形各不相同，真伪无难立辨，似不必另立科条，反滋拘泥之弊。①

① 参见（清）祝庆祺等编：《刑案汇览三编》（二），北京古籍出版社 2004 年版，第 1136－1137 页。

此类情形类似于“过失伤”中的“无故投砖掷石”与“因事投砖掷石”之别，律意各有指归。该条规定：无故向有人居止宅舍放弹射箭，投掷砖石致伤人者，按凡人斗伤罪减一等科处，因而致死者，杖一百、流三千里。该条与清律关于“过失”定义列举之“因事投砖掷石”，均属投砖掷石，且初时皆无害人之心，但两者拟罪却有收赎拟流之分。“因事投砖掷石”乃因正事一时耳目未周且思虑未到，不期误及于人，其情可恕，故得准斗殴杀罪收赎；“无故投砖掷石”虽无伤人之心，但其非事不可已，因而将及于人，与因事投掷者迥不相同，故止准照斗杀罪减一等，不得收赎。[①]

(二)疯疾执持凶器伤人依过失伤收赎

“凶器伤人果有疯疾例”规定：

凶器伤人，若果有疯疾依过失伤人律收赎，将赎银给付被伤之人。[②]

执持凶器在清代被视为极具危险性的行为，若执持凶器伤人，一律发近边充军，但因患疯疾之人意识不清晰，非有心干犯，故其执持凶器伤人，可依过失伤律收赎，这体现了清代慎刑宽恕的一面。

然而，若果有疯疾之人执持凶器致伤尊属则非“过失伤”。对于因疯执持凶器过失伤人与因疯过失致伤尊属，司法实践中有明确的界限。果有疯疾执持凶器伤人依过失收赎例乃针对凡人而言；若因疯致伤尊属的，不得援引此例问罪。例如，山东司王大辛因疯用刀砍划致伤胞叔王洪泽平复案。基本案情如下：

道光七年，王大辛因疯刃伤期亲尊属，地方官吏拟照疯疾执持凶器伤人，依过失伤减二等律拟徒收赎。刑部认为，该地方官吏牵引凡人因疯疾执持凶器伤人依过失伤之例，致滋牵混。同时，援引了高苑县民王聿荣因疯刃伤大功亲平复案。王聿荣案之伤由疯发所致，并非有心干犯，故将王

① 参见(清)祝庆祺等编：《刑案汇览三编》(二)，北京古籍出版社2004年版，第1179页。
② 参见田涛、郑秦点校：《大清律例》，法律出版社1999年版，第445页。

聿荣依殴大功兄折伤以上递加凡斗刃伤人三等，拟杖一百、流二千里，照疯疾执持凶器伤人依过失杀人收赎，奉部覆准在案。因王聿荣案依律拟流，故可依本罪收赎。与本案刃伤期亲尊长本律应拟绞不同。刑部查例载：刃伤期亲尊属，如衅起挟嫌，有心刃伤，依律问拟绞决。若讯非有心干犯，或系金刃误伤及情有可悯者，俱拟绞监候。故刃伤期亲尊属分有心与无心干犯且情有可原者，一则绞决，一则绞候。至于过失杀伤在凡人律应追银收赎，在期亲尊长律得递减二等科罪，但必须是真正过失才得援例问拟。因疯刃伤即与真正过失不同，只应照讯非有心干犯及情有可悯之例拟绞监候，不得引凡人疯疾执持凶器伤人依过失伤例减二等问拟。因此，刑部咨覆将王大辛一犯详核例案妥拟。①

类似案件还有道光四年河南司李超凡因疯砍伤李观华等，保辜期限满平复案。李超凡疯病未愈，证供明白，故将其比照“过失伤人准斗杀罪、依刃伤律”杖八十、徒二年，照律收赎。②

（三）畜产咬伤人以过失论

按《大清律例·兵律·厩牧》“畜产咬伤人”条规定：

> 凡马、牛及犬有触抵踢咬人，而（畜主）记号拴牵不如法，若有狂犬不杀者，笞四十。因而杀伤人者，以过失论。（各准斗殴杀伤，收赎，给主。）若故放令杀伤人者，减斗殴杀伤一等。（亲属有犯者，依尊卑相殴杀伤律。）其受雇医疗畜产，（无制控之术。）及无故（人自）触之而被杀伤者，不坐罪。③

畜产为畜主私产，畜主对畜产有保管、照料之责，因而畜主须尽到注意义务，对畜产伤人的行为负责。该条规定了三类情形：一是畜产因畜主

① 参见（清）祝庆祺等编：《刑案汇览三编》（二），北京古籍出版社2004年版，第1189－1190页。

② 参见杜家骥主编：《清嘉庆朝刑科题本社会史料辑刊》，天津古籍出版社2008年版，第605页。

③ 参见田涛、郑秦点校：《大清律例》，法律出版社1999年版，第349页。

标记不明、拴牵不牢,或者有狂犬而不杀,因而杀伤人的,以过失论,准照斗殴杀伤罪,收赎,给主。二是畜主故意放令畜产杀伤人的,减斗殴杀伤罪一等处罚。三是受雇治疗畜产,以及个人无故挑逗畜产而被杀伤的,免除畜主法律责任。这是按照主观意图是无心还是有意为之,处以不同的刑罚。此处,因记号拴牵不如法并非故意为之,故其导致杀伤,以过失论,可收赎。《大清律辑注》就“畜产咬踢人”条律上注:“因而杀伤,是无心之过,故以过失论;放令杀伤,是有意而犯,故减斗殴罪一等。”①

第五节 “盗伤”案的司法裁判规则

清代严惩“盗伤”之罪,将其作为贼盗罪名的结果加重情节。本书所选案例样本中有65宗“盗伤”案,包括26宗强窃盗伤人案、16宗抢夺伤人案、15宗劫囚伤人案和8宗亲属相盗伤人案,其罪刑适用较为复杂(详见附录中的“盗伤”案),经分类整合,总体上体现了以下裁判规则。

一、区别犯罪对象、犯罪时间与地点治罪

清律对于“盗伤”罪的处罚主要依据犯罪对象、犯罪时间与地点等情节及其社会危险性来确定,相对而言,盗窃多少财物反而是次要的。

(一)犯罪对象:身份关系之分

1. 盗伤事主与伤非事主之别

清代“盗伤”罪立法以伤害对象是否为事主本人为标准,设立不同的刑罚,通常盗伤事主较伤非事主的刑罚严厉。例如,窃盗拒捕所伤之人如系事主,至折伤以上,则照例问拟死刑斩绞;若所伤之人非事主,如邻佑、

① (清)沈之奇撰:《大清律辑注》,怀效锋、李俊点校,法律出版社2000年版,第512－513页。

巡役等，需罪在满徒之上方拟绞候，如系刃伤则只加本罪二等处罚。[①] 但此项专指当场拒捕刃伤，若事后拒捕刃伤，则不在拟绞之列。除奸、盗二层拒捕刃伤外，其余皆为别项罪人，需加拒捕二等。唐律该罪为徒罪，拒捕折伤加二等，不问绞罪；明清律拒捕至折伤改为加重。

案例1：四川司彭山县谢相奇与张廷英共同行窃王启祥，因事主发现并揪扭，张廷英用防身尖刀致伤王启祥左肩胛、左胳膊，谢相奇闻讯又取所窃铁斧砍伤王启祥右胳膊，用镊刀伤王启祥左血盆倒地。该案中，地方官吏援例：窃盗杀伤之案，伤有多处者，以致命伤重者为首；致命伤多者，以后下手者为首。其拟以谢相奇砍伤事主致死，且后下手，应论首，按例斩立决，张廷英拟按照“为从”拟遣。刑部持不同意见，认为张廷英首先拒捕刃伤事主，按例理应缳首，转轻于拒捕刃伤事主之罪，实未允协，不应以张廷英为从宽其应得之罪。题驳后，地方官吏将张廷英改依“窃盗逃走，事主追逐，刃伤事主”例拟绞监候。刑部照覆。乾隆三十八年十二月十八日奉旨：“张廷英依拟应绞，著监候，秋后处决。”[②]类似案件还有“行窃妻弟家刃伤事主之堂弟”[③]“窃盗护赃用木棍拒伤邻佑”“贼犯拒伤巡役不应照事主论”[④]等。

案例2：道光十三年，四川司胡超行窃事主刘帼玉家，刃伤吴畛等二人，虽赃钱在怀，尚未丢弃，但业经逃入邻人院内竹林，所伤之人一系事主邻佑，一系邻佑雇工。该案中，地方官吏拟以胡超虽离盗所，但赃钱在怀，系属护赃，将胡超依窃盗虽离盗所，而临时护赃格斗，不论事主邻佑，伤人未死刃伤例，拟斩监候具题。但刑部以为，所伤为事主邻佑与邻佑雇工，

---

① 参见胡星桥、邓又天主编：《读例存疑点注》，中国人民公安大学出版社1994年版，第773页。此条系乾隆二十四年纂定，嘉庆六年修改，咸丰二年改定条例：窃盗拒捕刃伤事主，奸夫拒捕刃伤应捉奸之人，及折伤以上，依例分别问拟斩绞外，若伤非事主，并非例得捉奸之人，以及别项罪人拒捕，如殴所捕人至残废笃疾者，罪在满徒以上者，方依律拟以绞候，其但系刃伤火器伤及刃伤以下，仍各加本罪二等问拟。若本罪已至满流，有拒捕者，即按五军外遣以次递加二等，罪止发往新疆，酌拨种地当差。

② （清）全士潮等纂辑：《驳案汇编》，法律出版社2009年版，第150－151页。

③ （清）祝庆祺等编：《刑案汇览三编》（一），北京古籍出版社2004年版，第464－466页。

④ （清）祝庆祺等编：《刑案汇览三编》（四），北京古籍出版社2004年版，第459、463页。

均非事主可比,且伤已平复,应将胡超依窃盗拒捕,伤非事主,但系刃伤加本罪二等例拟徒,系赦后复犯,加等拟流,是地方官吏节取窃盗护赃杀人例内不论所杀系事主邻佑之文,从而误会例意,由于罪关生死出入,故驳令另行妥拟具题。①

案例3:湖广司荆门州审解陈志道行窃陶全德驴只,被事主发现追捕而弃赃逃跑,藏入空庙。汛兵吴德胜因事主告知,前往空庙捉拿。陈志道情急图脱,用刀扎伤吴德胜顶心偏左等处,伤经平复。湖北巡抚拟按“窃盗弃财逃走、事主追逐、执持金刃戳伤事主”例绞监候。刑部查例载“窃盗弃财逃走、事主追逐、执持金刃戳伤事主者,照‘罪人殴所捕人至折伤以上’律拟绞监候;若伤非事主、如殴所捕人至折伤及残废笃疾在折伤以上者,方依律拟以绞候;其但系刃伤,仍照律加本罪二等”。因而认为,吴德胜为捕役兵丁,与事主不同,故将陈志道改依“窃盗拒捕非事主、但系刃伤,仍照律加本罪二等”例,杖八十、徒二年上加二等,杖一百、徒三年,至配所折责四十板,照例刺面。乾隆四十四年二月二十日奉旨依议。②

从以上案例可见,实践中,司法官吏严格区分窃盗拒捕致伤对象,若窃盗拒捕刃伤之案必伤系事主,方可依例拟以斩绞;其伤非事主,只加本伤罪二等问拟。

2. 亲属相盗与服制关系

秉承历代法制传统,清代司法实践高度重视当事人之间的亲属身份关系,其服制关系是影响定罪量刑的重要因素,也是司法官吏在诉讼过程中首先必须查明的基本事实。“在传统中国法律中,‘服制’是审判官吏在刑事诉讼过程中必须查明的核心问题。”③儒家强调家族主义与同居共财,即便不同居也负有相关伦理义务,体现在亲属相盗犯罪上,即注重亲属养赡之义,若亲亲之义尚存,则不与凡人盗窃同科。因此,亲属相盗律

① 参见(清)祝庆祺等编:《刑案汇览三编》(四),北京古籍出版社2004年版,第458－459页。

② 参见(清)全士潮等纂辑:《驳案汇编》,法律出版社2009年版,第580－581页。

③ 张万军:《清代乾隆朝归化城土默特刑案研究》,商务印书馆2020年版,第79页。

内得以服制递减免刺，与凡人犯罪相区别。但在亲属相盗伤人案中，涉及同姓亲属相殴之罪与凡人"盗伤"之罪的博弈时，按清律规定，应从其重者论罪，而前提便是查清当事人之间的亲属身份关系，两相对比确定罪刑。

嘉庆元年"殴伤行窃族祖成废致令自尽"案内，孙伦元窃锯孙守智树枝，被孙守智殴至折伤，后因羞愧轻生自缢身亡。地方官吏查明当事人之间为五服祖孙关系后，以尊卑名分尚存，按服制关系加等，裁定将孙守智依折伤成废满徒律上加一等，拟杖一百、流二千里。皇帝批示：该案由尊长孙伦元偷窃所导致，其因行窃暴露自尽，与人无尤，加等处罚稍显严厉，有所失衡，故令地方再行核查。但地方官吏坚持认为亲属相盗得以服制递减免刺，如有杀伤，按律应以本律从其重者论，所以说轻窃盗而重杀伤也。因无成案可引，仍请照前议照覆。最终，因没有减轻惩处的法律依据，皇帝奉批：既无成案，只可照覆。①

服制关系直接影响亲属相盗伤人犯罪的定罪量刑，与凡人犯罪不同，因此，清代司法严格区分亲属抢窃杀伤与凡人擅杀伤，通过具体案件先后设立通行、纂辑条例。详见以下三案。案情如下：

案例1：道光二年，广东司张四财行窃大功堂弟张开言财物，将张开言有心勒毙。地方官吏先依故杀同堂大功弟律拟绞监候，后改照罪人已就拘执而擅杀，以斗杀论，殴杀同堂大功弟律，杖一百、流三千里。刑部予以驳饬，并通行各省：

嗣后各居亲属相盗，如尊长抢窃卑幼财物，被卑幼杀伤，或卑幼抢窃尊长财物，被尊长杀伤者，均各按服制，以杀伤尊长卑幼本律论罪，不得照平人以擅杀伤科断。②

案例2：道光五年，经广西抚题蓝庭林纠同蓝宣等五人抢谷蓝庭芳，被蓝庭芳赶上，殴伤蓝宣致死一案通行纂例：

---

① （清）祝庆祺等编：《刑案汇览三编》（一），北京古籍出版社2004年版，第634－635页。

② （清）祝庆祺等编：《刑案汇览三编》（一），北京古籍出版社2004年版，第639－641页。

嗣后亲属相盗杀伤之案，除卑幼行强盗及尊长放火强劫图奸谋杀，卑幼不论有无服制，各以凡论外，如期服以下至无服尊长强窃盗及抢夺卑幼财物、杀伤卑幼者，各就服制中杀伤卑幼及同姓亲属相殴、并亲属相盗各本律相比，从其重者论。卑幼窃盗及抢夺尊长财物，杀伤尊长者，以凡盗伤之罪，与服制杀伤及同姓亲属相殴各本律相比，从其重者论。……其因被尊长卑幼抢窃财物，致有杀伤者，亦各依服制杀伤及同姓亲属相殴各本律问拟，均不得照凡人擅杀伤科断。①

案例3：湖广司建始县民文科等行窃拒捕、戳伤事主文宗汤案内，文科系文宗汤小功服侄，因贫伙同黄楠行窃文宗汤，文宗汤发现追逐起捕，被文科用刀戳伤。黄楠弃赃奔逸，因文宗汤追逐脱用棍拒伤而逃。② 该本案的焦点在于"盗伤"与服制关系犯罪结合如何处理。地方官吏请将文科以凡人拒捕之罪重科处罚，按"窃盗弃财逃走，事主追逐，情急图脱，刃伤事主"例拟绞监候。但刑部认为，亲属相盗，"若卑幼殴伤尊长，自杖徒递加至绞决、斩决，服愈近则罪愈加，所以严尊卑重伦纪也"，并援引《大清律例》"亲属相盗"条③规定：若亲属相盗有杀伤，不得同于凡人，各以杀伤尊长卑幼本律从其重者而论。律义甚为明确，不得混淆。地方官吏将文科按凡人问拟，盗杀反轻于斗杀，于情于法均非允协。故刑部驳回该司再议。经再上疏，将文科依律拟绞，著监候，秋后处决。

围绕"若有杀伤者，自依杀伤尊长卑幼本律科罪"律文规定，根据复杂多变的案情，清代先后制定、修订条例，立法日趋严密。司法实践中，亲属相盗伤人"毋得以爵减、免、赎"，即不得用官爵来减罪、免罪或者以官

① (清)祝庆祺等编：《刑案汇览三编》(一)，北京古籍出版社2004年版，第641－643页。

② (清)全士潮等纂辑：《驳案汇编》，何勤华等点校，法律出版社2009年版，第153－155页。

③ 凡各居[本宗外姻]亲属，相盗[兼后尊长、卑幼二款]财物者……若有杀伤者，[总承上窃、强二项]各以杀伤尊长卑幼本律，从[其]重[者]论。若同居卑幼，将引[若将引各居亲属同盗，其人亦依本服降减，又减为从一等科之，如卑幼自盗，止依擅用不必加。]他人盗已家财物者……若有杀伤者，自依杀伤尊长卑幼本律科罪，他人纵不知情，亦依强盗[得财不得财]论。若他人杀伤人者，卑幼纵不知情，亦依杀伤尊长卑幼本律，[仍以私擅用加罪及杀伤罪权之]从[其]重[者]论。

爵赎罪。

3. 严惩因盗伤差犯罪

(1)强盗拒捕伤差不分首从

雍正六年所定条例：

> 强盗拒捕杀伤官兵之案，除同伙伤人之时，该犯不在一处者，仍照例拟罪外，其同在一处，或三五成群，虽非下手之人，既在旁目睹，即系同恶共济，法所难宽，即行斩决。若因越狱杀伤兵役，及因脱逃杀伤兵役者，拟斩、枭示。①

由于此类行为有倚众行强之心，严重威胁统治秩序，清代对因强盗拒捕而杀伤官兵者，不分首从，且不论是否同在一处，甚至只要在旁目睹伤人，均处斩决重刑。

(2)尊长率领夺犯杀伤官差以是否伤人为量刑重心

按《大清律例》“劫囚”条规定，若尊长率领家人、随从打夺有伤人情形，将家长处斩，其他未伤人之犯减等坐流。司法中，清代就尊长家长率领夺犯杀伤官差之案，分别伤人之犯与未伤人之犯，如未伤人，止坐尊长；如有伤人，则将家长处斩，其他未伤人之犯减等坐流。下述案件值得稍作分析：

道光元年“尊长家长率领夺犯杀伤官差”案内，曾至冉率领其弟曾至宦、其子曾胜林等中途夺犯，导致曾胜林戳伤县差包贵身死。地方官吏拟将率领家人夺犯杀差为首曾至冉、听从尊长夺犯未经伤人之曾至宦依常人夺犯杀差例，斩决外遣；将曾胜林照率领家人随同打夺本律拟满流，声明加重拟遣。但刑部以为，未伤人之犯与伤人之犯毫无区别，不足以昭情法之平。因此，“请嗣后凡尊长率领卑幼及家长率领奴仆雇工，殴差夺犯，并杀死差役案内，随从之卑幼奴仆雇工除曾经杀伤人者仍照律依为从拟流外，其未经伤人之犯，于为从流罪上再减一等”，拟以杖一百、徒三年。因此，将听从杀人之曾胜林改依率领家人随同打夺，家人亦曾伤人者，以

① 胡星桥、邓又天主编：《读例存疑点注》，中国人民公安大学出版社1994年版，第770页。

凡人首从论律，仍照尊长坐斩、为从坐流律，拟杖一百、流三千里；曾至宦改照未经伤人者，于曾经伤人之家人罪上减一等，杖一百、徒三年。曾至宦除未经伤人为从新例再减一等，满徒轻罪不议外，合依蓦越赴京告重事不实例，发边远充军。其后被纂辑为新的条例——“官司差人捕获罪人，但经聚众夺犯，虽未伤人，首犯亦照因而伤人律从重拟绞例”。[①]

该案的司法裁断突破了律文的规定，对未伤人之犯按从犯流罪上再减一等处罚，这说明清代司法实践中，承审法官重视情与法的融合，能够通过具体案件进一步完善法律规定，也展现了清代司法官吏高超的法律智慧与素养。

(3)聚众夺犯伤差为从不加等

嘉庆十九年，广东司“李音乐纠众夺犯拒伤官役”案内，李受仔、李壬孙因听从李音乐开设标场，经巡检带同弓役分路往拿，各自闻风逃跑。李音乐因伙犯李洪太被拿获，起意纠众夺犯，纠同李受仔、李壬孙、李灶妹、李臭狗肠及未获之李羊牯、李羊牧等一共二十人，各自携带刀械。争夺中，李羊牯用棍拒伤周复，李灶妹用石头掷伤区昌，李臭狗肠、李羊牧各用刀棍将朱奉殴划成伤，李受仔、李壬孙亦各用刀棍殴打弓役冯秀、赖培成伤，后被拿获。[②]

该案地方督抚拟将李壬孙依官司差人捕获罪人，中途打夺，聚至十人为从，于李音乐斩罪上减一等，杖一百、流三千里，同时声明该犯下手伤重，仍加一等，拟发附近充军，但未详细说明加等缘由。刑部援引“劫囚伤人”律：官司差人捕获罪人，聚众中途打夺伤人，绞监侯。聚至十人，为首拟斩监候，为从各减一等。按此律，聚众至十人为首拟斩，为从不论是否伤人，均罪止满流。该案听从拒殴成伤者共六人，据检阅供招，均非重伤，李壬孙等应仍按本律问拟，不应于律外加重，故刑部驳回改拟，最终奉批：下手伤重加一等，外省是否别有依据，或因李壬孙系属刃伤，故尔从重，应

① (清)祝庆祺等编：《刑案汇览三编》(一)，北京古籍出版社2004年版，第529－532页。
② (清)祝庆祺等编：《刑案汇览三编》(一)，北京古籍出版社2004年版，第533－534页。

再查夺犯伤差条内从犯刃伤者如何问拟。李受仔、李壬孙等听从夺犯伤差,按律均罪止满流,该条明言官司差人捕获罪人,中途打夺伤人,聚至十人,为首拟斩,为从减一等律,即统指伤人而言,则从犯不分他物、金刃有无下手,均应按律拟流。

(二)犯罪地点:临时盗所与非盗所之分

清代窃盗拒捕分临时盗所拒捕与非盗所拒捕。若临时盗所拒捕,伤非金刃,伤轻平复,首犯发边远充军,而非盗所拒捕则各依罪人拒捕科断。若临时盗所拒捕刃伤事主,即事主于盗所当时拿获而贼犯逞凶持刀拒捕伤人者,拟斩;若贼犯未至盗所,尚未行窃,被事主拿获拒捕,则适用未经得财逃走被追拒捕之条。

道光元年,广西司"得赃后复进窃被追出房拒捕"案内,朱望一听从行窃,首次已窃得赃物并经伙贼带走,第二次进房行窃时未得脏,就被事主追捕而跑离盗所,拒伤事主平复。地方官吏拟照窃盗临时盗所拒捕,伤非金刃,伤轻平复例拟军。刑部认为,朱望一第二次行窃未得赃,经事主追逐,即跑出屋外,属于已离盗所。临时盗所与非盗所有别,其拒伤事主为情急图脱,非逞凶干犯。故改依伙贼携赃,先遁后逃之贼被追拒捕,伤非金刃,伤轻平复,依罪人拒捕科断例,于窃盗赃一两至一十两杖七十,为从减一等,杖六十本罪上,加拒捕罪二等律,杖八十。①

同年,吉林"赃经事主夺回不得谓之护赃"案内,蓝得偷窃事主农伸布毡包跑走,被事主追殴,夺回赃物,该犯为图脱用刀戳伤事主平复。该案中罪犯已离盗所,且赃物已被事主夺回,无赃可护,因此,刑部改依窃盗未经得财逃走,被事主追逐拒捕刃伤例,拟绞监候。②

(三)犯罪时间:登时与事后之分

窃盗登时被追而逞凶拒伤事主与事后被事主追捕而拒伤事主,在刑

---

① (清)祝庆祺等编:《刑案汇览三编》(一),北京古籍出版社2004年版,第472-473页。

② (清)祝庆祺等编:《刑案汇览三编》(一),北京古籍出版社2004年版,第473页。

事科刑上有生死之别。按例载:窃盗被事主追逐拒捕,伤人未死,如刃伤者,首犯拟绞监候;若系事后被事主追捕,有拒捕杀伤者,仍各依罪人拒捕本律科断。

道光十三年,奉天司“事后搜赃窃贼刃伤事主平复”案内,赵文元因乘夜掇开潘幅增房门行窃,后被潘幅增寻踪搜赃发现,赵文元情急拔刀,扎伤潘幅增肚腹平复。地方官吏拟将赵文元拟绞监候具题。但刑部认为,窃盗刃伤事主问拟绞候之例系专指登时被追逞凶拒捕者而言。若事后被事主搜捕,拒伤事主,则应依别项罪人拒捕之例,必殴所捕人至残废笃疾,方依律拟以绞候。其但系刃伤,仍止加本罪二等。律例引断不容牵混。[①] 该案中,赵文元行窃被事主跟踪寻获,情急将潘幅增扎伤,系属事后拒捕,经验明,潘幅增伤经平复,并未致成残废,自应依别项罪人拒捕之例,将该犯于凡人刃伤人罪上加二等问拟满徒,而不应援照窃盗登时被追,逞凶拒捕之例,以致生死之别。

从案件审理情况来看,清代按照窃盗时是否临时拒捕,将窃盗伤人分为两种情形。其一,窃盗临时拒捕而杀伤人的,为“先盗后强”的强盗,“伤”与“杀”同罪,不管得财不得财,均处斩监候。其二,在窃盗过程中被事主察觉,行为人弃财逃走,被事主追逐,因而拒捕的,为事后拒捕伤人,只是拒捕而非强盗,事出因缘,故按罪人拒捕罪科断,但殴人至折伤以上的,首犯处绞,从犯各减一等。

二、共犯区分首从

《刑案汇览三编》六类“伤”罪中,唯“盗伤”之罪共同犯罪最多,有关区分首犯与从犯之规定与《名例律》中的规定多有不同。按《大清律例》“共犯罪分首从”条规定,共同犯罪,以先造意者一人为首,随从之人,减一等。若因盗窃侵损于人者,一般情况下,不论尊卑长幼,仍如此办理。

① 参见(清)祝庆祺等编:《刑案汇览三编》(四),北京古籍出版社 2004 年版,第 125 – 126 页。

但在"盗伤"案治理实践中,也存在依伤人工具、事发地等区别犯罪首从的情况。

(一)多人抢窃拒伤事主分同场拒伤与各拒各捕

"盗伤"律例中,共犯首从之分与伤人工具密切相关。抢窃拒伤事主之案,如二人同场拒伤一人,行为人有心逞凶干犯,以伤害工具为主区分首从量刑。如数人同场拒伤一人,俱系金刃或俱系他物,以先下手者为首;若一系他物,一系金刃,无论先后下手,均以金刃伤者为首,如金刃伤轻,他物伤重但未至折伤者,仍以金刃伤者为首;如一系刃伤,一系他物折伤者,刃伤重以刃伤者为首,折伤重以折伤者为首,如刃伤与折伤俱重,不可区别,以先下手之人为首。但若多人共同拒伤一人,系各自拒捕并不同场者,则各科各罪,各以为首论。详见以下案例。

1. 数人同场拒伤一人

道光十一年,湖广司"两贼同时同地刀伤事主一人"案内,侯叫化纠允唐老满行窃事主龙池河家衣物,被事主发现追赶,两人同场先后拒伤一人,侯叫化首先下手为首,唐老满听从下手为从。地方官吏拟将侯叫化依窃盗弃财逃走,刃伤事主例拟以绞候;将唐老满依窃盗已经逃走,因见伙犯被获,帮护刃伤事主例拟以绞候。刑部认为,该省将同场拒伤一人之案援引各科各罪之条,实属错误,令该抚详核例案,区分首从,另行妥拟具题。①

道光十三年,河南司"首犯先行拒捕伙贼帮同刃伤"案内,崔林因听从董三沅纠窃同伙五人,至事主牛俊家,被发现后,崔林允、崔林先后分别用木叉、小刀拒伤事主,伤轻平复。地方官吏拟将崔林依窃盗临时盗所拒捕刃伤为从例,发近边充军。刑部认为,案件事实含混,如是否同场共拒

---

① 参见(清)祝庆祺等编:《刑案汇览三编》(一),北京古籍出版社 2004 年版,第 462 - 463 页。

一人等，驳令该抚将拒捕情形详细研鞫，按例妥拟。[①]

2. 数人各拒各捕不同场

嘉庆十六年，贵州司“抢夺得赃逃走被追各拒各捕”案内，徐老二纠同吴有成等一共九人，抢夺过客严瑞光等行李得赃后分逃，事主等亦分路追捕。该犯等将事主拒伤，属于各拒各捕，照例应各治以为首之罪。除曾大五等在逃未获外，地方官吏拟将现获之徐老二依白昼抢夺刃伤人首犯例，拟斩监候。吴有成、冉麻子、王元俱依抢夺伤人，伤非金刃，伤轻平复首犯例，拟发极边烟瘴充军。刑部照覆。[②]

嘉庆十九年，陕西司“南山匪徒抢夺不应照川匪例”案内，杨狗儿纠伙四人，抢夺包谷，刘二麻子、孙三成各用木棍殴伤事主李大会，伤轻平复。该司前将刘二麻子、孙三成与并未拒捕之杨狗儿、李闷头子均比照川省匪徒在野拦抢四人以上不分首从例，改发伊犁为奴等因咨部。正在酌议间，该督抚来咨，转据该县称，将刘二麻子、孙三成二犯比照川省匪徒在野拦抢四人以上，伤非金刃，伤轻平复例系属错误，据实检举。刘二麻子、孙三成先后拒伤事主，既非同时，应各以为首论。故将刘二麻子、孙三成改依抢夺伤人，伤非金刃，伤轻平复之首犯，发极边烟瘴充军例加一等，改发新疆为奴。[③]

清代抢窃伤人共犯规定详尽、具体，严格区分刃伤或折伤、在场助势或帮殴等情节。抢夺刃伤事主，在场助势者，即属为从，减等科处。抢夺杀人为从帮殴，如刃伤及折伤以上者，俱拟绞监候；伤非金刃又非折伤者，发云、贵、两广极边烟瘴充军；未经帮殴成伤者，发极边足四千里充军；其伤人未死，刃伤及折伤以上者，首犯拟斩监候，为从改发边远充军。

---

① 参见（清）祝庆祺等编：《刑案汇览三编》（一），北京古籍出版社 2004 年版，第 463－464 页。

② 参见（清）祝庆祺等编：《刑案汇览三编》（一），北京古籍出版社 2004 年版，第 546 页。

③ 参见（清）祝庆祺等编：《刑案汇览三编》（一），北京古籍出版社 2004 年版，第 565－566 页。

(二)纠众抢夺视地域、人数与器械分别首从科罪

清代伙众抢夺之案,须严审有无器械,分别首从办理,而不依寻常抢夺定拟。例载:抢夺财物,如有聚至十人以上及虽不满十人,但经执持器械,倚强肆掠,果有凶暴众著情事,均照粮船水手例定拟。粮船水手伙众十人以上,执持器械,为首照强盗律治罪,为从减一等。因此,纠众人多而有凶器照粮船水手例定拟。

嘉庆二十三年,伍老羊起意抢夺,纠伙九人,各带尖刀潜匿树林,被事主扭住后,伍老羊拔刀拒捕致事主成伤,伙犯班阿苗、班阿抱、罗阿抱赶来拢护,各拔刀用刀背将事主殴伤。罗阿长、罗老二、罗阿幅在场助势,并未帮殴而散去。[①] 该案中,伍老羊纠集伙众九人,且各带凶器,倚强抢夺,其中四名罪犯拒捕致事主多伤,复以四犯拒一事主戳殴多伤,实属凶暴,与伙众抢夺,照粮船水手之例相符,为从之班阿苗等六犯或用刀背拒伤事主,或在场助势,均应从重照抢夺伤人为从本例,改发边远充军。为首之伍老羊应照强盗为首律拟斩立决。但地方官吏率照抢夺刃伤人未死例,拟以斩候,情重而法轻。故刑部驳令贵州司另拟具题再报。

清代对四川、蒙古等特殊地方匪徒纠众抢夺伤人从严处罚,以此强化皇权对地方社会的统治。

> (嘉庆十一年),西安将军奏:山内匪徒抢掠伤人,为害与啯匪相似,应分别惩治,经本部议令,如有三五成群,带有刀矛凶器及抢掠伤人者,审明所犯情节,各按本例加一等治罪等因,奏准在案。又本年闰二月,该省条奏善后事宜内称,山内匪徒,游民三五成群,执持器械,抢掠伤人,即与川匪无异,应从严惩治,声请嗣后此等匪徒即照川匪例治罪。钦奉上谕:嗣后南山内如有三五成群,执持器械,抢掠伤人者,比照州省匪徒于抢夺本例上

① 参见(清)祝庆祺等编:《刑案汇览三编》(一),北京古籍出版社 2004 年版,第 557 – 558 页。

加等治罪等因,钦遵亦在案。查比照定拟,与实犯有间,加罪例不至死。①

(乾隆四十六年定例):川省拦抢之案,除数在三人以下,仍照旧例发烟瘴充军外,如四人以上至九人者,俱改发伊犁为奴,但伤人者,拟绞监候等因,续行纂入例册,与旧例一并遵行。②

三、犯罪自首与闻拿投首减免罪

(一)犯罪自首得免所因之原罪

受儒家思想影响,为遵循礼义教化,让罪犯悔过自新,清代设置"自首减免罪"制度。凡是事未发而自首者,免罪;知人欲告而自首者,减本罪二等。犯杀伤人罪损伤于人而自首的,得免所因之罪,仍从本杀伤法。如因窃盗伤人自首,可免窃盗罪,而依斗殴伤人律论处。③《大清律例》"犯罪自首"条例还规定:"凡自首强盗,除杀死人命、奸人妻女、烧人房屋,罪犯深重不准自首外,其余虽曾伤人,随即平复不死者,亦姑准自首,照凶徒执持凶器伤人事例,问拟边卫充军。"④

对抢夺后自首的,清代免其所因抢夺罪,转从本杀伤法;若抢夺后闻拿投首者,比照伤人首盗投首例科处。《大清律例》"犯罪自首"条规定,损伤于人而自首,得免所因之罪,仍从本杀伤法。其中,所因乃杀伤之原因,本犯他罪,因而杀伤人自首的,止论杀伤治罪,免除所因之原罪。如白昼抢夺、窃盗拒捕等因伤人而自首者,免除抢夺等本罪,止科以"伤"罪。如以下两宗案例:

嘉庆二十一年,"抢夺刃伤事主事未发而自首"案内,董为典抢夺张

---

① 参见(清)祝庆祺等编:《刑案汇览三编》(一),北京古籍出版社 2004 年版,第 565 页。

② 参见(清)祝庆祺等编:《刑案汇览三编》(一),北京古籍出版社 2004 年版,第 567 页。

③ 清代"伤"罪也有规定不准自首的情形。"虽会伤人随即平复者,亦姑准自首,照凶徒执持凶器伤人例,问边远充军。若事主伤重虽幸未死,不准自首。"此外,损伤于人、得免所因,系指因奸、盗等有犯杀伤者而言,若无因可免,不得为其开脱。

④ 参见(清)沈之奇撰:《大清律辑注》,怀效锋、李俊点校,法律出版社 2000 年版,第 81 页。

大怀钱财,拒捕刃伤事主,经犯父寻获带同禀首。司法官照自首律免其所因抢夺拒捕之罪,仍从本杀伤法,依刃伤人律杖八十、徒二年。①

道光三年,“抢赃满贯妻弟首告”案内,侯明远抢夺事主段鸿格银两,并用铁尺拒捕殴伤事主平复。由于侵损于人不在自首之列,仍得免其所因,司法官依凶器伤人例拟军免刺。②

(二)闻拿投首减本罪一等

实践中,自首律与闻拿投首例的适用情境不同。自首重在“事未发”之时,犯罪未发,皆可自新。“自首者将己身所犯中罪自作词状而首告于官,必在事未发觉、人未到官之先,方见悔过畏法出于本心,故律准免罪,所以重改过也。”③而闻拿投首者乃听闻事主或其亲属告县缉拿而赶往自首,仍有畏法之心,故闻拿投首之犯,除律不准首及强盗自首,律有正条外,其余一切罪犯,俱于本罪上减一等科断。清律规定:“盗伤”犯罪中未伤人之盗首,能在犯罪未发时自首,发近边充军;若其闻拿投首,则与悔过自首者不同,按照情有可原例,发遣;若窝家盗线如有自首,及闻拿投首,按照未伤人之盗首,分别充军、发遣;窃盗拒捕刃伤事主,罪应拟绞之犯,如闻拿畏惧,抱赃送还事主,确有证据者,准其照闻拿投首例,量减拟流(乾隆三十八年纂定之“闻拿投首”例)。实践中不乏此类案例。

嘉庆九年,谢吴三行窃刃伤事主汤超凡,堂兄不知事主报缉,带同闻拿投首案内,地方官吏拟将谢吴三照犯罪未发自首律,依损伤于人而自首律免其所因,依刃伤人律拟徒。但该犯投首系在事主报官之后,故刑部改依窃盗未经得财逃走,事主追逐,拒捕刃伤者绞监候,闻拿投首减一等例,杖一百、流三千里。④

嘉庆二十一年,“伙抢妇女转卖首犯闻拿投首”案内,戚望德纠约姜

---

① 参见(清)祝庆祺等编:《刑案汇览三编》(一),北京古籍出版社 2004 年版,第 140 页。

② 参见(清)祝庆祺等编:《刑案汇览三编》(一),北京古籍出版社 2004 年版,第 140 页。

③ (清)吉同钧纂辑,闫晓君整理:《大清律例讲义》,知识产权出版社 2018 年版,第 47 页。

④ 参见(清)祝庆祺等编:《刑案汇览三编》(一),北京古籍出版社 2004 年版,第 137 – 138 页。

即子等抢夺叶杨氏,转交白虎狸带去嫁卖,不知何往。后戚望德闻拿投首。地方官吏将戚望德依聚众伙谋抢夺妇女斩决之例,因其闻拿投首,比照伤人首盗投首例拟斩监候。①

四、比照“盗伤”科处的特殊情形

针对司法中出现的大量奸夫拒捕伤人案件,乾隆十二年,刑部议复江南道御史条奏定例:

> 凡奸夫拒捕,刃伤应许捉奸之人,照窃盗拒捕,殴所捕人,至折伤以上者,拟绞监候(纵容抑勒,不在此例)。②

嘉庆二十五年,四川司“奸妇殴死本夫奸夫拒伤本夫”案内,罗联科与罗名受之妾罗刘氏在房行奸,被罗名受听闻捉拿。罗联科用扁担将罗名受拒伤逃逸。地方官吏即按此条例规定,将罗联科比照窃盗临时盗所拒捕,伤非金刃例改发边远充军。③

类似案例还有道光十二年“奸拐罪人刃伤奸妇之有服亲”案,葛妮子与徐珍小功外甥孙小雪之妻孔李氏通奸,后又诱拐孔李氏一同逃跑,因被徐珍追捕而逞凶拒捕,刃伤徐珍平复。基于这些事实,地方官吏将葛妮子照奸夫拒捕,刃伤应捉奸之人,照窃盗拒捕,殴所捕人至折伤以上例,拟绞监候。④

本章小结

本章重点对六类“伤”罪司法运行中的裁判规则进行系统研究。通

① 参见(清)祝庆祺等编:《刑案汇览三编》(一),北京古籍出版社2004年版,第304页。

② 参见胡星桥、邓又天主编:《读例存疑点注》,中国人民公安大学出版社1994年版,第743页。

③ 参见(清)祝庆祺等编:《刑案汇览三编》(二),北京古籍出版社2004年版,第849页。

④ 参见(清)祝庆祺等编:《刑案汇览三编》(四),北京古籍出版社2004年版,第178页。

过进一步研究发现,各类“伤”罪在实际运作中的规则有所不同。

其一,清代摒弃了唐宋时期区别“故杀伤”与“斗杀伤”的客观标准,即“斗而用刃”“虽因斗绝时杀伤”转化为“故杀伤”的规定,使得故杀伤案件越来越少,而斗殴杀伤案件不断增多。司法实践中,“故伤”案以“斗殴伤”为比照核心论罪,审理中强调行为人之主观故意恶性,尊卑之间故意伤害加重处罚。

其二,“斗殴伤”案根据行为人与行为对象之间的身份关系,可分为凡人“斗殴伤”与特殊“斗殴伤”;根据行为对象人数的多寡,分为一般“斗殴伤”与“共殴伤”。清代将凶器、金刃等工具作为审断“斗殴伤”案件的重要认定因素,在罪刑适用上以直接援引斗殴本律例为主,特殊身份关系者斗殴按服制分级加减等科处。“斗殴伤”案量刑受到伦理、道德、人性等因素影响,存在复杂多重性和不均衡性,所涉刑罚最低从笞一十到斩立决、凌迟处死,囊括封建制五刑,以及收赎、枷号、养赡、发遣为奴、革职、游示九门、销除本身旗档等附加刑。对于步甲滋事殴本管官,伤人而屡教不改等情重案件,皇帝通常会通过谕旨加重刑罚。此外,“斗殴杀”案与“斗殴伤”案、“斗殴伤”案与“故伤”案之间的界限较为分明。前者主要以行为人的犯罪意图、保辜制度与罪坐所由原则为区分标准;后者主要以行为人的主观恶性和社会危险性、客观实害为区分标准。

其三,清代充分考虑了“误伤”行为的原始犯罪意图以及该意图转移的程度,具备一定复杂性,其“误伤”案主要分为四类:(1)因斗误伤案,包括凶徒因事忿争执持凶器误伤人、因施放鸟枪竹铳而误伤旁人、同谋共殴“误伤”等一般“误伤”案与子孙误伤祖父母父母、因情切救父而误伤尊属、因疯误伤祖父母父母、金刃误伤期亲尊长、因斗施放鸟枪竹铳误伤尊属等特殊“误伤”案;(2)因谋故杀而误伤旁人案;(3)罪人图脱误伤事主案;(4)非因斗殴金刃误伤案。“误伤”案之定罪量刑一般比照“斗殴伤”科刑,因“误伤”并非有心干犯,一般会从轻或减等处罚。

其四,“过失伤”案的构成要素与量刑标准主要在于行为人的主观意图。收赎是“过失伤”案最典型的科刑规则,除亲属之间的过失杀伤不允许收赎外，其他过失伤可通过刑罚与金钱的兑换，实现当事人之间利益的平衡。鉴于过失伤人的社会危害性小，只要没有危及封建统治秩序和家族关系，一般都科刑轻缓，予以轻判或者免除刑事责任，如遇会赦皆得免其罪。

其五，清代严惩“盗伤”之罪，将其作为贼盗罪名的结果加重情节。实践中，司法官吏裁断强窃盗伤人案时，视所伤对象系事主与非事主、临时盗所与非盗所拒捕伤人、行窃拒伤事主共犯首从、登时被追逞凶拒捕与事后被事主搜捕拒伤事主、犯罪自首与闻拿投首、事主殴奸盗及放火凶徒成笃、强盗拒捕伤差等数层不同情节治罪；裁断抢夺伤人案时，将抢夺杀人与抢夺伤人案、抢夺后自首与闻拿投首分别办理，多人抢夺拒伤事主分同场拒伤一人与各拒各捕，纠众抢夺视地域和人数与器械区分首从科罪；裁断劫囚伤人案时，以是否伤人为尊长率领夺犯杀伤官差案的量刑重心，聚众夺犯伤差为从不加等；审断亲属相盗伤人案时，将服制关系作为定罪量刑的重要因素，严格区分亲属抢窃杀伤与凡人擅杀伤，将“盗伤”之罪与服制内伤人之罪从重者论。

第五章 《刑案汇览三编》所见清代“伤”罪立法及司法运行特点

自先秦时起，民间斗殴等伤人行为就被纳入国家法律进行惩处。春秋战国时期，百家争鸣，各家学说对斗殴等伤人行为都有各自的立场。儒家代表人物孔子主张礼治，赞成有节制的斗殴，如血亲复仇，认为这种斗殴不违反仁义，而是在实践礼的秩序；荀子对民间斗殴持批判态度，“凡斗者……忧以忘其身，内以忘其亲，上以忘其君”①，认为君子应该“谨慎无斗怒”②。法家主张通过立法惩治危害统治与社会和谐的私斗行为，实现维护社会整体秩序的理想期许。这一观念和立法精神为之后的历代法律所继承，从《大清律例》中的斗殴律仍然可以看出其所传承的和谐秩序法律观。清代延续中国传统法制的基本精神，“准古酌今”，同时也体现了本朝的民族、时代精神意蕴和特色。通过对清代“伤”罪立法以及司法运行情况的检视与剖析，笔者以为，从司法表象延伸至司法观念和普遍性规律，彼时历史情境下的“伤”罪规制有其独特的面向：一是在立法规定上以犯罪意图为核心构建细密的“伤”罪体系，严格区分故意与过失，按世情适时制定、修正条例，以“斗殴伤”为其他“伤”罪参酌科刑之核心；二是司法裁断与立法基本保持一致，实现了“律法断罪”与司法自由裁量权的大致平衡。总之，可以肯定，清代在治理“伤”罪上取得了一些成绩，在某

---

① 张元济：《四部丛刊初编》，上海商务印书馆 1922 年版，影印上海涵芬楼景古逸业书本，《荀子》卷六，《富国》，第 63 页。

② 前引《荀子》卷二《荣辱》，第 18 – 19 页。

种程度上可以为现代惩治伤害犯罪提供一些历史经验。

第一节 以犯罪意图为核心构建“伤”罪规制体系

清代“伤”罪立法严密、详备，“一罪一刑”的立法体例充分关注犯罪行为人的主观意图以及犯罪情节、伤害程度等客观具体情境，兼顾推理抽象概念的复杂性，构建了多样化、特定化程度较高的“伤”罪法律体系，在维护社会和谐与统治秩序方面起到了重要的作用。下面，笔者将对清代“伤”罪法律的规制情况作一个扼要的概括。

一、严格区分故意与过失

我国传统刑法自古便有故意与过失之分。从秦汉律中的“贼伤”到唐明清律的“故伤”，不乏对原有害心犯罪的惩处。在杀伤人罪上，晋律已结合故意与过失的抽象概念与客观情境，较为明确地区分“贼杀伤”“斗杀伤”“戏杀伤”“误杀伤”及“过失杀伤”等多种罪过状态，并注意到它们之间的关联。《注律表》有“两讼相趣谓之斗”；“无变斩击谓之贼”；“卑与尊斗，皆为贼，斗之加兵刃水火中，不得为戏，戏之重也。向人室庐道迳射，不得为过，失之禁也。都城人众中走马杀人，当为贼，贼之似也。过失似贼，戏似斗，斗而杀伤傍人又似误，盗伤缚守似强盗，呵人取财似受赇，囚辞所连似告劾，诸勿听治似故纵，持质似恐喝”[①]等记载。

清律将抽象概念与“伤”罪之具体情境融合，构建了以犯罪意图为核心的“伤”罪层级化体系。《大清律例》高度重视具化“伤”罪各类情节，确立了严格法定刑。有学者以为，我国封建社会缺乏高度抽象、体系化的理论构建，“在刑法理论上要彻底建立故意与过失划分的科学理论是不可能的，封建法律学家们的努力，只能限于围绕与‘斗杀伤’有关的种种犯罪

① 《晋书·刑法志》所引张斐《注律表》。

去划分它与‘故杀伤’及‘过失杀伤’的界限”[①]。笔者不认同此观点。从清代“伤”罪立法类别来看，我们可以描绘出一幅有关犯罪主观意图的图谱，囊括从蓄意伤害到完全无犯罪意图和预见的过失伤害，乃至其间的灰色地带，这是具有高度复杂性的层级体系。从立法表述来看，各类“伤”罪是以犯罪行为的外观表象特征与具体情境来划分的，但实质上，真正起核心作用的是行为特征与具体情境所折射出的犯罪意图，即行为人主观恶性的轻重不法程度。如“故伤”为有意、故意杀伤；“斗殴伤”是彼此之间争斗相殴致伤；“戏伤”乃共戏人全程和同嬉戏而偶致伤害，但共戏人双方对可能造成的伤害后果有明确认知；“误伤”乃怀害他人之心，但因错误伤及旁人；“过失伤”乃因意外或低层级的疏忽大意而致伤；“盗伤”乃因盗而故意或过失伤人，乃“伤”罪的特殊情节。从“仇恨妒忌、贪图争夺”的故意犯罪（故伤、斗殴伤），到非故意犯罪（戏伤、误伤、过失伤），层级明晰，轻重有别，在犯罪主观意图方面构建了复杂多样的抽象概念体系。清代虽然也有某些特定情景化的“伤”罪立法规定，但其目的在于用具体的事实情境去说明主观意图的不同类别，与当今的故意、过失综合规定不同。“专制政体，或曰君主统治，并没有阻碍帝制晚期的中国法律获得高度的抽象性和概念复杂性。事实上，深度检视清代刑律，会发现法律的抽象范围与基于具体情境的范畴之间并不存在严格的二分。”[②]也就是说，“伤”罪行为的主客观特征指向特定的犯罪类型，根据“一罪一刑”原则[③]，它能给予司法官吏明确的指引来依律裁断。如黄宗智所言：“中国古代法律之与西方现代形式主义法律的不同，不在能否建立抽象原则与处理非具体问题，而在于怎样连接经验和理论的不同思维方式。形式主

① 钱大群：《中国刑法史上不可磨灭的一页——评沈家本对犯罪主观心态之研究》，载《江苏社会科学》1991 年第 2 期。

② ［美］胡宗绮：《意欲何为：清代以来刑事法律中的意图谱系》，景风华译，广西师范大学出版社 2020 年版，第 45 页。

③ 一个罪名常常可以直接对应刑罚，“罪”与“刑”密切关联，特别是条例，可针对个别犯罪情节具体化。清代无单独的量刑阶段，一旦对“伤”罪定性，即意味着同时确定了具体的刑罚，包括对受害者的赔偿种类和数额，都是预先被确定和标准化的。这与现代定罪与量刑程序的独立完全不同。

义要求通过法律逻辑,建立脱离具体情况的普适法则。而中国传统法律则要求寓抽象原则于实例。一个很好的例子是清代关于杀人的立法,其全部有关的法则实际上是围绕一个十分抽象的范畴——意图——而组织的。杀人罪分六等,取决于不同程度的意图。惩罚最重的是‘谋杀’;次之是‘故杀’;再次是‘斗殴杀’;之后是‘戏杀’;继而是‘误杀’;最后是‘过失杀’。我们可以说,这样的区分要比后来模仿德国法律的国民党法律的‘故杀’和‘过失杀’两分法来得细致(正因如此,民国法官判案时常常转而使用清代法律的概念和区分)。所以,中国传统法律不是出于纯抽象的概念,而是把抽象概念与具体事例紧密连接起来。”①

《大清律例》主要采用列举式立法模式,详尽规定了“伤”罪的独特犯罪情境,以及各情境下的刑罚,具体地划分行为人的复杂心理状态,在考量犯罪动机、当事人之间的身份关系、伤害后果等实体情境后,以规范的语言设定与罪行相匹配的刑罚,实现“一事一罚”。要言之,清代“伤”罪立法并不缺乏抽象概念,不存在抽象概念与具体情境之间的冲突与博弈。相反,清代采用犯罪意图②与客观情状相结合的方式,特别是从犯罪行为背后的主观意图对“伤”罪进行类型化划分,并将“伤”罪行为分类整合成一个精细、复杂的体系。

二、法律渊源的多元性与动态性

清代“伤”罪的法律渊源具有多元复杂性。清代列举式、宜细不宜粗的立法模式,使得细密而又刚性僵硬的法律无法囊括社会生活中发生的各种伤害犯罪,不可避免地存在断案依据多元化的情况,司法官吏会适用律例以外的各种规范,如习惯、礼教、情理、成案等。这些规范一旦适用于

---

① 黄宗智:《过去和现在:中国民事法律实践的探索》,法律出版社 2009 年版,第 219 页。

② 犯罪意图是实行某一行为的意志,犯罪动机则是实行某一故意犯罪行为的缘由或目的,比如谋财、犯奸和出于仇怨憎恨而伤人。贪图钱财和犯奸比一般的仇恨伤人更为恶劣:谋财威胁社会和谐,犯奸不利于维系父系家庭。参见[美]胡宗绮:《意欲何为:清代以来刑事法律中的意图谱系》,景风华译,广西师范大学出版社 2020 年版,第 126 页。

司法，就会成为国家法律的一部分，不再是“民间法”。[①] 但一般只在《大清律例》没有相关规定，或者虽有相关规定，但不能适用于审判实践中错综复杂的案情时，司法官吏才会比附援引其他律例或者适用其他渊源作为裁量的依据。当现有律例无法满足司法实际需要时，为避免司法官吏自行揣度，造成适用结果参差不齐，就有必要制定新的通行或纂辑新的条例。“国家法法律适用范围及条文体系动态变化，很大程度上是由于清统治者维护国家统一和稳定的策略博弈。”[②]

清代“伤”罪的法律渊源还具有动态性，主要体现在相对律文较为灵活、参酌时宜、因时立法的条例上。随着社会中“伤”罪逐渐增多，清代会适时修改或制定新的条例，或将已有成案、通行纂辑为例，以适应复杂多变的案情。以卑幼听从尊长，殴死次尊，则下手伤轻之卑幼如何科罪为例，从“仅科伤罪”到“问拟斩决”，历经多次制定或修订，到清中后期，例文所规定的刑罚越来越重。道光四年十二月刑部审拟：江西司奇里绷阿听从胞伯文元殴胞兄伊克唐阿身死，奇里绷阿下手伤轻现审案经奉旨覆议，将所有听从尊长殴死以次期亲尊长案内，下手伤轻之卑幼均科伤罪纂定条例。至道光五年，刑部又另立条例，进一步区分两人以上卑幼共殴尊长的情形，对道光四年的条例进行修正：将期亲卑幼听从尊长主使勉从下手共殴以次期亲尊长致死，系尊长下手伤重致死，卑幼帮殴伤轻，或两卑幼听从尊长主使共殴，内一卑幼伤重致死，一卑幼伤轻，或内有凡人听纠帮殴，系凡人下手伤重致死，承审官悉心研讯，或取有生供或供证确凿，除下手伤重致死之犯各照本律本例分别问拟外，下手伤轻之卑幼依律止科伤罪等语纂入例册。直至道光十四年，为防滥用上述条例脱罪，江西道御史就此问题奏准：期亲卑幼听从尊长主使共殴以次尊长尊属之案，无论下手轻重，悉照本律问拟斩决，法司核拟时夹签声请，恭候钦定，不得将下手伤轻之犯止科伤罪，并请修例时将下手伤轻止科伤罪之例删除。奉旨依

① 何勤华：《清代法律渊源考》，载《中国社会科学》2001 年第 2 期。

② 张万军：《清代乾隆朝归化城土默特刑案研究》，商务印书馆 2020 年版，第 274 页。

议,并纂为通行给各省遵照执行。[①] 凡此,从以上三次变化可见,清代因时因事调整例文,与唐代不同;清代统治者虽仍标榜宽刑慎刑理念,但实质上,刑罚随其专制主义的不断强化而越来越严厉。

清律承袭明代律例合编体例,清朝统治者力图通过修例改变司法审判中定罪量刑中畸轻畸重、"情事同而判罪异"等情况,为司法官吏裁决案件提供参照依据。修撰条例是为解决时移世易与律文恒定之间的矛盾,回应社会发展变化的需求,以便于解决当下司法官吏急于处理的案件。"'以例治天下'确实是清代国家治理中的常态,也是清代法律体系的真实特点。"[②]条例有时为吸纳和包容当地特殊习俗或情理而设,体现一定开放性、动态多元性的特点,使得清代整个法律体系具有一定弹性与张力。然而,在"伤"罪条例之间有时会出现一事设多例导致的琐粹化现象,过于专注"用"使得条例成为处理社会变迁中各种矛盾最为主要的法律渊源,甚至有时会出现重复或发生冲突,一定程度上破坏清代的法典化体系,对于平衡律与例之间的关系乃至维护法律的统一实施有所不利。因此,有学者认为,清代"着眼于犯罪的具体情况的种种差别,企图使罪刑相当,立法也就越来越烦琐,具体化的结果使得概括性的原理原则难以发展"。[③]

三、以"斗殴伤"为其他"伤"罪参酌科刑之核心

不论立法、司法,"斗殴伤"均为清代"伤"罪之首,在所有涉伤犯罪中

---

① 参见(清)祝庆祺等编:《刑案汇览三编》(三),北京古籍出版社 2004 年版,第 1557 – 1559 页。

② 邓之诚:《中华二千年史》,中华书局 1983 年版,第 531 页。清代没有固守儒家"法约刑简"的立法理念,而是采取增加例文的方式解决律例适用不灵活、限制司法官吏自由裁量的问题。为因时制宜,解决无律例适用,或罪有本律而例有重复,或数条例同属一类等问题,"以万变不齐之情,欲御以万变不齐之例",清代律例馆多次请旨修订条例,均为划一删除等因。条例在各个版本的《大清律例》中长期处于变化且日益增长的态势,例如,乾隆五年共 1049 条,至乾隆三十三年增加到 1456 条,道光五年增加到 1766 条,同治九年 1892 条。可以说,约有半数以上的条例是在乾隆六十年间制定。例文的大量增减,也引起诸多诟病。

③ 瞿同祖:《法律在中国社会中的作用:历史的考察》,载瞿同祖:《瞿同祖法学论著集》,中国政法大学出版社 1998 年版,第 415 页。

占据核心地位，是其他“伤”罪参酌科刑之核心。

首先，清代“伤”罪立法规定主要集中在“斗殴”门中，且“故伤”“戏伤”“误伤”“过失伤”“盗伤”的诸多情节均“以斗殴伤论”，或“准斗殴伤”“同凡斗论”①。除了“准斗殴伤”“同凡斗论”以外，其他比附形式实质仍“以斗殴论”（见表5.1）。可以说，“斗殴伤”是清代“伤”罪司法参酌科刑的主干与中心。

表5.1　清律比附“斗殴伤”科刑相关律例

犯罪情节		比照科刑	律例本条
1	教令七岁小儿殴打父母	以殴凡人之罪	刑律·名例律下·老小废疾收赎条例
2	亲属窃盗、强盗伤人； 同居卑幼引他人盗己财物伤人，或他人伤人而卑幼不知情	依伤尊长卑幼本律	刑律·贼盗下·亲属相盗
3	故用蛇蝎毒蛊咬伤人	以斗殴伤论	刑律·人命·屏去人食服
4	戏伤，及因斗殴误伤； 诳令人过渡致陷溺死伤	以斗伤论	刑律·人命·戏杀误杀过失杀伤人

① 比附“斗殴伤”论罪的表述形式有：依凡人斗殴论、依斗伤论、依凡斗伤论、依斗殴伤人律、以斗殴伤论、以凡殴伤法、以斗伤论、以凡人论、以凡斗论、同凡斗论、准斗殴伤、从凡斗法、从本殴伤法、加（减）斗殴伤、加（减）凡人论等。“以”犯（表现为“以……论”）与真犯同，处罚亦同，且适用加重处罚规定，无罪止。《吏学指南·八例》曰：“罪同真犯谓之以。凡称以者，同其法而科之。”“以”字类犯实质是将此种行为比附于彼种罪名、主体、主观因素和量刑之下，以比重罪名、主观因素和量刑所在法条的罚则论处；分为罪名比附、主体比附与主观心理状态比附，形态较多。其中，主观心理状态比附，区分故意和过失两种状态，常见表述如“以过失论”“以故……论”。有将心理状态与罪名相结合的情况，如“以故伤论”“以过失伤论”。量刑比附是按清律要求对犯罪主体与犯罪情节作裁断时的比附和援引，如“以赎论”。对于严重危及统治秩序的犯罪，情节比较恶劣的，“恶其迹而深治之也”，往往以重罪论处；对于主观恶性较小的，“矜其失而轻贷之也”，常常以轻罪论处。“准”犯比附类推，与实犯有间，一般比真犯处罚轻缓。“准”犯与真犯的犯罪客体具有高度相似性，其通过类推适用，对恶性较小的犯罪行为的主客观方面及性质进行定性，体现统治阶级对于特定犯罪行为的处罚态度。实质是将此种行为附于彼种罪名之下，不完全依彼种罪名的罚则科断。“同……”之形式比附论罪者“只坐其罪”，不同真犯，在科刑上有所限制。如“上司官与统属官相殴”条规定：监临上司之佐贰、首领官，与所统属之下司官品级高者，及与部民有高官而相殴者；非相统属官品级同，自相殴者，同凡斗论。

续表

犯罪情节		比照科刑	律例本条
5	囚虽逃走已就拘执，及罪人虽逃走不拒捕而折伤者	以斗伤论	刑律·捕亡·罪人拒捕
6	死罪囚已招服罪，因畏惧刑戮使令亲戚故旧伤之	以亲属凡人斗伤论	刑律·断狱上·死囚令人自杀
7	妻妾无罪被殴自尽	以夫殴妻妾致折伤本律	刑律·人命·夫殴死有罪妻妾条例
8	奴婢殴旧家长，及家长殴旧奴婢	以凡人论	刑律·斗殴下·妻妾殴故夫父母
9	与争而窃夺财物伤人	从斗论	刑律·贼盗中·白昼抢夺
10	在辜限外，及虽在辜限内，原殴之伤已平复，别因他故死	从本殴伤法	刑律·斗殴上·保辜期限
11	辜限内患他病身死，与本伤无涉	从本殴伤法	刑律·斗殴上·保辜期限条例
12	妾殴伤夫之兄弟子；殴姊妹之夫，妻之兄弟，及妻殴夫之姊妹之夫；殴妻之子	从凡斗法	刑律·斗殴下·妻妾与夫亲属相殴
13	奴婢自相殴伤	依凡斗伤法	刑律·斗殴上·良贱相殴
14	故禁故勘平人至折伤以上	依凡斗伤论	刑律·断狱上·故禁故勘平人
15	狱卒纵肆非理在禁陵虐殴伤罪囚	依凡斗伤论	刑律·断狱上·陵虐罪囚
16	本夫之兄弟，及有服亲属捉奸，其妇人之父母、伯叔姑、兄姊、外祖父母，非登时伤奸夫；非应许捉奸之人捉奸伤人	依斗伤论	刑律·人命·杀死奸夫条例
17	佐贰首领自相殴	依凡斗论	刑律·斗殴上·殴制使及本管长官

续表

犯罪情节		比照科刑	律例本条
18	监临上司之佐贰、首领官,与所统属之下司官品级高者,及与部民有高官而相殴者;非相统属官品级同,自相殴者	同凡斗论	刑律·斗殴上·上司官与统属官相殴
19	马、牛及犬有触抵踢咬人,而畜主记号拴牵不如法,因而伤人	准斗殴伤	兵律·厩牧·畜产咬伤人
20	无故向城市及有人居止宅舍,放弹射箭,投掷砖石伤人	减凡斗伤一等	刑律·人命·弓箭伤人
21	无故于街市镇店驰骤车马,因而伤人;骑马碰伤人	减凡斗伤一等	刑律·人命·车马杀伤人
22	故放令畜产伤人	减斗殴伤一等	兵律·厩牧·畜产咬伤人
23	因盗决河防而伤人	减斗伤罪一等	工律·河防·盗决河防
24	期亲以下,缌麻以上尊长殴伤卑幼之妇;兄姊殴弟之妻,及妻殴夫之弟妹及夫弟之妻	减凡人一等	刑律·斗殴下·妻妾与夫亲属相殴
25	本宗及外姻尊长殴卑幼至折伤以上	减凡斗伤一等	刑律·斗殴下·殴大功以下尊长
26	尊长犯同姓卑幼	减凡斗一等	刑律·斗殴下·同姓亲属相殴
27	良人殴伤他人奴婢;殴内外缌麻、小功亲之雇工人至折伤以上	减凡人一等	刑律·斗殴上·良贱相殴
28	殴妻不同居前夫之子	减凡人一等	刑律·斗殴下·殴妻前夫之子
29	殴妻同居前夫之子	减凡人二等	
30	妾殴夫之妾子;期亲以下,缌麻以上尊长殴伤卑幼之妾妾子殴伤父妾	减凡人二等	刑律·斗殴下·妻妾与夫亲属相殴
31	夫殴妻至折伤以上	减凡人二等	刑律·斗殴下·妻妾殴夫
32	夜无故入人家,其已就拘执而擅伤	减斗殴伤罪二等	刑律·贼盗下·夜无故入人家

续表

犯罪情节		比照科刑	律例本条
33	窝弓不立望竿及抹眉小索致伤	减斗殴伤二等	刑律·人命·窝弓杀伤人
34	监临有司管军之官,因公事于人虚怯去处非法殴打,及亲自以大杖或金刃、手足殴人至折伤以上	减凡斗伤罪二等	刑律·断狱下·决罚不如法
35	祖父母、父母为人所殴,子孙实时救护而还殴至折伤以上	减凡斗三等	刑律·斗殴下·父祖被殴
36	妇人未产而拷决,因而堕胎	减凡斗伤罪三等	刑律·断狱下·妇人犯罪
37	家长及家长之期亲殴雇工人至折伤以上	减凡人折伤罪三等	刑律·斗殴下·奴婢殴家长
38	奴婢殴良人	加凡人一等	刑律·斗殴上·良贱相殴
39	弟妹殴兄之妻;妻之子殴伤父妾	加殴凡人一等	刑律·斗殴下·妻妾与夫亲属相殴
40	卑幼犯同姓尊长	加凡斗一等	刑律·斗殴下·同姓亲属相殴
41	卑幼殴本宗及外姻缌麻兄姊至折伤以上,或殴杀同堂大功弟妹、小功堂侄及缌麻侄孙	加凡斗伤一等	刑律·斗殴下·殴大功以下尊长
42	殴不同居继父至折伤以上	加凡斗伤一等	刑律·斗殴下·殴妻前夫之子
43	殴同居继父至折伤以上	加凡斗伤二等	
44	于宫内忿争相殴至折伤以上;殿内相殴至折伤以上	加凡斗伤二等	刑律·斗殴上·宫内忿争
45	殴皇家袒免亲至折伤以上	加凡斗二等	刑律·斗殴上·皇家袒免以上亲被殴
46	殴受业师	加凡人二等	刑律·斗殴上·殴受业师
47	以威力挟制捆缚人,及于私家拷打监禁伤重至内损吐血以上	加凡斗伤二等	刑律·斗殴上·威力制缚人

续表

犯罪情节		比照科刑	律例本条
48	殴妻之父母至折伤以上	加凡斗伤罪二等	刑律·斗殴下·妻妾殴夫
49	妻妾殴夫至折伤以上	加斗伤三等	

其次，司法官吏在审断“伤”罪案件时，常以援引比附方式适用“斗殴伤”律。

例如，道光十二年陕西司案：蒋佳氏先与常德保通奸，后因索钱不遂，将奸夫常德保的舌尖咬落。刑部认为，蒋佳氏既非因悔过而拒绝奸情，那么常德保就不能被视为罪人拒捕，应按照斗伤本律问拟，于“断人舌杖一百、流三千里律”上减一等，杖一百，徒三年。[①]

又如，乾隆五十四年奏准“典史抑勒讳盗刑伤事主平复”案内，已被革职典史赵坤起意，以道路报劫重案之名，称事主刘平吉形迹可疑，责令刘平吉跪链审问，使得刘平吉两膝跪久成伤。虽伤轻平复未至残废，但该犯有意讳盗苦累事主，情节较重，因此，司法官吏将赵坤从重比照抑勒讳盗，苦累事主，伤至废疾，照故勘平人成废，依凡斗伤论，杖一百、徒三年。[②]

综上，清代立法在犯罪故意与过失之间按照六种不同的“伤”罪形态对应设置不同的刑罚，且为满足司法实践需要，实时动态对立法进行相应调整，以犯罪意图为核心构建了严谨细密的“伤”罪规制体系。但是，清代特别是其中后期的科刑较严厉，其量刑尺度不若唐朝宽和、允协。以“戏伤”和“误伤”立法为例，相较唐律，两者的法定量刑起点较高、处刑较重，如唐律戏杀伤分为减二等、减一等以及不和同不得为戏各以斗杀伤论三种情形，而清律一概以斗杀伤论，不如唐律宽缓严谨。清律不论当事人

---

① 参见(清)许梿、熊莪纂辑:《刑部比照加减成案》,何勤华等点校,法律出版社 2009 年版,第 605 页。

② 参见(清)祝庆祺等编:《刑案汇览三编》(一),北京古籍出版社 2004 年版,第 487 - 488 页。

之间的身份关系,一旦发生“戏伤”,均以“斗殴伤”论处;“误伤”也比照“斗殴伤”科刑不减等,未分别不同情节处罚,相对而言缺乏独立性与体系化。

第二节 《大清律例》在“伤”罪案中的司法适用

在对法律文本表达问题进行研究后,再来解读司法中的“伤”罪案件审判在逻辑上会更有公信力。通过上文对各类“伤”罪运行的论述,我们可以简要概括出《大清律例》在清代“伤”罪案中的司法裁断要点。

一、立法与司法适用的基本一致性

从判牍表达来看,清代司法官吏的推理与分析过程是:首先简要介绍案情与基本事实,其次列举与案件相关的律例,再次结合成文法规定阐释律义,对犯罪行为定性并分析相关律例适用的正当合理性,最后裁判并说明依据。其中,“伤”罪律例在何种程度上被遵循?当律例与情理有所违背之时,清代司法官吏如何“酌情”实现罪情理与刑罚的平衡或对应?其“酌情”量刑是否属于“法律之外”的自由裁量?这些都是探究清代“伤”罪法律适用不可不深思的问题。

(一)“律法断罪”与司法裁量权

自儒家法律思想成为封建正统之后,中国传统法文化中的“慎刑”“恤刑”“德主刑辅”“原心定罪”等理念逐渐成为司法裁判考量的重要原则,基层司法官吏往往会综合考量各种人伦因素酌情运用裁量权,而审理案件的最高境界就是能遵循天理、顺应民意、遵守国法。从汉代董仲舒实行“春秋决狱”开始,情理在司法审断中的作用日益凸显。具言之,法律与情理涵摄在司法中,表现为判决既要合法,也要原情,司法官吏必须做到“酌理准情,平心定断”。然而,情理与法的融合与罪刑法定有时也存在矛盾和冲突,司法中甚至可能存在超越案件事实,导致量刑畸轻畸重的风险。①

近年来,清代法律的表达与实践得到了学者们的广泛关注,出现了不少利用律例、判牍和档案开展史料考察与实证分析的研究成果,也引发了一些激烈的争论。其中,关于清代司法(包含民事与刑事案件)是否遵循“律法断罪”仍然是一个悬而未决的焦点话题。目前,学术界主要有四种观点。其一,“依法审判”说。代表性观点认为,“与其他任何国家的法官一样,中国的司法官吏也非常注重依法判案,甚至有过之而无不及”。②“大致而言,中国传统的司法者在处理案件时,遇到法有明文规定的事件都依法办理,在没有法或法的规定不很明确的情形,便寻找成案,如有成案,便依照它来处理同类案件。许多地方档案及地方官的司法记录都可证实此点,极少见到弃置可以遵循的规则不用,而任意翻云覆雨的现象。”③其二,“情理审判”说。以滋贺秀三为代表的学者提出,情理是常识性的正义衡平感觉,情理与法的区分在于情理不具有法律的“实定性”。在特定刑案中,司法官吏甚至不惜为“情理”而“屈法”。④ 其三,“情法两尽”说。以徐忠明为代表的学者从平衡情理法的关系出发,认为,“明清时期的司法实践,既非简单的‘法律裁决’,也非纯粹的‘情理裁决’。而是由诸多原因导致了二者之间的紧张和融合,最终以‘情法两尽’为目标和理想。通过辨析法律表达和解读司法案件可以发现,从类型角度来看,明清时期的司法属于‘情法两尽’的裁决模式;就局部而言,司法官员在

---

① 参见汪雄涛:《明清法律生活中的功利平衡》,中南财经政法大学2008年博士学位论文,第103页。

② [美]D. 布迪、[美]C. 莫里斯:《中华帝国的法律》,朱勇译,江苏人民出版社2003年版,第446-447页;黄宗智:《清代的法律、社会与文化:民法的表达与实践》,上海书店出版社2007年版,第90页。

③ 张伟仁:《中国传统的司法和法学》,载《现代法学》2006年第5期。

④ [日]滋贺秀三:《中国法文化的考察——以诉讼的形态为素材》,载《比较法研究》1988年第3期。

审理某些案件时,确实存在严格‘依法裁决’的现象”。[①] 其四,“功利平衡说”,以汪雄涛为代表的学者认为,律例与情理均非司法的根本准据,实现争讼各方功利的大致平衡才是明清诉讼中最根本的准据,“律例在明清审判中的地位更像一张或有或无的皮,而非根本准据。判官所追求的只是‘不与律例十分违背’,这样既不会去天理和人情太远,又足以应付官僚监督机制”。[②] 平衡功利和利益才是使得律例有时被援引或被规避,司法裁断似乎依照律例但实际并非全然的重要原因。

“断罪引律令”条与司法官责任制度、案件逐级审转制度等规定,体现了清代司法官吏依“律法断罪”得到法律层面的高度重视,表明律例在司法中得到了充分尊重,但也对实践运作提出了严峻的挑战。清代“伤”罪立法具体而微,折射到司法实践中极易导致律例适用的匮乏,常常难以找到与具体案件犯罪情节一一对应的法律条文。从笔者所选316宗“伤”罪案看,除被驳案件,无论是直接援引还是比附类推[③],每个案件的判决都实实在在落到了法律条文之中,也就是以律例为根据,未发现完全背弃成文法的现象,这说明“律法断罪”在清代得到了形式上的严格恪守。另外,司法官吏也会在律例(审判准据)的基础上进行与情理的权衡变通,这种酌情裁断本质上是在法律框架及律例指引下进行,通过情理与法的穿梭融合,最大限度地实现准确适用法律、个案公平与情罪相符的目标。徐忠明认为:“就律令渊源而言,它们可能来自情理;从司法实践来看,律令又会回归情理,寻求与情理的平衡,产生彼此互动的效果,从而形成了中国古人也是本书所谓的‘情法两尽’的裁决模式。”[④]“清代中国民事审判与刑事审判都是‘情理+法律’的类型。”[⑤]实践中,“伤”罪案件往往错

① 徐忠明:《明清时期的“依法裁判”:一个伪问题?》,载《法律科学(西北政法大学学报)》2010年第1期。

② 汪雄涛:《明清法律生活中的功利平衡》,中南财经政法大学2008年博士学位论文,“中文摘要”。

③ 法无明文规定时,比附论罪也是广义上的“依法判决”,也有相应法律依据。

④ 徐忠明:《明清时期的“依法裁判”:一个伪问题?》,载《法律科学(西北政法大学学报)》2010年第1期。

⑤ 徐忠明:《案例、故事与明清时期的司法文化》,法律出版社2006年版,第390页。

综复杂，刚性僵硬的法律非常容易导致司法适用上的困境，在具体选择与适用律例时，司法官吏时常会充分考虑情理与法律的融合，因时制宜酌量裁决，但这种司法裁量自由权也可能存在司法官吏规避律例、违法裁判等风险。因此，笔者以为，第一种观点中“依法审判”的“法”未说明司法官吏有意规避本律例而援引他律、依情理加减罪刑等情况，从广义的“法”的角度，比附援引也属于“律法断罪”的范畴，但这种界定是不清晰且形式化的；第二种观点过于武断，且不符合传统乃至当今中国司法审判之国情；第三种观点较为折中，如“具体情况具体分析”般实际；第四种观点中的“功利平衡”作为背后的度量原则，尽管在司法中发挥着一定的衡平作用，但其并不是审断的最终根据。从 316 宗“伤”罪案的司法适用情况来看，律例是主要体现在案件记载中的裁断依据，情理则主要是量刑上的重要考量因素，而功利平衡只是两者背后无形的博弈力量。然而，以上观点有一个共性，即在不同程度上认同情理[①]与法的融合。根据前文研究，众多“伤”罪案的审断过程体现了司法官吏追求证据确凿、案件事实清楚分明的行为取向，在案情不清的情况下，往往会被刑部驳回重审或改判，但可以说基本做到了对事实维度和法律维度的双重考察。因此，笔者较认同第三种观点，即根据个案具体案情，在情理与法律之间找到最佳契合点，然后落实到具体规定之上。“在表达与实践之间确实存在一定的疏离，但这种差别完全可能通过特定的制定法解释和推理方式来调和，以兼顾情理指向和律例规定，而不需要在这个问题上截然两分地说一套、做一套。”[②]有时，司法官吏在判牍中并不详细说明如何对情理法进行平衡，而是笼统概之以“情轻法重”等语，这在一定程度上导致情理法之间的关系研究缺失。统而概之，“律法断罪”与司法裁量权并无本质上的冲突，两者可以通过情理与法律的深度融合实现平衡。

---

① 关于情理的定义，学界观点各有不同，各类判牍史料中并不鲜见。笔者以为情理是一个宽泛、灵活的概念，指代广泛，涵盖清代社会官方与民众所共有的普遍性的事理，具有多样性和复杂性。

② 王志强：《制定法在中国古代司法判决中的适用》，载《法学研究》2006 年第 5 期。

之所以说立法与司法“基本”保持一致，是因为还存在极少数立法规定与司法裁决不一致之处，而这些不一致背后往往是对违背伦理纲常犯罪的严惩。例如，“黑夜不知伊翁图奸将翁咬伤”案中，霍岳氏在黑夜之间被其丈夫的父亲强奸，但因黑夜不识其人，将其翁手指咬伤。按清律“本条别有罪名”条规定，犯罪时不知所伤之人为叔、父等尊长的，若所犯之罪重于本条的，止依凡人犯罪之法惩处；若所犯之罪轻于本条的，则听从本法。地方官吏以霍岳氏实属犯时不知，自应依凡论，故拟照本妇殴伤图奸强奸未成罪人勿论例予以勿论，具题至刑部。然而，刑部驳回并提出，此案伦纪攸关，不便依凡人予以勿论，仍照殴夫之父母本律问拟斩刑。[①] 这是笔者发现的一例司法裁断严重偏离法律的“伤”罪案件，其因维护纲常伦理秩序以及封建统治基础而突破“本条别有罪名”律之规定。这类案件虽然违反了罪刑法定原则，但在诸多“伤”罪案中所占比例极少，仅为个案。这说明所谓的“一致性”并非绝对，清代也同样不可避免地会出现不依法裁断甚至错判的情况。但合而观之，立法与司法“基本一致性”是毋庸置疑的，也就是说，两者并不存在明显的、本质上的背离。

此外，在探讨有关清代“伤”罪立法与司法适用是否一致的问题时，有必要对地方司法官吏、刑部官员与皇帝的审理态度进行考察。在裁断“伤”罪案件时，地方司法官吏、刑部官员与皇帝基本能做到衡情定谳，使得量刑与律例规定基本吻合，同时考虑抽象的犯罪主观恶性与客观的伤害结果等因素，平衡当事人之间的公平和利益，找到“情”“罪”的平衡点，能够相对公正地实现“一准于法”，达到了维护封建统治与社会和谐秩序的立法目的以及社会治理目标。那么，他们依法判决的依据是什么呢？据笔者考察：首先，司法官吏之所以重视依法裁断，除了来自当事人和上级司法衙门的压力[②]以外，还有司法责任制度的约束。清律“官司出入人罪”条等规定，严格处理违法引律断罪的司法官，这在立法上保证案件审

① 参见（清）祝庆祺等编：《刑案汇览三编》（三），北京古籍出版社 2004 年版，第 1985 页。

② 如果地方司法官吏的判决认定事实不清，或定罪量刑没有法律依据，或引照法律不当，很可能受到上级司法衙门的驳回或直接改判，那么该司法官吏可能需要承担一定的法律责任。

判"无枉无纵",因条文细密,兹不赘述。因而地方司法官吏在审理刑案时,基本都会明确引照相关律例。其次,对刑部官员的律学素养这一问题,学术界基本作出了肯定答复,如徐忠明、杜金认为,清代刑部官员具有丰富扎实的法律知识,基本胜任他们肩负的修律和司法使命。[①] 刑部官员在审判案件时不仅重视法律推理与论证,也十分关注情理的作用,具有丰富的刑事司法实践经验。从其详细查探案件事实与检索法律条文、解释律例文意的过程可以看出,若地方官吏所审案件有情罪不符或引断错误等情况,刑部可以驳回地方重审,也可直接改判,再提交皇帝终裁。最后,皇帝出于强化司法集权的需要,对刑事案件有最高裁断权。对于皇帝的司法裁断是否专制的问题,我们可以《刑案汇览三编》所载皇帝圣裁"伤"罪的12宗案件得出基本判断。当法律存在空白或漏洞时,刑部会把"伤"罪案提交给皇帝裁决,其中,减免处罚的共有5宗(恩诏减罪和免罪各1宗,"误伤"案件2宗,另有1宗"情轻法重"之案);从重处罚的共有7宗("殴伤本管官"案件3宗,"旗人滋事伤人"案件2宗,"卑幼共殴尊长"和"窃贼刃伤事主畏惧送还赃物"案各1宗),均属有违纲常或危害封建统治、犯罪情节恶劣之案。但同时,受到彼时"哀矜折狱""无枉无纵"等司法理念以及维持政治统治和裁判权威性正当性等各类因素影响[②],皇帝的裁断并非随心所欲而为之(见表3.1)。正如瞿同祖先生在《清代地方政府》一书中指出,清代包括法律体系在内的政府运作机制是高度规范化和高度程序化的。黄宗智先生也以"实用道德主义"驳斥清代司法擅断的观点,强调司法系统基本不受上层权力的干涉。这也说明皇帝明显违背或完全背弃律例而任意裁断的情况基本不存在,刑部等中央法司的意见得到皇帝肯定的概率很大。

---

① 参见徐忠明、杜金:《读律生涯:清代刑部官员的职业素养》,载《法制与社会发展》2012年第3期。

② 这些因素还包括天道和礼法的制约、民心和官僚机构的抗衡等,都对皇帝有着掣肘作用,是不能忽视的无形的力量。

（二）成因试析

不论清代“伤”罪的司法审判表现出何种特征，我们都不能忽略对其所蕴含的深层原因的挖掘与探究，若忽略，就有可能导致曲解。司法实践中，主要有两种类型的“伤”罪案件：其一，普通或轻微伤害案件，其犯罪事实较清楚，且与法律规定之间的关系比较明晰，一般依法律判决即可；其二，疑难或重大案件，其情节较为复杂，犯罪事实与法律规定之间的关系不够明晰，如司法判牍中常提及的“情轻法重”“情重法轻”类案件，以及“法无明文”等法律难以涵摄犯罪事实的案件，这类疑难案件按照疑狱上奏逐级审转的规定，有特殊的制度安排，是司法审判特别关注的对象。按“断罪引律令”条规定，定罪量刑必须具引相应法律条文。至少从唐朝开始，这就已经成为一个基本规范与要求，否则司法官吏要承担相应的法律责任。但具体实践中，经常有无法可依的情形，这时就必须探求个案的妥善解决与法律的正当论证，以及情理与法律之间关系的衡平。

为实现“庶无枉纵”的终极司法目标，清代制定了一系列制度、程序与证据判断、采信规则，供司法官吏查清并认定案件事实。具言之，在“伤”罪法律适用中表现出的“基本一致性”有其特定的成因，主要包括：第一，为社会和谐稳定秩序所需要，是强化皇帝集权统治与秩序维系的必然结果。在清代，探查案件事实、依法裁断案件并非司法治理之终极目标，出于统治策略的考虑，“通过刑案审理强化皇权对基层的司法控制，以达到社会司法治理之目的才是清代司法治理的终极目标”。① 第二，逐级审转复核制度②的分权与制衡、严格的司法官责任制、“断罪引律令”等多

① 张万军：《清代乾隆朝归化城土默特刑案研究》，商务印书馆2020年版，第186页。

② 针对命盗重案或疑难案件，清代建立了以审转为核心的复杂多元的刑事司法运作体系，分为徒刑以下州县自理定谳的普通案件和徒刑以上逐级审转复核的疑难或重大案件。清代通过这种程序性的制度设计，实现分权制衡与监督地方司法官吏的目的，突出对皇权的强化与官僚权力的控制。所谓逐级审转复核制度，是“徒刑以上（含徒刑）案件在州县初审后，详报上一审级复核，每一级都将不属自己权限的案件，主动上报，层层审转，直至有权作出判决的审级批准后才终审。这样，徒刑至督抚，流刑至刑部，死刑最后直至皇帝”。参见郑秦：《清代司法审判制度研究》，湖南教育出版社1988年版，第153页。

重制度性规定的约束与限制。如果在重大或疑难“伤”罪案中违法拷讯伤人或审断不实、审转不当，将遭受上级的批驳；“在审转制度压力下，地方和中央司法机构其实处于一种既紧张、又协调的关系。透过向刑部主动咨询疑难刑案，地方督抚可以要求刑部官员对特殊个案所带来的法律适用难题，预先做出说明与裁量，这种情形便比较接近地方与中央司法机构的相互协调关系。反之，若是在完成所有州县、府、道乃至按察司、巡抚、总督的全部审转作业流程，送交刑部，才被刑部等中央审判官员以案情有疑或是援引法条失误等理由而驳回原判，这便是所谓的‘部驳’，地方各级司法官员即要因此遭到惩处，‘部驳’正是中央和地方司法机关间紧张关系的典型表现。”[①]清律对错判的惩罚极为严厉，依据情节轻重处以纪律处分，或者是徒、流乃至死刑等刑罚。第三，在家国一体的国家构造与乡土熟人社会的历史背景下，受“慎刑”“罚中”等传统司法理念的间接影响。以上方面，均要求司法官吏在认定事实与适用法律时综合权衡、慎之又慎。

从《刑案汇览三编》所载“伤”罪案中的审理要点可知，行为人伤人过程中的主观意图（要件）直接影响案件的定罪与量刑，也是司法官吏首要查明的核心案件事实。伤害工具等证据、当事人之间身份关系、客观实害等，也是审判时考量的重要因素。综合来看，这反映了清代“伤”罪案司法适用的复杂性，也能看出《大清律例》得到了清代司法官吏的普遍遵守，关于“伤”罪治理的司法实践与立法规定基本趋同，很少有舍现行正条律例，肆行牵引、罪刑擅断的情况。可以说，在权力一体化的帝国时期，清代关于“伤”罪的律例条文与司法互补，在实践适用中基本得到了实施，其所体现的司法理念、制度和经验发挥了积极的社会治理效用。

二、严鞫确情，罚当其罪

在“伤”罪案审理中，清代司法严查罪证，按律裁断，除伤害尊长、官

---

① 邱澎生：《是敌是友？明清司法审判中的讼师与幕友》。转引自徐忠明：《论中国古代刑事审判传统》，载《法制与社会发展》2004 年第 1 期。

吏、贵族等特殊身份关系主体外，一般轻伤轻罚、重伤重罚，以罪责刑相适应为基本原则，实现犯罪行为与罪责和刑罚之间的平衡。

（一）施行报偿，“伤人者刑”

清代社会有限的资源与不公平的权力分配是“伤”罪案等暴力冲突与对抗的根本原因。中国古代社会相对封闭且利益趋同化，不断增长的人口与有限资源的争夺往往导致激烈的社会矛盾和冲突对抗。探究肇衅之由，“伤”罪的起因常常微不足道，不外乎田土户婚细故，比如，因债务纠纷、生活口角摩擦等造成的罅隙，然而背后所潜藏的却是不同利益、资源的抢夺。当未达成自身利益诉求，使人产生受挫、愤恨等情绪并凝聚到一定程度时，就会导致不同利益群体之间的对抗冲突甚至暴力伤害犯罪。身体或财产遭受损害，应有人补偿，因此，自古以来，我国便有“杀人者死，伤人者刑”的“报偿”观念。例如，汉初“杀人者死、伤人及盗抵罪”的“法三章”，也可以说是古代至关重要的法律“自然正义”原则和“赏善罚恶”的对等性价值取向和固有意涵。有人死亡、受伤，就需要“抵”罪或者处以某种意义上的还报，使得所失与所得保持零和交互的状态，这也是彼时社会民众高度达成的共识，否则可能造成“冤抑”而得不到平息。

“报偿”意味着对不同伤害后果处以不同程度的处罚，还意味着通过利弊权衡维持伤害犯罪与刑罚之间的平衡，是一种追求公平与正义、社会和谐秩序的期望。但“报偿”并非简单的以暴制暴，而是通过认真考虑犯罪带来的损害与刑罚，度量各方利益之后，对照犯罪情节与有关律例，做到伤害后果与刑罚即情罪的正负大致相当。简单来讲，不同的侵害对象和损害后果，其所承载的利益损失不同，用以折罪的刑罚/财产自然有所差异，特别是案情复杂多变的伤人罪。这类似于当今的比例原则。例如，“斗殴”条较为直观地反映了伤害后果与刑罚之间的关系：刀刃等犯罪方式会在一定程度上加重刑罚，但伤害结果才是司法官吏量刑的主要依据。该条根据皮肤、五官、毛发、手足和肢体等不同身体部位的伤害情况进行归类，建立伤害等级，以此为基础确定从笞刑到死刑的刑罚基准。尽管该条设定的刑罚可能与损害后果不完全等值，无法实现精准的等价报偿，但从律文中可以看出，清律已在尽力追求损害与利益之间的大致平衡，按伤害犯罪的社会危险性和伤情轻重实行罪刑相当的报复主义。

（二）审鞫精详，“刑罚得中”

立法之精义贵在贯彻执行，而厘清案件事实是司法裁判的前提。审慎的司法官吏在审判时会剖析毫厘、严鞫确情，分别情真、矜疑，核实每个案件细节，重视案件的“初情”，权量轻重，作出罪刑适中、罚当其罪的判决。前文的研究显示，清代司法官吏侦破和审理“伤”罪案件时，十分注重收集和运用证据查清案件事实，通过确凿的证据来做到依法推鞫定谳；常援引多个例文或者律文之规定，并一一分析与本案情事相同或相异之处，条分缕析犯罪情节，区别定性，务求平允，力争做到情罪相当、庶无枉纵，防止法律适用的偏差。司法官吏通过价值理性实现对“刑罚得中”的追求，着重罪与刑之间的适当比例关系，体现了清人严谨、审慎的司法理念和法律素养。

《尚书·周书·立政》载：“兹式有慎，以列用中罚。”[①]“情罪相符”或“情法两尽”是我国自古以来一以贯之坚持的刑罚理念和目标，清代亦不例外。为肃刑典而正人心，预防犯罪、维护和谐社会秩序，清代非常重视“无枉无纵”，既不冤枉无辜之人，也不放纵有罪之人，在司法中则表现为“情罪允协”“罪刑适中”，类似于现代的罪刑相适应原则。康熙二十五年，要求司法官吏“以刻为明，古人所戒也，近见引律繁……出入轻重之间，率多未协于中，何以使民气无宽，而谳法允当欤”。[②] 为防止司法官吏枉纵决狱，立法详细规定了违法裁断的处罚，从制度上为“无枉无纵”提供保证。实践中，皇帝、刑部和地方司法官吏会查清犯罪工具、伤害后果、当事人身份关系等因素，进而还原案件事实，适用与该案犯罪情节对应的

---

① 王世舜、王翠叶译注：《尚书》，中华书局2012年版，第301页。

② 《清实录》卷五一。

律例。若律例无正条时,可比附类推或援引成案、通行,如情节恶劣,多言“法所难宥”“情无可原”“淫凶阴恶”“情状凶恶”“怙恶不悛”等语;若有特殊情节,多言“情有可原”“情可矜悯”等语。若司法官吏认为如此惩处还不足以与案情的严重性相适应,则会选择涵摄性更强的概括性禁律进行罪刑加减来实现罪与罚的适衡,力求做到“众证明确,即同狱成”。例如,前述“盗首伤人捕获另案伙盗投首拟徒”案内,司法官吏先后查律文载:“强窃盗若能捕获同伴解官者,免罪,依常人一体给赏”,例载“强盗为首伤人、伤轻平复,自行投首者拟斩监候”“强盗除杀死人命、罪犯深重不准自首外,其余虽曾伤人、随即平复者,亦姑准自首。照‘凶徒执持凶器伤人’例,问边远充军。”①同时核查事实与证据,在“恤刑”“慎刑”的同时,避免过于轻纵或滥用刑罚,力争做到衡情酌断、情罪允协,宽严相济、刑罚适中。

道光六年,“谋杀误毙旁人一命误伤八人”案内,因罪犯杨九思的犯罪动机以及下毒罪证不充分,犯罪情节不够详晰,案情未审确,刑部“未便含混率覆”,驳令地方官吏“虚衷推鞫,务得确情妥拟具题”。该案中,刑部认为,地方官吏未查明犯罪动机等案件基本事实,且忽略证据细节问题致使证据链条不完整,因而提出质疑,并通过对案件事实与罪证的分析判断,试图构建罪证与待证事实相互印证的证据链条,但因案情尚有不实不尽之处,故而驳饬,要求地方官吏详细推鞫,逐一查清案件事实再具体上报。② 诸如此类案件在《刑案汇览三编》中数不胜数。这在一定程度上说明清代通过“有疑必质”的司法审判方式,以对下级刑事司法过程之控制。虽然也存在部分司法官未严格依法办案的情况,但在悠悠历史长河中,任何国家、任何朝代都无法避免。我们只能从整体去把握清代司法审判,并给予总体评价,忽略个别的例外。

---

① (清)全士潮等纂辑:《驳案汇编》,何勤华等点校,法律出版社 2009 年版,第 29 - 30 页。

② 参见(清)祝庆祺等编:《刑案汇览三编》(二),北京古籍出版社 2004 年版,第 798 页。

（三）证据定谳，“案证明确”

从重鬼神到重人事，随着神明裁判的逐渐消亡，证据制度登上了司法审判的舞台。可以说，重视证据的收集及其证明作用的发挥是自秦汉以来中国司法审判和诉讼的重要特征。对“伤”罪而言，验明伤痕从而比对凶器是认定案件事实（如伤系何处、为何所伤等）以及定罪量刑不可或缺的举措。《福惠全书》就作案所用凶器的收集、研核与保全做了详细记载：“如凶器已获，即问凶犯是否所执伤之器。如未获，即问凶犯提取。立限原差取到，仍问明凶犯是否此器。若系金刃所伤，凶杖或有血痕，亦未可定也，须试看，然关系不在此。凶器验明，便摘取凶犯认凶器认状，亲笔画押，免其日后展辩。”①可见，清代就命盗案件施行严格的证据标准，有其独特的“据证定罪之法”，该标准直接影响着案件的定罪量刑。

实践中，为作出罪责刑相适应的裁判，司法官吏需要解决两个实质性的问题：一是查清案件事实（事实认定），做到众证明白确凿不疑，一旦案件待证事实存在疑虑，极有可能遭到刑部的驳饬；二是法律条款（律例）的适用，特别是在“律无专文”时的法律适用。诉讼必须以事实为根据，而证据对于证明待证事实至关重要，是定罪与量刑的依据。因此，不论案情简单还是复杂，司法裁断都离不开对证据的收集与运用，必须做到证据确实、充分，通过证据的运用实现“庶无枉纵”的理想目标。清代的证据种类主要是实物证据和言词证据（含被告人供述、证人证言）。传统中国尽管未形成如现代般缜密的证据规则体系，但实践中不乏证据认定规则来探究案件事实和真相。在“伤”罪案中，凶器是最重要的实物证据，是认定犯罪事实与定罪量刑的一个关键因素。在对凶器的同一性比对上，因缺乏现代科学技术，验伤和证据收集存在一定的时代局限性。

清代“伤”罪立法与司法的关注焦点是一致的，均重视行为人的主观恶性。通常情况下，司法官吏会通过行为人的言词、客观行为、犯罪前期

---

① （清）黄六鸿：《福惠全书》卷十四，《刑名部四·人命上·印官亲验》，第59页。

的表现和犯罪后的态度、与被害人平日的关系、伤情鉴定结果和文书证据、行为人犯罪时所受刺激等多重因素，综合证成行为人在主观有责性和性质认定上的不同差异，特别是当审理中发现相应罪名较相似难以选择时，司法官吏更强调“本其心，审其情，精其事，近取诸身，远取诸物，然后乃可以正刑”；“动作、声音、神色、目光、气息也同样可以作为窥探行为者内心想法的标准，从而达到判断其主观动机的效果。”[①]同时，还追求“案证明确”的判断标准，如“竹铳伤人情重之案不准留养”案，因案关一死四伤，核案揆情，故不准减等、留养。[②] 可见，证据发挥着至关重要的作用。

在316宗“伤”罪案件中，被驳回的有34宗，驳回的原因主要有：

(1)断罪错误或律例适用错误，题驳详核例案，另行具题(有21宗案件)。

(2)受害人伤情程度(是否成残废笃疾)、当事人之间是否实有争斗、拒捕伤事主还是非事主、赃物数量估计、官员是否不守官箴等证据不足，案件事实不清、含混，驳令研讯确情(有11宗案件)。

(3)加减刑罚无法定依据，驳令更正(有1宗案件)。

(4)人犯已服刑，无事由可加罚(有1宗案件)。如在“回民马勒儿卜等共殴马瞎克身死”案中，人犯因已实发烟瘴，毋庸再刺烟瘴改发，亦无事由可刺，故刑部驳回地方官吏刺字的初判。

除法律适用错误之外，因证据问题导致事实不清、未形成完整证据锁链是“审转”程序过程中“伤”罪案被驳回的一个重要原因。例如，在“吴二刀砍王振业腰骨断折平复”案中，因地方官吏未验清受害者王振业的伤情结果究竟是废疾还是笃疾，被驳令查清事实后再报。因司法判牍往往缺乏对完整的诉讼程序的记载，故难以看到其间必不可少的证据收集等流程环节。

---

① 石泉:《清代司法实践对“戏杀”“斗杀”罪名的差异性认同及适用——以〈张船山判牍〉中“曹家庆”案为例进行分析》，载《济宁学院学报》2021年第6期。

② 参见(清)祝庆祺等编:《刑案汇览三编》(一)，北京古籍出版社2004年版，第75页。

清代司法官吏高度重视证据定谳，追求“情真罪确”，通过辨明案件的事实真相作出公正裁判。清代采取了横向与纵向双重维度来督促司法官吏作出合情合理合法的判决，在横向维度上有两造当事人的施压，纵向维度上有“审转”程序与上级的监督、“断罪俱引律文”规定与司法官责任、错案追究机制等限制，使得司法官吏不得不对案件事实进行审慎核查、对证据进行细致分析①，以实现“律法断罪”与社会有效治理的目标。

三、固守纲常，同罪异罚

为维护政治统治的纲常名教与“亲亲、尊尊”等社会秩序，清代弘扬儒家纲常之义，其立法受伦理观念影响极大，纲常伦理是司法审判的重要量刑标准。在礼教框架之下，清代法律具有“差序”的等级结构，体现为纵向的身份伦理；不同的社会身份，导致尊卑贵贱、罪与非罪、罚与不罚的分野。伦理纲常与法律的融合，使得犯罪人与受害人因社会身份地位而“同命不同价”，同罪异罚被自然地赋予了身份上的正当性。“礼”与“法”的融合，常常超越了“法”。“中国的国家权力，自古就从维护国家秩序的立场，特别重视与自己有深刻利害关系的法益的侵害（对君主、父母的反逆），对着手前的行为也要科以最重的刑罚。”②清代社会涉及的上下尊卑等级身份关系大致可分为亲属、官民、奴婢和家主、师徒、满汉等家族和阶级关系。为防蔑伦伤化，清代多以侵害皇权、危害社稷和违犯伦常为惩治重心，视尊卑伦纪定轻重之刑。与伦纪、尊卑攸关者，往往不能得到宽宥，以彰重伦纪而惩干犯。例如，因殴（殴击）祖父母、父母之行为绝弃伦理，清律将其列入“十恶”之“恶逆”，并将殴夫及大功以上尊长、小功尊属纳入“不睦”之条，严惩反伦乱德之行为，虽会赦但并不原宥。为此，清代司法高度重视当事人之间的身份关系，审断前必须首先明确身份关系，也表

---

① 如《牧令须知》卷六“论叙供”载：“情节要明。情者，两造起衅之由。节者，此事前后之序。此事因何而起，中间如何转折，后来如何而止，当日意欲何为，人之情也。彼此交会景象，事之形也。以一事之情节，参各人之情形，从头至尾，挨顺而来。毫无颠倒，亦无遗漏繁冗。此即起承转合也。”

② 仁井田昇:『中國法制史研究』,（東京大學出版會,1980 年）,616 頁。

现出法律对封建社会基本伦理秩序的维护。

（一）良贱相犯，良轻贱重

按清律，良人与奴婢相殴，处罚时良轻贱重，体现了贱民在法律上地位的不平等性。汉代规定，奴婢射伤良人的，皆弃市；唐代和宋代规定，官户、部曲与部曲妻殴良人的，加凡人一等惩处，奴婢又加一等（加凡人两等）。沿袭前代的处罚原则，清律专门规定了“良贱相殴”条，凡是奴婢殴打良人，成伤或至折伤的，加凡人一等治罪；至笃疾的，绞监候；致死的，斩监候。但若是良人殴打奴婢，不管是否成伤、折伤、笃疾，均减凡人一等治罪；若是良人殴打缌麻亲、小功亲的奴婢至折伤以上，减伤凡人奴婢罪二等科处；殴打大功亲的奴婢的，减三等科处，充分遵循了良贱相犯良轻贱重的刑罚原则。①

（二）亲属相犯，尊轻卑重

清代“伤”罪立法与司法仍以强化皇权和父权为核心，为加强对父权家长制的维护，其刑罚之残酷超越了封建鼎盛时期之唐律。我国古代社会以家族为基本组成单位和生活、伦理共同体，基于孝道形成一种纵向身份关系结构。“百行以孝为先”，“移孝可以作忠”。家长在家族中拥有最高权力，皇帝则是整个国家最大的家长。这种上下有别的家族社会秩序和纲常伦纪，加之“礼”与“法”的调整，进一步确立了社会成员各自的地位和身份关系，确立了尊长的权力和权威。在清代，“准五服以制罪”是家族内亲属相犯重要的科刑原则与身份地位的认定标准，刑罚轻重取决于亲属之间关系的远近。清律“五服图”为司法官吏实行尊卑同罪异罚提供了依据，通过区分服制来巩固父权家长制，强化封建皇权专制统治。

---

① 《大清律例》“良贱相殴”条规定：凡奴婢殴良人［或殴、或伤、或折伤］者，加凡人一等；至笃疾者，绞［监候］；死者，斩［监候］。其良人殴伤他人奴婢［或殴、或伤、或折伤笃疾］者，减凡人一等；若死及故杀者，绞［监候］。若奴婢自相殴伤杀者，各依凡斗伤杀法。相侵财物者［如盗窃、强夺、诈欺、诓骗、恐吓、求索之类］，不用此［加减］律。［仍以各条凡殴伤杀法坐之。］田涛、郑秦点校：《大清律例》，法律出版社 1999 年版，第 454－455 页。

梅因曾在《古代法》中提道:"(古代法律)标示着原始时代的社会,并不像现在所设想的,是个人的集合;事实上,它是家族的集合体。"①"刑律之所以补助礼教无穷,礼为刑之本,而服制尤为礼之纲目,未有服制不明而用刑能允当者。"②

"孝"的观念不但作用于父子之间,还被拓展到家族内所有的尊亲属,包括叔伯、兄长、夫妻等。其一,子女伤害父母,不论伤害结果或故意过失等情节,均处死刑。这与窃盗等财产犯罪的处罚相反。其二,因名分攸关,《大清律例》关于夫妻相犯的规定充分体现了夫尊妻卑、夫为妻纲的原则。妻妾殴夫,但殴即坐杖一百,不管妻妾是否被丈夫逼迫或听从伤害其夫,妻妾之罪不准援免。"社会上殴妻事件之多,且极其普遍,与其说是法律纵容的结果,不如说是伦理和舆论在这方面的影响极大。"③其三,长辈与晚辈之间,卑幼犯上则重,尊长犯下则轻。直系尊亲属有对子孙教养扑责的权利,原不构成伤害罪,若因子孙不孝或违犯教令而将子孙杀死者,法律处分也极轻,甚至无罪,过失杀死不论。子孙侵犯尊长为社会和法律所不容,处罚极重(加重主义原则)。例如,湖广司"建始县民文科等行窃拒捕、戳伤事主文宗汤"案④,充分展现了凡人与亲属相犯的律例区别以及和服制、犯罪情节的融合。

一旦发生伤害父祖的逆伦罪行,律法严惩不贷,即使患有疯疾之人亦不例外。殴祖父母、父母,清律并不论缘由,即使无心干犯致伤父母也一律处斩。⑤ 若因误或过失伤害父祖,才可考量其是否有心干犯而稍为轻

---

① G. Jamieson, *Translations from the Lü - Li, or General Code of Laws of the Chinese Empire*, The China Review (1879 - 1880):193.

② (清)吉同钧纂辑,闫晓君整理:《大清律例讲义》,知识产权出版社2018年版,"代序"第7页。

③ 瞿同祖:《中国法律与中国社会》,中华书局2003年版,第126页。

④ 参见(清)全士潮等纂辑:《驳案汇编》,何勤华等点校,法律出版社2009年版,第152页。同时期的《日本律》规定,殴伤父母仅仅在平人罪上加二等,即便殴至笃疾也只可以无期徒刑,殴死父母才处绞罪。相比之下,清律但殴即处斩,无伤亦同,处刑极重。

⑤ 唐宋律规定,殴者斩,未分别有伤无伤;《大清律例》"殴祖父母父母"有条例云:"凡子孙殴祖父母父母,审无别情,无论伤之轻重,即行奏请斩决。"

减量刑，但一般难逃死罪。乾隆四十八年，刑部审奏“张朝元殴伤伊母张徐氏”案钦奉上谕定例：“凡子孙殴祖父母、父母案件，审无别情，无论伤之轻重，即行奏请斩决。如其祖父母、父母因伤身死，将该犯剉尸示众。”①道光五年引樊奎案续纂例条：“其误伤祖父母父母律应斩者，应照本律定拟，援引樊奎案内钦奉谕旨，恭候钦定。”②若子孙过失伤害父母（凡人可收赎），不得赎。“殴祖父母父母”条（乾隆二十八年例，道光二十五年修改）曾剖析立法的精神与旨意：“过失虽出无心，而子孙……于祖父母、父母当敬慎不应至于过失，故凡人收赎，而子坐徒流，即臣子于君父不得称误之义也。”③因此，对于过失杀伤祖父母、父母，无论何种情况，均依律拟罪，不能减轻，除非有声明可矜情节，请旨核减，但只能由绞决改为绞候。

尊卑相犯通常情况下依照凡人“伤”罪加减等处罚，例如，妻妾殴夫至折伤以上的，各验其伤之轻重，加凡斗伤三等。嘉庆九年，经“刃伤期功尊长并余限外身死”案通行纂例：

> 嗣后卑幼殴伤期功尊长尊属，正余限内身死者照旧办理外，其在余限外身死之案，如刃伤期亲尊长尊属，并以手足他物殴至折肢瞎目，及殴大功小功尊长尊属至笃疾者，仍依伤罪本律问拟绞决，讯非有心干犯，或系误伤及情有可悯者，俱拟绞监候，若系折伤并手足他物殴伤本罪止应徒流者，既在正余限之外因伤毙命，均应拟绞监候，秋审时统归于服制册内拟入情实办理。④

另外，也有超越服制治罪规定的例外情形，如“弓箭伤人”律规定：“若所伤系亲属，依名例律，本应重罪，而犯时不知者，依凡人论。”

---

① 胡星桥、邓又天主编：《读例存疑点注》，中国人民公安大学出版社 1994 年版，第 662 页。

② 胡星桥、邓又天主编：《读例存疑点注》，中国人民公安大学出版社 1994 年版，第 662 页。

③ 《大清律例》“戏杀误杀过失杀伤人”，嘉庆十六年续纂，十一年复奉颁修，道光二十五年修改例。

④ 参见（清）祝庆祺等编：《刑案汇览三编》（二），北京古籍出版社 2004 年版，第 1495－1497 页。

若尊长故伤卑幼（如故折肢体等），或情实凶残、恃尊欺卑，司法官吏也会结合情理，对情殊凶狠的尊长予以惩处。例如嘉庆二十年，刘连佐因其侄儿刘涌霞与其顶撞，起意并喝令家人，将刘涌霞的双眼揉瞎成废，司法官吏认为刘连佐犯罪情节凶残，所以未按照“伯叔殴侄笃疾至折伤以下律”论处，而照“不应重律”论处。

（三）满汉相犯，同罪异罚

清代为少数民族满人所统治，别满汉之异，实行同罪异罚。旗人在刑事上有折枷鞭责等优待。但是，若旗人累犯或者于行宫等特殊地方伤人[①]，也会被严惩。

1. 系旗人折枷鞭责

折枷即以枷号代刑罚，是将旗人别于民人之意。旗人犯罪，应受笞刑、杖刑、徒刑、流刑时，可折以鞭笞、枷号，免于发配、劳役、坐监。例如，流三千里可折算成枷号六十天。满人之间相犯，可照例折枷鞭责发落。

“旗人撒罕太等持棍殴伤民人侯二”案中，撒罕太起意纠约关十八等多人，想将看守禾田的侯二打走，关十八用棍打伤侯二左小腿骨折，撒罕太棍伤侯二左头颅，多隆阿拳伤侯二右眼珠坠出，侯二伤成笃疾。经驳改拟，将撒罕太依“罪人拒捕殴所捕人至折伤以上，绞”例拟绞监候，秋后处决。同行殴人成笃疾之关十八、多隆阿等均照“为从”例减一等，各杖一百、流三千里。因均系旗人，照例折枷鞭责发落。孙老屋、诸隆阿枷号一个月，满日各杖八十，分别旗民发落。[②]

---

① 嘉庆二十二年河南司司辔塔那保向庆福索讨赌欠争闹，塔那保顺用虎枪扎伤庆福。事发在热河，距行宫二里。虎枪与凶器无异，该司将塔那保革去司辔，依凶器伤人例，拟军，因争讨赌欠，于行宫地方逞凶，应遵旨加等，发边远充军。该犯系旗人实发驻防当差，故奉旨将塔那保着再加枷号两个月，发往乌鲁木齐。参见（清）祝庆祺等编：《刑案汇览三编》（二），北京古籍出版社 2004 年版，第 1377 页。

② 参见（清）全士潮等纂辑：《驳案汇编》，何勤华等点校，法律出版社 2009 年版，第 569－570 页。

2. 加重处罚情形

清朝中后期,为维护整个王朝的利益与和谐统治秩序,对旗人犯罪的处罚逐步加重,满汉族人、官员的法律地位差距也逐步缩小。《刑案汇览三编》中曾分析缘由:宗室旗人官贵势豪,虽非平人可比,当其以权欺人、怙恶不悛时,从严论处,不以寻常斗殴科断。

道光六年,律例馆谨查山东等司审办提督咨送张泳翔呈控宗室吉庆借钱不还,率子仆将其殴伤。吉庆欺压平人,两次欠殴。第一次殴打,山东司将吉庆照棍徒量减拟徒;第二次殴打,派审司员只将吉庆拟不应重杖,有意改徒刑为杖刑。刑部认为,宗室旗人官贵势豪,非平人可比,更需从严,不得以寻常斗殴一例科断。故令派审及山东司各员回避,咨吏部核查,定后再具稿尾交司办理。①

类似还有:嘉庆十八年湖广司“吉馨与觉罗海勇西拉布互相斗殴”案。海勇西拉布为觉罗,一日轻入酒肆,与吉馨发生争斗,司法官以未便仅拟轻笞,将海勇西拉布照违制律杖一百,吉馨仍依凡人斗殴律拟笞②;嘉庆十九年江苏司“步甲怙恶凶殴本官永远枷号”案内,奉旨将步甲凌桂着永远枷号常川游示九门儆众,并嗣后步甲内有怙恶不悛、逞凶殴本管官者,即照此例办理③;道光十七年福建司“驻防旗人屡次滋事销档充徒”案④,道光四年浙江司“门千擅杀伤贿纵米石之门领”案⑤等。

另外,“伤”罪法律适用还体现了清代的民族性特点。清代设立了专门适用于回民、苗民等少数民族的严刑峻法,实行特别之法,除封建五刑外,还有枭首、戮尸、凌迟等肉刑,与民人大多不同。因回民杂居于内地,汉回民族之间的矛盾冲突最多。按清律规定,回民与民人共犯,不能概照回民论罪,应各科各律,对回民的惩治更重。例如,回民伙窃拒伤事主应

① 参见(清)祝庆祺等编:《刑案汇览三编》(一),北京古籍出版社2004年版,第7-9页。
② 参见(清)祝庆祺等编:《刑案汇览三编》(二),北京古籍出版社2004年版,第1380页。
③ 参见(清)祝庆祺等编:《刑案汇览三编》(二),北京古籍出版社2004年版,第1383-1384页。
④ 参见(清)祝庆祺等编:《刑案汇览三编》(四),北京古籍出版社2004年版,第12页。
⑤ 参见(清)祝庆祺等编:《刑案汇览三编》(四),北京古籍出版社2004年版,第465页。

行加等[①];回民结伙三人以上持械行窃未得财,拒捕刃伤事主拟绞;但经拒捕,无论曾否伤人,复有逞凶拒捕伤人重情,照例拟以军徒,不得轻议减;回民结伙行窃案内有一人带有器械,俱应照例拟军;回民结伙三人以上执持凶器殴人之案,共殴之犯拟军;回民伙窃均系徒手方准拟徒[②];回民结伙三人以上,虽无凶器,但伤人者充军等。

四、以法为教,情理法融合

受儒家和法家两种思想的影响,清代奉行以礼为主导、以“和合”文化为底蕴的集权式治理模式,以强化社会控制与封建统治;出现了康乾盛世,其治理效果为后人所称道。具体到“伤”罪治理,表现为礼义教化为先与情理法融合。

(一)礼义教化为先

“礼以‘亲亲’‘尊尊’为核心,规范尊卑贵贱等级秩序,成为规范人们行为不可逾越的界限。”[③]清代弘扬宽容的儒家敦睦教化精神,统治者重视教育感化、规训的“德治”理念,设置“讲读律例”等条款,发布“圣谕六条”、《圣谕广训》等行为规定,不仅要求地方官吏通晓法律,还要求其加强对诉讼两造以及民众的训诲、感化教化和警示,劝谕百姓重义轻利,在判案中不仅要正伦理、昭法纪,还要通过宣扬儒家伦理道德使民众知法不

---

① 参见(清)祝庆祺等编:《刑案汇览三编》(一),北京古籍出版社2004年版,第579－580页。

② 此为道光六年通行:陕抚咨:拿获逃军回民马五六儿,听从回民丁熟夫儿等首伙四人,用木杆一根拴成云梯,交伙犯携带,余俱徒手行窃衣物一案。民间所用器具甚多,例内不能该载。该回民犷悍性成,结党成群,携械剽窃,与寻常宵小不同,故凡非徒手行窃,即照例拟军。至器械二字,所包者广,例内势不能一一指出。马五六儿除近边军犯脱逃,调发边远充军轻罪不议外,应改依回民行窃,结伙三人以上,但有一人执持器械例,改发云贵两广极边烟瘴充军,照例刺字,并通行各省,嗣后凡回民结伙行窃之案,如内有一人带有器械,无论其是否贼具,俱应照例拟军,必俱系徒手方得拟徒。参见(清)祝庆祺等编:《刑案汇览三编》(一),北京古籍出版社2004年版,第576－577页。

③ 郭成伟主编:《社会控制:以礼为主导的综合治理》,中国政法大学出版社2008年版,第18页。

犯法,使民俗更为敦厚,彰明德教,达到"刑措而不施,法立而不犯"的目的。同时,在必要时给予一定的宽宥,广法外之仁,体现立法者的"恤刑"思想,将皇权与礼法观念灌输给所有人。例如,康熙十二年曾宣谕三法司:"以德化民,以刑弼教"才能实现"刑期于无形"的效果,康熙帝认为,刑事处罚应与礼义教化并行,相互为用。[1] 又如乾隆时期上谕:

> 各省命案,大率斗殴居多,甚至有挟持凶器、互相杀伤者。小民愚昧无知,不忍一朝之忿,遂致罹于重辟。后虽追悔,亦已无及,深可悯恻。夫贪生恶死,人之常情。即在愚民,亦断无不爱惜身命之理,总因平日不知法律。而地方有司又不能时时化导,动其从善去恶之天良,申以触法抵令之宪典。无怪乎编氓之日蹈法网而不能止也。嗣后直省督抚,督率有司,必多方宣谕,实力劝勉,务使闾阎咸知法纪,顾惜身家,以远于罪戾,则教化行而刑罚可省矣。[2]

从清朝统治二百六十余年来看,其官方正面的儒家教化、规训手段与负面的刑事法律打击并重的策略在对社会进行法律治理过程中发挥了重要作用。例如,乾隆三十八年山东司"盗首伤人捕获另案伙盗投首拟徒"案,其基本案情如下:

乐陵县民丁直安伙同丁月、张仁光等人行窃郑中兴烟铺,临时行强,在被更夫苏如杰追捕过程中,用木杆打伤苏如杰后逃逸。其后悔恨为匪,捕获了另案强盗已得财之盗首张公培,自行送官自首。[3]

该案中,地方官吏查律载,"强窃盗若能捕获同伴解官者,免罪,依常人一体给赏"。查例载,"强盗为首伤人、伤轻平复,自行投首者拟斩监候"。"强盗除杀死人命、罪犯深重不准自首外,其余虽曾伤人、随即平复者,亦姑准自首。照'凶徒执持凶器伤人'例,问边远充军。"因丁直安悔

---

① 《大清圣祖仁皇帝实录》卷四一、卷九四。

② 《清实录》第十三册,《高宗实录》卷三四二。

③ 参见(清)全士潮等纂辑:《驳案汇编》,何勤华等点校,法律出版社2009年版,第29页。

悟自新,同时为激励匪犯同归善良,律例虽无明文规定,但查其与“捕获同伴”“捕获另案强盗”情事相同,拟比照“情有可原”盗犯发遣黑龙江为奴。然刑部认为,若比照“情有可原”盗犯发遣黑龙江为奴,是较伤人自首并未捕获他盗拟军者转为加重,于例义尚未允协,故“改照‘伤人自首拟军’例酌减一等,杖一百、徒三年,则既不泯其捕获他盗之功,而仍惩其伤人之罪,似于情法较为平允”。皇帝最终采纳了刑部的建议。

从该案反映的信息看,司法官吏承审案件分析适用律例时,不仅会详细分析、慎重选择与案情相关的律例,而且秉承宽容教化的刑事司法理念,将礼法教化贯穿办案始终,慎伦常、维名义,在遵循贵贱有等、长幼有序、贫富尊卑各得其所这一礼法秩序基础上,论证所处刑罚是否与情法、例义允协,是否有利于教化、激励罪犯改过自新,清晰地印证了清代“伤”罪治理展现的“礼义教化为先”追求、“无讼”“息讼”目标以及“狱讼乃民命所系”的慎刑思想的特点。

(二)情理法兼顾

现有关于情理法的内涵与外延的论述较多,存在不少争议,但基本都认同:法律与情理往往错综复杂地交织一起,情(人情)是法律的社会基础,理(天理)是法律的根源,法是天理与人情的具体化与实定化,此三者彼此关联,但各有所指。情理相对法律而言,比较模糊,具有较强的弹性,但也具有一定的确定性与丰富涵摄性,诸如“伤人抵罪”等表述即是。学界也基本认可,法律与情理及其之间的关系是影响清代司法裁判的根本因素。[①] 不同案情所考量的情理与法律不同,故不能笼统概之。清代的刑事案件审判比较严格,按律规定必须依法审判,否则要受到司法责任的制约,但在具体实践中也常常参酌情理,如刑部在审理疑难重大案件时,会综合参酌情、理、法,对不当的律例进行修正,作出新的释义,从而使其

① 类似观点参见徐忠明:《明清时期的“依法裁判”:一个伪问题?》,载《法律科学》2010 年第 1 期。

能够适用本案及类似案件，作出合情、合理、合法的判决。在遵循“天道秩序”和“情感本体”的帝制时期，当现有律例无法裁断待审案件之时，情理在一定程度上可以填补律例与现实的脱节，虽然情理缺乏规范化与实定性（明确具体化），但其具有一定的灵活性和弹性，可以回应彼时社会变迁与司法实践的需要。因而，情理不仅在民事案件中得到广泛适用，在刑事案件中有时也会被用作量刑基准，以实现“上稽天理，下揆人情”①的治理宗旨，避免出现冤假错案导致天怒人怨。通过罪与罚、惩罚必要性与低成本的精确“计算”，衡平律例与情理之轻重，保障司法的公信力。因此，清代司法官吏裁判的依据并非单独的法律或者情理，而是法律与情理之间的衡平；情、理、法三者在审理实践中并不对立，而是相辅相成，互相参证。要准确理解、平衡情理与法的关系，还须将其置于具体案件的情节和构成，以及司法官吏自身的审理态度之中。那么，清代在审断“伤”罪案件时如何平衡情理与法律呢？其本身的理据又是什么呢？

在《刑案汇览三编》中，常能见到刑部或皇帝对地方承审官员的拟断驳议中提及“情轻法重”“情浮于法”“揆之情法”“情法得平”“情罪允协”之类用语，此处的“情”有的指案情，有的指情理，真实体现了司法官吏在处理复杂案件时的治理理念和价值取向。当犯罪行为“情有可原”②时，司法官吏极有可能突破法律条款限制，体现宽免体恤之情，一定程度上缓解法律适用的僵硬性。例如，道光二十八年“功叔私娶嗣母为妻不服拘拿挖眼成笃”案，承审官员以李青风情有可原，按律论情，与捉奸殴伤尊长之犯一并勿论。笔者以为，清代有关“伤”罪案的审判兼顾情理法，“法”为审判依据，清代统治者虽然重视“国法”，但更多还是将其当作经世致用的治理工具；“情理”是清代司法官吏审断“伤”罪案件时考虑的一个重要

① 田涛、郑秦点校：《大清律例》，法律出版社1999年版，第4页。

② （清）全士潮等纂辑的《驳案汇编》卷二“名例中”，“盗首伤人捕获另案伙盗投首拟徒”案，整个判案过程，力求实现情法公允，多次出现了如“于情法较为平允”“酌核情罪办理”“情有可原”“情可矜原”“激励匪犯同归善良”等语。《驳案汇编》卷七“刑律·贼盗上”“抢夺伤人之例照强盗得财”案，强调将法所难宥及情有可原者分析于疏内声明，大学士会同三法司详议。将法所难宥者正法，情有可原者发遣，以明白示谕。

因素，为了让当事人真正地“心服口服”，司法官吏在裁断时必须思考：罪犯所犯何罪？是否有特殊情节值得宽宥或严惩？能否实现情罪允协、情法两尽？如道光八年，广东司阜成门门军长安用拳殴伤其本管四品长官张仙保，并捏词抵制。按律，长安应依军士殴伤本官五品以上长官律拟流，因系旗人而折枷。但长安将本官殴伤后，辄敢捏词抵饰，不知悔改，情殊刁诈，故奉旨着照例永远枷号常川，游示九门，以昭炯戒。①

清代社会承袭传统法律文化所贯彻的伦常情理等价值精神，将“礼”的价值理性判断变换为合法的“正义”的审判标准，且这个标准也获得社会大众的认可，成为法律意义和司法公正上的“善”，向老百姓输出的也是此种理念，故而社会大众在情理的认知和判断上具有一定的趋同性。虽然司法官吏的法律素养和水平不一，但在彼时，面对子孙殴祖父母、父母等违反三纲五常、家庭伦理的案件，司法官吏审谳时基本都能依据情理法的价值判断，维护伦理秩序，衡平刑罚轻重。“这种儒家化司法原则的适用的直接后果，便是使得法律的解释和执行离不开传统伦理”②，“在这些司法官的眼里，司法关注的并非是程序，并非是一个忠实、刻板地适用法律于具体案件的过程，而更重要的是裁判的结果。这个结果必须是最大限度地符合社区民俗、合乎情理习惯，必须是有利于恢复或者维系一种和谐的社会秩序和人际关系，即必须要‘衡平’的，而不一定是合乎成文法律的。……因此，在很大程度上，衡平司法的结果是对国家实定法律规则的‘合理性’的，或者说是‘技术性’的规避。更准确地说，衡平理念支配下的传统社会的司法审判，实质上是司法官作为‘公正无私的人’，尽其可能地权衡他所面临的所有社会条件，而作出的能够最大限度地达到和谐与均衡的判断过程。情理只不过是一种修辞，并非是具有明确定义的术语。法官并非只是根据某种特殊的意图，在某些场合使用这一用语，而在其他场合避免使用。无论口头上说与不说，情理经常在法官心中起

① 参见（清）祝庆祺等编：《刑案汇览三编》（四），北京古籍出版社2004年版，第323－324页。

② ［美］黄仁宇：《万历十五年》，中华书局1982年版，第135页。

作用”。[①]“若我中国，以历史上观之，宜属成文国，而以近今事实证之，则实可谓之不文国，何也？一切法律关系，实则仍遵惯习及判决例等以为衡，时或颁发多数之单行法。……此何以故？则以法律与社会之鸿沟太相悬绝也”[②]。此处之“遵惯习”即遵循习惯、礼法等类推适用，“判决例”即司法实践中所援引的成案等法律渊源，“单行法”即指修例而言。综上，清代有关“伤”罪的裁断往往以厘清犯罪事实为基础，通过证据定谳保障司法公正性，同时，以情理为考量因素，弥补现行法律的不足，保证争讼当事人各方利益量度上的平衡，达到有效社会治理的目的。清代“伤”罪法律的适用较为精练地描绘出彼时的社会现实，在一定程度上规范、保障了其判决结果的公正性。司法官吏在审谳“伤”罪案件时，并非机械地适用律例，而是审慎地斟酌案情，而且基于平衡原则权衡犯罪与刑罚，在两造当事人之间寻求解决的公道，或基于道德教化、惩戒需要宣扬儒家伦理，或基于息讼目的稳定社会秩序，从法、情、理、习惯等视角综合审断案件，酌为变通，既维持法秩序，又实现罪刑平衡。

封建专制统治背景下，清代同样具有因等级差序不平等与个人权利缺失而带来的弊病，但在司法实践中并没有盲目死板地适用，而是有些许灵活变通，使得个人法益与权利得到一定平衡。以“父祖被殴”为例，以服制科罪所带来的不平等与不公平在清代得到进一步体现，情急救亲而殴伤尊亲属也不得免除刑罚。与此同时，虽不可免除刑罚，但实践中可声请减等，这在具体案件中也往往得到采纳。“传统中国律典的体系性在很大程度上也是以量刑为线索展开的。……作为视同或参酌标准的某罪不能不在内涵上保持一定的弹性以扩大其在量刑领域的适用范围。”[③]从司法官吏、刑部乃至皇帝对案件的审谳、议覆和谕旨，都能看出清代对律例分析的严谨、调查事实的细致、主客观因素判断的精准等，其还会根据犯

① ［日］滋贺秀三：《清代诉讼制度之民事法源的概括性考察——情、理、法》，载［日］滋贺秀三等：《明清时期的民事审判与民间契约》，法律出版社1998年版，第36页。

② 梁启超：《梁启超论中国法制史》，商务印书馆2012年版，第134页。

③ 朱腾：《唐以前盗罪之变迁研究》，载《法学研究》2022年第1期。

罪情节认识的加深不断进行“适时修正”，尽可能实现当事人之间权责关系的平衡。[①]

清末，在各方压力之下，为收回治外法权，清政府仿照近代大陆法系国家，对刑律等在内的法律进行改革，制定了我国第一部近代刑法典——《钦定大清刑律》，其在分则第 26 章专门规定了“关于杀伤之罪”，把杀伤罪分为故意杀人（第 311 条）、故意伤害人（第 313 条）、因过失致人死伤（第 324 条）及预备或阴谋杀人（第 31 条）等。其中，第 313 条以轻微伤害、废疾和笃疾区别伤害程度：“伤人者，依左例处断：一、致死或笃疾者，无期徒刑或二等以上有期徒刑；二、致废疾者，一等至三等有期徒刑；三、致轻微伤害者，三等至五等有期徒刑。”[②]但直至清帝国灭亡该法因礼教之争未施行。民国时期，中华民国临时政府制定了《中华民国刑法》，其在分则第 23 章专章规定了“伤害罪”，但适用范围与清代不同。新中国成立以后到 1979 年《刑法》颁布，“故意伤害罪”作为一个独立的罪名，成为现代刑法分则中不可或缺的组成部分。刑法分则明确规定了故意伤害犯罪的定罪和量刑，与伤害犯罪相关的还有过失致人重伤罪、聚众斗殴罪、寻衅滋事罪[③]等。1997 年《刑法》颁行之后，随着社会形势的发展变化，故意伤害罪展现出高发且多样化的发展趋势，犯罪形式和手段也越来越复杂，导致司法适用中出现了诸多疑难问题。[④] 从清律“伤”罪到现代刑法中的故意伤害罪，均以人的生命健康为重，在犯罪主观心态方面均有故意、过失之分，因清末西律东渐之故，现代法律规定与我国传统法律存在较大差异，主要表现在法律条文规定及司法审断方面的不同。[⑤] 在立法规定上，两者表现为具化与抽象之分。清律与现代刑法关于伤害犯罪

---

① 参见陈磊：《犯罪故意的古今流变——兼评方法论意义上故意与过失的界分》，载《环球法律评论》2014 年第 4 期。

② 黄源盛纂辑：《晚清民国刑法史料辑注》，台北，元照出版有限公司 2010 年版，第 344 页。

③ 寻衅滋事罪指的是行为人无事生非，借故生非，随意殴打他人的犯罪行为。

④ 参见王志祥：《故意伤害罪理论研究六十年》，载《山东警察学院学报》2009 年第 3 期。

⑤ 清朝末年变法修律，随着西学东渐，儒家法思想式微瓦解，关于“伤”罪的法律规制也发生了根本性变化，从具体列举主义转变为概括主义，立法规定也从多样化转变为单一化。

的规定从具体法律条文来看,存在显著差异。首先,清律采取类型式立法,按犯罪主体的身份和客观情节进行划分,刑罚确定化具体化,与律注、条例、成案等共同构建成“伤”罪法律体系,而现代刑法规定简约概括,没有具体明确犯罪客观情状,主要为抽象的概括性规范。其次,犯罪具体情节在现代伤害罪中不再决定成立什么罪名,仅仅影响所定罪名的量刑,与清律将具体情节与抽象概念相结合的定罪量刑原则不同。最后,在司法审断上,两者表现为自由裁量程度之别。清代“伤”罪立法融合概念与情境,为罪刑合一的立法模式,实行严格规则主义和“一罪一刑”原则,一旦认定罪名,相应就确定了刑罚,司法官吏的自由裁量空间十分狭小;现今的伤害罪立法为概念导向型、罪刑分离的模式,基于原则而精简的法律试图囊括不同情节的伤害犯罪,法官的自由裁量权极大增强。

结　语

经由以上考察与分析,笔者认为,以往的研究或将清代“伤”罪附于杀人罪之中,忽视了“伤”罪之独立性;或局限于静态法律文本,缺乏对其司法实践的深度考察。总体而言,有关清代“伤”罪问题的研究尚未得到学界应有的关注与检视。基于此,本书关于清代“伤”罪的讨论,以《刑案汇览三编》为核心,聚焦于实证分析,意欲以具体案件来探讨、研究其法律运作实况,进而解读、归纳清代“伤”罪法律及其司法裁断的特征。清代通过革新进行了有益探索和实践,有一定的历史进步意义,体现了统治者与承审官吏的司法智慧,也说明“伤”罪并非“杀”罪的“附属”内容而无足轻重。[①] 通过前文对“伤”罪律例条文、司法案件及其背后所蕴含法治理念的解析,可以概括出以下基本结论。

其一,清代“伤”罪立法主要依据行为人的犯罪意图,按层级划分为“故伤”、“斗殴伤”、“戏伤”、“误伤”、“过失伤”和“盗伤”(特殊形态)。

对《刑案汇览三编》中六类“伤”罪案所适用的律例以及《大清律例》“伤”罪条款的研究表明:清代奉行严格的“一罪一刑”罪刑法定主义,构建了高度抽象、复杂的犯罪意图谱系与主观有责性体系,作了较为精细的类型化规范;详细界定了各种伤人类型的主观形态,以及“故”、“斗殴”与“过失”等术语的概念及其适用范围,将“伤”罪分为多个层级设置刑罚等差,形成梯次分明的罪刑体系。清代“伤”罪立法缜密,围绕行为人的犯

---

① 为研究清代“伤”罪治理的正常样态,本书排除了“伤”罪司法运行中因司法腐败而导致的裁判不公等例外情况,而以常态的司法实践为研究基础。

罪意图等级(抽象概念)和犯罪情节(具体情境)两大因素构建而成,但其区别重心并非犯罪导致的客观实害,而是将犯罪意图放在首位,着意于严惩犯意的发起者,依据行为人内心的恶性程度及其所带来的社会危险性对"伤"罪进行了从高到低的类型化划分,包括临时起意与直接故意、疏忽大意等心理因素,所负刑责不同,以帮助司法官吏审判"伤"罪案件时,识别最适合的律例,体现了区别故意与过失心态、"惩恶之法,诛其心而已"的鲜明立场,也体现了清代务实、严谨的立法态度。

在"宥过无大,刑故无小"的大原则之下,清代重视犯罪意图甚于客观实害,故意犯按其主观恶性程度区分刑罚,对过失犯或发生认识错误等产生与行为人意思相悖的客观犯罪结果者,进行一定宽宥。故意常以"有意""害心"等表示,过失常以"无害心"等表示。其中,"故伤"的意图在犯罪实施前已存在或当场萌生,为直接故意;"斗殴伤"是行为人有伤害意图的间接故意犯罪,其情在于争斗,双方互有斗心;"戏伤"乃两和之人在嬉闹时致人受伤,当事人均对游戏的危险性有一定认知,无仇无怨,亦无争竞或害心,但若在相戏过程中从"两和相戏"变成"不和而戏",则转化为"斗殴伤";"误伤"虽于受害者无害心,但其本身存在伤害他人的故意,仅仅因对象错误而致伤旁人;"过失伤"则根本没有伤害的意图,行为人因意外或疏忽大意而致人受伤;"盗伤"为盗罪的结果加重情节,行为人最初存有窃盗的故意,在窃盗过程中可能产生伤害的故意或过失,因而伤人。同时,清代还就"车马伤人""弓箭伤人"等犯罪背后的主观意图进行了细致分析,有力说明了清律重视客观情境,更重视其与犯罪意图的联结。清律有关"杀""伤"的规定绝大部分是不同的,仅存在少量杀伤同罪的情况,如窃盗临时有拒捕杀伤人者,"伤"与"杀"同罪,皆斩监候;向太庙及宫殿射箭、放弹、投砖石杀伤人者,皆斩。

如清律与刑案所示,清代"伤"罪立法与司法大多比照"斗殴伤"论处,且以凡人伤害为基础,采取列举式立法具化不同犯罪情节,一般情况下罪责越重,刑罚越重。同时,本着"出礼入刑"原则,严格等级差序,重惩有关身份关系违犯礼制的"伤"罪,形成较为庞大的体系,展现了彼时社会关系的复杂性,也展示了清代至为成熟的立法技术和经验。

其二,清代“伤”罪律例条文与司法互补,法律规范在实际运作中基本得到了执行,社会治理效果较好。

从《刑案汇览三编》所载316宗“伤”罪案可见,法律执行中,承审官吏审断案件时高度重视行为人的主观犯罪意图,严格区分故意与过失,并综合考虑服制、伤害工具、证据、罪数形态等导致案件发生的诸多事实情节与法律因素,作出合乎情理法的判决。对老幼废疾、妇女和过失伤人等犯罪实行收赎;对于情重难宥的,加重处罚;对于情轻可原的,上奏声请,展现了清代对“伤”罪案审理的基本态度与司法智慧。其司法适用体现了严鞫确情、罚当其罪,固守纲常、同罪异罚、以法为教、情理法融合等价值理念与精神,基本实现了《大清律例》作用下的刑事司法公平,既体现了普遍性,也展示了特殊性,在清代整体行之有效、运行良好,对于维护彼时的公共安全和个人安全以及封建统治秩序具有重要意义。可以说,《大清律例》在“伤”罪司法裁断中得到了充分适用与尊重。

清代为少数民族统治,不可避免存在维护满族特权的民族色彩,但从所选“伤”罪案例样本来看,随着统治秩序趋于稳固以及民族间的融合发展,这种民族色彩日渐薄弱。康熙年间,“对旗人的处分已相当严格,为了维护整个清朝的利益,满汉执法官员的法律地位,差别已逐渐显现了某种程度的缩小”①。

① 张晋藩主编:《中国法制通史》(第8卷),法律出版社1999年版,第230页。

附录 《刑案汇览三编》所载“伤”罪案司法适用情况简表

序号	案件名	案情摘要	判决结果	案发时间	“伤”罪类型	案件来源
1	无服族叔故残卑幼至笃疾	史魁系史十娃无服族叔，起意商同史幅才用石灰将史十娃两眼抹瞎，实属非理毒殴，故残卑幼至笃疾。	史魁照缌麻尊长故残卑幼至笃疾例上酌加一等，杖一百，流二千五百里；史幅才为从照凡人减一等，杖九十、徒二年半。	道光十三年	“故伤”案	卷十一 同姓亲属相殴（337）
2	典史抑勒讳盗刑伤事主平复	已革典史赵坤有意讳盗苦累事主，令民人刘平吉跪链审问致两膝跪久成伤，伤轻平复未残废。	赵坤从重比照抑勒讳盗，苦累事主，伤至废疾，照故勘平人成废，依凡斗伤论，杖一百、徒三年。	乾隆五十四年	“故伤”案	卷十三 强盗(487－488)
3	故杀伤而未死仍照斗殴伤论	冯海凝临时起意欲杀陈保子，用刀划伤其咽喉等处伤而未死。	依斗殴刃伤人律杖八十、徒二年。	嘉庆十八年	“故伤”案	卷三十 斗殴及故杀人（1109－1110）
4	挟嫌主令次侄砍伤长侄成废	张兴起意毒殴胞侄张全义，临时吓逼张全义之胞弟张全兴，用刀砍张全义成废。	张全兴依刃伤胞兄为从拟流；张兴比照卑幼并无干犯，尊长挟嫌毒殴故残卑幼至笃疾者，期亲伯叔例上量减一等，杖八十、徒二年。	嘉庆二十二年	“故伤”案	卷四十三 殴期亲尊长（1586－1587）

续表

序号	案件名	案情摘要	判决结果	案发时间	“伤”罪类型	案件来源
5	戳瞎胞侄两目成笃	王仁故用锥戳瞎胞侄王立增。	依卑幼并无干犯，尊长非理毒殴故残卑幼至笃疾者，期亲伯叔例上量减一等，杖八十、徒二年。	嘉庆二十四年	“故伤”案	卷四十三 殴期亲尊长(1587)
6	行窃未得财故烧事主房屋	傅潮沅挟嫌，起意放火烧房泄忿，致将李楚沅草房什物延烧，未伤人。	傅潮沅除听从行窃尚未得赃，盗所拒伤事主轻罪不议外，依恶徒怀挟私仇放火延烧未伤人为首例拟斩监候。追赔损失。	道光十年	“故伤”案	卷五十四 放火故烧人房屋(2025－2027)
7	放火烧房伤人未死自首	胡兴沅挟嫌放火泄忿，延烧伤人后闻拿投首。	胡兴沅依怀挟私仇放火延烧，因而伤人不死拟斩例减一等，杖一百、流三千里。追赔损失后始准减等。	道光六年	“故伤”案	卷五十四 放火故烧人房屋(2029)
8	竹铳伤人情重之案不准留养	吕棕因无服族人吕衷之父吕限在公地造筑荫坟，点放竹铳，致伤吕衷右肩胛，吕衷赶殴，被在逃之吕送放铳致伤咽喉等处，倒地殒命。	将吕棕依因争斗，擅将竹铳施放伤人例发云贵两广烟瘴少轻地方充军。事犯到官虽在道光十一年正月十二日恩旨以前，不准减等。	道光十一年	“斗殴伤”案	卷三 犯罪存留养亲(75)
9	妇女犯罪分别实发监禁年限	寿光县民蒋柱控诉其子被媳董氏谋毒毙命，臬司提蒋小兑妮质对，蒋柱与其妻闯入司堂，殴差哄堂。	所有殴差妇女均照殴差例治罪，虽系妇女，不准收赎。特旨：改于从严，仍照例实发，不准着改。嗣后照此办理。	道光元年	“斗殴伤”案	卷三 工乐户及妇人犯罪(90－94)
10	瞽目之人被扭误殴汛弁成伤	罗世英系双瞽，误撞汛弁刘殿元，被扭殴汛弁成伤，实系犯时不知。	以手足殴人成伤律，笞三十。	嘉庆十九年	“斗殴伤”案	卷六 本条别有罪名(186)

续表

序号	案件名	案情摘要	判决结果	案发时间	“伤”罪类型	案件来源
11	家奴前夫之子未便呈送发遣	李黑子非家奴所生,刃伤同主家人靳里,经其主呈送发遣。	李黑子按刃伤人本律,交顺天府充徒。	嘉庆二十五年	“斗殴伤”案	卷六 徒流迁徙地方(199)
12	越境贩卖官盐疑匪枪伤捕役	王有贩私渔利,因张幗忠前往捉捕,疑其为村匪而用鸟枪致伤,且喝令杨八用鸟枪放伤张幗忠右腿。	王有依鸟枪伤人例发烟瘴少轻地方充军;杨八依从杖一百、徒三年。	道光三年	“斗殴伤”案	卷十 盐法(359-360)
13	图利私造线枪价卖与人打雀	安二因打麻雀买线枪一杆,点放试验,未伤人。	比依向城市有人居止宅舍施放者,虽不伤人例,笞四十。	道光六年	“斗殴伤”案	卷十一 私藏应禁军器(417)
14	帮同殴人成笃不知事后谋杀	谋杀人案内首犯挖瞎人眼,随即畏罪潜逃,从犯焦文炳听从帮按不知谋杀实情。	依挖瞎人眼睛军罪减一等满徒。	嘉庆十七年	“斗殴伤”案	卷二十二 谋杀人(795-796)
15	共殴致死余人听从挖瞎眼睛	盛五等听从王体和纠殴魏升奇泄忿,挖出魏升奇左右眼睛,魏升奇因王体和所戳伤重殒命。	盛五为从,除刃伤人轻罪不议外,依剜瞎人眼睛拟军例,为从减一等,杖一百、徒三年。	道光八年	“斗殴伤”案	卷二十九 斗殴及故杀人(1057-1058)
16	余人听从殴打成废	薛元功帮殴李得,听从按捺薛润德割断薛润德脚筋,不至死但必成废。	将薛元功依殴人成废律为从减一等,杖九十,徒二年半。	嘉庆二十四年	“斗殴伤”案	卷二十九 斗殴及故杀人(1058)
17	先后相殴并不同场应照斗杀	吴开科先被吴受干等殴伤,行至中途,又与吴裕春争斗夺锄,撞伤小腹殒命。	吴裕春依斗殴杀人律拟绞监候;吴受干系吴开科无服族兄,照他物殴人成伤律减一等,笞二十。	嘉庆十七年	“斗殴伤”案	卷二十九 斗殴及故杀人(1067)

续表

序号	案件名	案情摘要	判决结果	案发时间	“伤”罪类型	案件来源
18	堂兄殴伤凶手其弟过后身死	冯添起殴伤孙现身死案内之孙才、孙发为孙现小功堂弟，两人用棍殴伤冯添起。	将孙才、孙发依他物殴人成伤律笞四十上减二等，各笞二十。	嘉庆二十年	“斗殴伤”案	卷三十　斗殴及故杀人(1102)
19	见兄被砍倒地殴伤凶犯成废	邵玉孜因周邦将其胞兄邵楼孜砍伤倒地，殴伤其左臁肋成废。	于殴人至废疾满徒律上减二等，杖八十、徒二年。	道光九年	“斗殴伤”案	卷三十　斗殴及故杀人(1103)
20	被殴受伤尾追绊跌垫伤身死	姚春荣因王以德索欠，顺拾土块掷伤王以德右乳逃跑，王以德追赶绊跌倒地失足，垫伤肾囊身死。	依斗杀律拟绞监候。	嘉庆二十二年	“斗殴伤”案	卷三十　斗殴及故杀人(1118－1119)
21	纠众殴毙多命案内余人治罪	宴容八等纠众互殴，致毙二命，并凶器伤害多人。宴培实随同纠众五人以上，又伤人多处；宴惊七等四人听纠同往，未经伤人；宴赖打伤宴恒七肇衅。	将宴培实从重照沿江滨海执持枪棍混行斗殴为首聚众例，杖一百、流三千里；宴惊七等四人照附和未伤人例各枷号一个月、责四十板；宴赖照不应重律杖八十、加枷号一个月。	乾隆六十年	“斗殴伤”案	卷三十一　斗殴及故杀人(1128－1130)
22	刃伤人致其人之婶忧郁自尽	刘全用刀扎伤刘柱，致刘柱之婶刘韩氏见刘柱伤重，恐无人养赡，忧郁自缢身死。	照因事用强殴打，威逼人致死致命而非重伤例杖一百、徒三年。	嘉庆八年	“斗殴伤”案	卷三十三　威逼人致死(1234)
23	被殴格伤继父致令气忿自尽	郭增拳伤继父郭二致令其气忿自缢。	比照殴同居继父杖七十、徒一年半律上量加一等杖八十、徒二年。	嘉庆十八年	“斗殴伤”案	卷三十四　威逼人致死(1249)

续表

序号	案件名	案情摘要	判决结果	案发时间	“伤”罪类型	案件来源
24	许帮钱文翻悔不给功叔自尽	朱荣因降服大功叔朱满瑚向其借钱索帮，应许后翻悔不给，致令其自缢殒命。	依逼迫期亲尊长致死绞监候，大功以下递减一等，杖一百、流三千里律量减一等，杖一百、徒三年。	道光十三年	“斗殴伤”案	卷三十四威逼人致死（1252）
25	被詈走避之后胞叔赶殴跌毙	徐广有推跌期亲婶母徐毛氏并未成伤。	依侄殴伯叔加殴兄姊罪一等律，杖一百、徒三年。	嘉庆二十一年	“斗殴伤”案	卷三十四威逼人致死（1260）
26	兄被其弟抓伤欲控绊跌身死	李全幅因向其兄李全升讨钱未给口角，被拳殴抵格，致抓伤李全升咽喉。后李全升被石绊失跌身死。	于殴伤胞兄满徒上加一等，杖一百、流二千里。	嘉庆二十二年	“斗殴伤”案	卷三十四威逼人致死（1260）
27	推伤行窃之兄羞愤自尽	邓孔元为邓孔会胞弟。邓孔会因被邓孔元发现窃情羞愧自尽。	于殴伤本律满徒上加一等，杖一百、流二千里。	嘉庆元年	“斗殴伤”案	卷三十四威逼人致死（1260－1261）
28	无故被打回殴胞兄悔忿自尽	赵转借钱祭扫，被赵六三詈骂并按住拾柴殴打，赵转受伤情急图脱，吓殴一伤，并无逼迫情状。赵六三理曲，悔忿自尽。	依殴伤胞兄满徒律加一等，杖一百、流二千里。	嘉庆十四年	“斗殴伤”案	卷三十四威逼人致死（1261－1262）
29	殴伤胞伯之后胞伯被母逼毙	胡腾奉将胞伯胡灿殴伤，该犯之母胡杨氏闻知往前吵闹，以致胡灿被逼自尽，胡杨氏亦畏罪轻生。	将胡腾奉依侄殴伯叔伤者杖一百、流二千里律上酌加一等，杖一百、流二千五百里。	道光二年	“斗殴伤”案	卷三十四威逼人致死（1262）

续表

序号	案件名	案情摘要	判决结果	案发时间	"伤"罪类型	案件来源
30	因争斗砍落人手指八个	外结徒犯傅金成有心故折汪含光手指，余娃听从帮按，致被砍手指八个之多。	傅金成照凶徒因事忿争，故折人肢体律拟军；听从帮按之余娃减等拟以满徒。	道光六年	"斗殴伤"案	卷三十七斗殴（1348－1349）
31	因争斗咬落人耳轮	官儿咬伤福珠凌阿耳轮，仅止咬落耳轮二分，耳轮不至全不成形。	依手足殴人成伤律，笞三十。	道光三年	"斗殴伤"案	卷三十七斗殴（1349）
32	殴伤人腰骨断折	吴二刀砍王振业左腰眼等处，各伤均平复，只腰骨折断，手足四肢无损害。	驳回（伤情不明）。	道光十一年	"斗殴伤"案	卷三十七斗殴（1350）
33	情非斗殴金刃误伤	无服制之金六误行划伤送金七，伤止浮皮微破。	金六酌情照不应重律杖八十。	嘉庆十九年	"斗殴伤"案	卷三十七斗殴（1350）
34	刃伤四人限外平复	外结徒犯王春因口角争吵，用刀将高两儿等四人划伤，限外平复。	依刃伤人酌加一等，杖九十、徒二年。	道光二年	"斗殴伤"案	卷三十七斗殴（1350）
35	扎人左目已瞎右目尚能小视	梁帼仁扎瞎无服族兄左目，右目尚能小视。	依瞎人一目律满徒，卑幼犯尊长加一等，杖一百、流二千里。	嘉庆二十四年	"斗殴伤"案	卷三十七斗殴（1351）
36	人本左目失明复殴瞎其右目	惠明会左眼已失明，吴学魁又殴瞎其右眼。	依殴人至笃疾律拟流。	乾隆五十四年	"斗殴伤"案	卷三十七斗殴（1351）
37	挟嫌纠殴三人挖瞎四人眼睛	韦连三因嫌隙纠集韦保等三人带刀殴打陈止泄愤。韦连三将陈止、李十一左眼扎伤，张得印、李成、韦保各瞎一人。	韦连三改发黑龙江为奴，其余三人依例拟军。	嘉庆十五年	"斗殴伤"案	卷三十七斗殴（1351－1352）

续表

序号	案件名	案情摘要	判决结果	案发时间	"伤"罪类型	案件来源
38	割落茎物伤系罪人不必断产	李有亮与高廉鸡奸，因高廉借贷不允，用刀割落高廉茎物。	依毁败人阴阳不能生育律杖一百、流三千里；均为罪人，不断财养赡。	乾隆六十年	"斗殴伤"案	卷三十七斗殴（1352）
39	瞎人两目应以有心无心为断	赵起左妒奸，令马义等将顾连双目揉瞎。赵起左未在场造意，为首。	依凶徒忿争剜瞎人眼睛例拟军，顾连系犯奸罪人，毋庸断给财产。	道光六年	"斗殴伤"案	卷三十七斗殴（1352－1353）
40	回民纠众持械殴伤回民	回民沙义起意纠集马永祥、沙六等殴打结伙已至三人，各持有凶器，殴回民韩兆远身死。	照回民结伙持械共殴例，发云贵两广极边烟瘴充军。	嘉庆二十年	"斗殴伤"案	卷三十七斗殴（1353）
41	回民共殴并抢夺分别刺字	回民马勒儿卜等共殴马瞎克身死。	将马勒儿卜绞抵，马阿卜个、马木洒、冯洒个为从照例拟军。马洒个系马瞎克小功服兄减凡人二等。	道光七年	"斗殴伤"案	卷三十七斗殴（1353－1354）
42	回民戏谑金刃伤人毋庸加重	回民马文世因戏谑陶富全而发生争吵。马文世情急拔刀划伤陶富全限内平复。	依刃伤人限内平复减二等拟徒。	嘉庆二十年	"斗殴伤"案	卷三十七斗殴（1355）
43	豫省纠殴被逼勉从并未伤人	李林等被逼勉从，听从何三沅纠殴马椿阳，李林并未伤人。	驳回（事实不清）。	道光十一年	"斗殴伤"案	卷三十七斗殴（1357）
44	寄籍颍州纠众凶殴照颍州例	寄居颍州府霍邱县李大裔孜挟嫌纠同刘麻孜等将李卓明、李玉明两目剜瞎成笃。	依颍州凶徒结伙三人以上持械伤人不分首从例发云贵两广极边烟瘴充军，仍照通行改发足四千里，并令嗣后颍州所属有寄籍人犯在彼结伙凶殴者俱照此办理。	道光十九年	"斗殴伤"案	卷三十七斗殴（1357－1358）

续表

序号	案件名	案情摘要	判决结果	案发时间	“伤”罪类型	案件来源
45	致命伤轻正限外抽风身死	李润四用镣齿划伤熊得三，伤甚轻浅。后熊得三自行抓破血痂，正限外余限内抽风身死。	依斗殴之案，如当致命之处，而伤轻，若已逾正限，尚在余限内，因风身死者，照殴人至废疾律。	嘉庆十四年	“斗殴伤”案	卷三十七保辜限期（1361）
46	折人一指未便与汤火伤同论	周有两执持木棍殴折陆逊手指，医治不痊越三十八日身死。	周有两依折人手足一指律拟杖。	乾隆十年	“斗殴伤”案	卷三十七保辜限期（1363－1364）
47	殴折人牙齿不作破骨伤保辜	郝全子殴伤赵庭科因风身死。	依斗殴之案，如原殴并非致命之处，又非极重之伤，越五日因风身死者，将殴打之人免其抵偿例，拟杖一百、流三千里。	道光七年	“斗殴伤”案	卷三十七保辜限期（1364）
48	金刃伤深透内不得照破骨论	杨老八戳伤谢昌贤身死，自受伤至死相距四十三日，系在刃伤保辜正余限外。	依刃伤人律杖八十、徒二年。	嘉庆十年	“斗殴伤”案	卷三十七保辜限期（1366－1367）
49	折伤刃伤限内平复减罪二等	各省办理折伤以上及刃伤人之案，有照所殴本伤问拟者，亦有依律限内平复分别减等者，并未画一，相应通行内外问刑衙门。	嗣后遇有折伤以上及刃伤人之案，其于辜限外平复及用例禁凶器伤人者，仍照律例分别所殴伤痕问拟外，如有于辜限内医治平复者，均照律减二等问拟，以昭画一。	嘉庆五年	“斗殴伤”案	卷三十七保辜限期（1369）
50	刃伤出妻平复理直统减四等	张受幅被已出妻斥骂并赶向拼命，情急拔刀吓戳，扎伤已出妻平复。	于刃伤人杖八十、徒二年律上统减四等杖九十。该氏已被休，且讯明两情已离，应仍给伊母听其自便。	嘉庆二十三年	“斗殴伤”案	卷三十七保辜限期（1369－1370）

续表

序号	案件名	案情摘要	判决结果	案发时间	"伤"罪类型	案件来源
51	罪人拒伤捕人不准保辜	喀喇沙尔办事大臣咨谢泳青刃伤兵丁限内平复。	依罪人拒捕但刃伤者仍照律加本罪二等例，于刃伤人加二等，拟杖一百、徒三年。	道光六年	"斗殴伤"案	卷三十七保辜限期（1372）
52	殴腿成笃久卧脊背溃烂身死	郝幗儿拧伤田文秀腿筋成笃，因久睡压脊背等处溃烂，余限内身死。	郝幗儿依折人两肢，令至笃疾律杖一百、流三千里。	道光四年	"斗殴伤"案	卷三十七保辜限期（1376）
53	护军在禁地斗殴发新疆当差	伊仁布系已革护军，在圆明园内围墙以外揪伤同旗护军怀唐阿肾囊平复。	照凶徒因事忿争，毁败人阴阳者，从重发新疆充当苦差。	道光七年	"斗殴伤"案	卷三十八宫内忿争（1377）
54	昭德门护军互殴	护军赛沙布与护军海昌同在昭德门该班，赛沙布被海昌詈骂，挟嫌将海昌殴伤。	赛沙布革去护军，依常人在紫禁城内斗殴手足伤人例拟流。系旗人发驻防当差。仍先加枷号。	嘉庆二十五年	"斗殴伤"案	卷三十八宫内忿争（1378－1379）
55	西南门侍卫揪殴副参领	侍卫达灵阿奉派充当西南门管门差使，辄于不应进内之时将副参领揪扭撕破衣服，尚未成伤。	比照在圆明园大宫门等门以外手足伤人例杖一百、徒三年。从重发往伊犁当差。仍先行枷号满日发配。	嘉庆二十二年	"斗殴伤"案	卷三十八宫内忿争（1379）
56	造办处步甲用磁片伤人	步甲广福在西华门内造办处该班，系属禁城重地，用磁片将萨凌阿殴伤。	照紫禁城内各处当差人等、他物殴人者，杖一百、流三千里，枷号三个月。系旗人，枷号五个月。	嘉庆二十五年	"斗殴伤"案	卷三十八宫内忿争（1379）
57	旗人觉罗在酒肆互殴	吉馨与觉罗海勇西拉布斗殴。	海勇西拉布照违制律杖一百。吉馨仍依凡斗律拟笞。	嘉庆十八年	"斗殴伤"案	卷三十八宗室觉罗以上被殴（1380）

续表

序号	案件名	案情摘要	判决结果	案发时间	“伤”罪类型	案件来源
58	宗室觉罗互相斗殴	宗室金策与觉罗兴安互殴成伤。	照凡斗定拟，金策、兴安均依手足殴人成伤律，笞三十。	道光二年	“斗殴伤”案	卷三十八宗室觉罗以上被殴(1380)
59	书役挟制本官纠众进署滋闹	书识韩可训挟嫌主使差役刘明纠众赴署滋闹挟制本官，并未伤官。	韩可训比照吏卒怀挟私仇，挺身闹堂已伤本官，于斩决例上量减，拟流加重发往新疆，给官兵为奴。	道光四年	“斗殴伤”案	卷三十八殴制使及本管长官(1382－1383)
60	缆夫刃伤漕运千总	外结徒犯张丑儿持刀划伤庆千总右额角。	比照吏卒殴六品以下长官减五品以上罪三等律于殴五品以上长官折伤者绞罪上减三等，拟杖九十、徒二年半，再加枷号两个月。	道光二年	“斗殴伤”案	卷三十八殴制使及本管长官(1383)
61	步甲怙恶凶殴本官永远枷号	步甲凌桂殴伤本管步军校佘隆阿。	嘉庆十九年八月初二日奉旨：凌桂着永远枷号常川游示九门儆众。嗣后步甲内有怙恶不悛逞凶殴本管官者，照此例办理。	嘉庆十九年	“斗殴伤”案	卷三十八殴制使及本管长官(1383－1384)
62	步甲不服约束殴伤本官	步甲舒成在官厅嚷闹，该管步军校立柱欲将鞭责，舒成之母舅赵三帮同分辩，与舒成将立柱殴踢成伤。	奉旨：赵三着加枷号三个月，游示各旗堆拨，满日发往黑龙江。舒成着即发遣。	嘉庆二十四年	“斗殴伤”案	卷三十八殴制使及本管长官(1384)
63	步甲殴本管步军校未成伤	步甲吉幅保先因刃伤人拟徒，遇赦减杖鞭责发落，嗣挑充步甲误差，被本管步军校革退。该犯理论被斥，辄向揪扭并未成伤。	从重发往驻防当差。	道光元年	“斗殴伤”案	卷三十八殴制使及本管长官(1385)

续表

序号	案件名	案情摘要	判决结果	案发时间	“伤”罪类型	案件来源
64	捕盗兵丁刃伤外委	兵丁邹升跟随外委驾船出洋捕盗,用刀划伤温启振脑后等处。	照军士折伤本管官律拟以绞候。	嘉庆十五年	“斗殴伤”案	卷三十八殴制使及本管长官(1385－1386)
65	吏卒伤害本官分别情节科断	七得即戚一儿扎伤步军校保奎。	驳回(伤人缘由不清)。	道光七年	“斗殴伤”案	卷三十八殴制使及本管长官(1386－1387)
66	乡约演戏不服查禁殴伤典史	党学章国服期内酬神演戏,经典史金品三查禁,不服喝令殴打拳伤该典史右眼。	党学章比依部民杀害本官已伤为首例拟斩立决,杨逢才依为从例,拟绞监候。	道光三年	“斗殴伤”案	卷三十八殴制使及本管长官(1387)
67	刃伤本官衅起一时并非挟仇	兵丁邹升刃伤外委温启振平复。	将邹升依军士殴本管官折伤律拟绞监候。	嘉庆十五年	“斗殴伤”案	卷三十八殴制使及本管长官(1388－1389)
68	典史自取侮辱营兵忿激纠殴	营兵罗汉州因典史俞国栋买肉故短发价,将兵丁薛柱奉掌嘴杖责。该犯忿激纠兵拦殴。	罗汉州等应于部民军士怀挟私仇,挺身闹堂,殴伤本官例量减一等拟以满流。	嘉庆二十二年	“斗殴伤”案	卷三十八殴制使及本管长官(1389)
69	赌犯邂逅抗拒尚非有心杀害	梅克宽等开场聚赌,经官兵查知前往捕拿,喝令拒殴,致伤官兵。	依殴伤本管官杖一百、流二千里律上加拒捕罪二等,加重发新疆充当苦差。	道光元年	“斗殴伤”案	卷三十八殴制使及本管长官(1389)
70	部民不服弹压打毁通判官轿	外结徒犯董全等因求雨起衅,辄敢恃众将该署通判官轿等物打毁。	董全改依部民殴知县佐贰减一等律量减一等,拟杖八十、徒二年;从犯江文等杖七十、徒一年半。	道光三年	“斗殴伤”案	卷三十八殴制使及本管长官(1390)
71	涉讼被责不甘拾砖掷伤知县	马与瀿因田土细故向本管知县顶撞,复拾石将该知县掷伤,并拒伤该知县家人。	依部民殴本属知县伤者杖一百、流二千里律上酌加枷号三个月,从重发新疆给官兵为奴。	嘉庆二十一年	“斗殴伤”案	卷三十八殴制使及本管长官(1390)

续表

序号	案件名	案情摘要	判决结果	案发时间	“伤”罪类型	案件来源
72	因马被赶惊跑揪撕一品大员	何大喝令郭三等将额勒精额揪拉撕破衣服，复将蓝翎侍卫贵成揪拉下马，并碰伤鼻孔流血。	何大明于犯事地方枷号一个月，满日重责发黑龙江为奴。郭三、侯六听从逞凶，于犯事地方枷号一个月，满日责打发遣为奴。	嘉庆二十二年	“斗殴伤”案	卷三十八殴制使及本管长官(1390)
73	因被扑打远殴五品命妇	韩彭氏系五品命妇，因向王三索讨地价，向王三扑殴，致被王三回殴，并未成伤。	将王三比依殴非本管五品以上官，杖六十、徒一年律量减一等，拟杖一百。	嘉庆二十二年	“斗殴伤”案	卷三十八殴制使及本管长官(1391)
74	生员殴伤教官比照殴受业师	外结徒犯生员郑廷琮殴伤本管教官。	照业儒弟子殴伤受业师，依殴伤期亲尊长律，拟以满徒。	嘉庆十八年	“斗殴伤”案	卷三十八殴制使及本管长官(1391)
75	武生被责赶入学署殴伤教官	武生叶绍棻因将董氏推跌被控。经训导张慧同知县戒饬释放，该犯赶用棒殴伤训导张慧手指。该犯亲戚陈东之等将张慧推跌倒地。	叶绍棻比照刁徒直入衙门挟制官吏例拟军。陈东之等于叶绍棻军罪上减一等满徒。	嘉庆二十四年	“斗殴伤”案	卷三十八殴制使及本管长官(1391)
76	贡生碰翻公案撕破公服	贡生王淳经县批生多事，当堂大肆咆哮，拉夺戒尺，致掀翻公案，撕破公服，后又在押脱逃。	照部民殴本属知县律，满徒加逃罪二等，杖一百、流二千五百里。	嘉庆二十二年	“斗殴伤”案	卷三十八殴制使及本管长官(1392)
77	黉夜贴符被拿殴伤本管典史	营兵冯日升等挟嫌扭辱典史戴并振，殴伤弓役蔡兴。	照军士殴本管官例分别首从拟以斩决绞候。	嘉庆二十年	“斗殴伤”案	卷三十八殴制使及本管长官(1392－1393)
78	王府厨役刃伤管理饭房护卫	李庄贵用刀扎伤王府管理饭房之三等护卫、五品职衔金常寿平复。	驳回(当事人之间是否有统摄关系不清)。	道光十一年	“斗殴伤”案	卷三十八殴制使及本管长官(1394－1395)

续表

序号	案件名	案情摘要	判决结果	案发时间	"伤"罪类型	案件来源
79	职官负欠互相殴伤	工部司库巴珠尔因其亲戚锡纶索欠争论，其父富尔松阿将锡纶揪殴，巴珠尔护父用拳殴脚踢。	富尔松、阿巴珠尔均照不应重律杖八十。	嘉庆二十二年	"斗殴伤"案	卷三十八 上司官与统属官相殴（1397）
80	父子揉瞎人眼睛抽风身死	于六主使其子于二揉瞎詹泳贵两目，越十七日因风身死。于二帮揉左眼较于六所揉右眼伤痕稍轻。	于六依威力制缚人拷打因而致死律拟绞监候；于二为从，依主使人殴打致伤，下手之人减一等律，于瞎人两目流罪上减一等，杖一百、徒三年。	道光七年	"斗殴伤"案	卷三十八 威力制缚人（1409－1411）
81	良人殴打他人婢女致令自尽	吴应明殴伤傅茂贤婢女桂兰，致令气忿自尽。	将吴应明依良人殴伤他人奴婢，减凡人一等律，于因事用强，殴打威逼人致死军罪上减一等拟徒。	嘉庆二十一年	"斗殴伤"案	卷三十九 良贱相殴（1413）
82	宗室家辞出雇工殴伤旧主	良生儿受雇与宗室绵越家佣工，早经辞出，其与绵越口角被殴，夺棍将绵越殴伤。	良生儿依殴伤宗室律拟以杖八十、徒二年，在监病故毋庸议。良九儿依殴宗室律拟以杖六十、徒一年。	嘉庆十九年	"斗殴伤"案	卷三十九 奴婢殴家长（1436）
83	辞出车夫殴伤旧主	李二先曾受雇与钦天监齐兆熊赶车，因工满辞出，将齐兆熊踢伤。	科以不应重杖，加枷号两个月。	嘉庆二十五年	"斗殴伤"案	卷三十九 奴婢殴家长（1436－1437）
84	捆缚酗酒家人辄敢持刀赶扎	候补知州刘允圻雇袁欣在寓服役，袁欣不服约束，恃酒逞凶，在其主欲行捆缚之时，持刀赶扎。	比照卑幼殴期亲尊长，执有刀刃赶杀，情状凶恶例，发近边充军。	道光元年	"斗殴伤"案	卷三十九 奴婢殴家长（1440）
85	奴仆殴伤家长之生祖母	武张氏家世仆姜秀夺斧乱砍，致伤武张氏平复。	依奴婢殴家长律拟斩立决。	乾隆十八年	"斗殴伤"案	卷三十九 奴婢殴家长（1440－1441）

续表

序号	案件名	案情摘要	判决结果	案发时间	“伤”罪类型	案件来源
86	迫于姑命听从帮按致夫笃疾	史卢氏挟嫌其一揉瞎义子史幅贵两目，逼令伊媳史王氏帮同捆按，致成笃疾。	史卢氏依非理殴打乞养子成笃律杖九十收赎。史王氏照为从于妻殴夫致笃疾绞罪上减一等，拟流收赎。	嘉庆二十年	“斗殴伤”案	卷四十　妻妾殴夫(1465)
87	殴伤无服族叔成笃加等拟军	朱沛珍殴伤无服族叔朱大信骨折成笃。	于满流上加一等，发附近充军，断给财产一半养赡。	道光四年	“斗殴伤”案	卷四十　同姓亲属相殴(1478)
88	殴伤无服族婶成废应加一等	外结徒犯内刘虎臣殴伤无服族婶刘郑氏成废。	依折跌人肢体成废满徒律上加一等，杖一百、流三千里。	道光八年	“斗殴伤”案	卷四十　同姓亲属相殴(1478－1479)
89	共殴余人服制虽尽有关尊卑	戴拴等为泄忿共殴戴丙和身死。	依殴人成废律，系卑幼犯尊长于满徒上加一等，杖一百、流二千里。此等无服亲属共殴案内之余人，恐各省办理参差，应通行各省，嗣后如系卑幼犯尊长，如伤罪加等，轻于杖一百者，仍照共殴余人拟以满杖外，如按伤罪加等重于杖一百，即各按殴伤本罪加等定拟。尊长犯卑幼亦照此分别减等办理。	嘉庆二十二年	“斗殴伤”案	卷四十　同姓亲属相殴(1479)
90	听从胞叔共殴小功叔祖身死	李二兴听从胞叔李拐共殴小功叔祖李绍诗身死，该犯听从在场帮按，致李拐殴伤李绍诗毙命。	驳回(伤情不清)。	道光七年	“斗殴伤”案	卷四十一　殴大功以下尊长(1483－1484)

续表

序号	案件名	案情摘要	判决结果	案发时间	“伤”罪类型	案件来源
91	共殴尊长成笃首从俱系卑幼	贾西曾、贾望曾砍伤堂叔贾嵩秀成笃疾。	刑部载入例册通行：卑幼殴本宗外姻缌麻以上尊长成笃之案，除原谋首犯下手伤重一人拟绞，听从帮殴之犯仅止手足他物轻伤，问拟满流仍照律办理外，若听从帮殴有折伤及刃伤者，应于所犯流罪上加重发极边烟瘴充军。	乾隆五十六年	“斗殴伤”案	卷四十一殴大功以下尊长（1491－1492）
92	听从帮殴缌麻服兄成笃身死	杜得桂主使杜八得殴打杜得宗身死，杜八得将杜得宗殴伤成笃。	杜八得为从，依殴缌麻兄笃疾者绞律为从减一等杖一百、流三千里。	乾隆四十六年	“斗殴伤”案	卷四十一殴大功以下尊长（1492）
93	殴功尊成笃题结后捏报伤痊	贾德旺用刀砍伤小功舅母赵良智，二事俱损成笃疾。	依卑幼殴外姻小功尊属笃疾律拟绞监候。	嘉庆五年	“斗殴伤”案	卷四十一殴大功以下尊长（1493－1494）
94	砍落缌麻尊属右手食指二节	刘学信用刀砍落缌麻叔祖母刘孙氏右手食指二节。	依刃伤缌麻尊属递加凡斗伤二等，于刃伤人上加二等，杖一百、徒三年。	乾隆六十年	“斗殴伤”案	卷四十一殴大功以下尊长（1494－1495）
95	殴伤缌麻尊长余限内身死	芮天明咬伤缌麻兄芮观受手指，余限内身死。	经奏请，所有芮天明一犯即照新例办理，仍追埋葬银两给属具领等因题准。	乾隆三十一年	“斗殴伤”案	卷四十一殴大功以下尊长（1495）
96	刃伤期功尊长并余限外身死	米文新向期亲服叔米宽索欠，被揪辫掌殴，误咬米宽手指，延至余限外因伤溃烂身死。	经刑部奏请，所有米文新一犯另行改拟。	嘉庆九年	“斗殴伤”案	卷四十一殴大功以下尊长（1495－1497）
97	刃伤功尊限内平复不准减等	王五子用刀砍伤小功服叔王其耀，限内医治平复。	照刃伤小功尊属本律递加凡人三等拟杖一百、流二千里。	道光五年	“斗殴伤”案	卷四十一殴大功以下尊长（1502）

续表

序号	案件名	案情摘要	判决结果	案发时间	"伤"罪类型	案件来源
98	共殴功兄身死余人仍科伤罪	刘均才、刘均燕共殴小功服兄刘均贵身死。	刘均才拟斩决，刘均燕依卑幼殴本宗小功兄律拟杖六十、徒一年。	嘉庆十一年	"斗殴伤"案	卷四十一殴大功以下尊长(1503)
99	共殴缌麻尊长身死余人拟杖	杨耀青为首，与弟杨耀俊共殴缌麻服兄杨耀席。	杨耀俊照殴伤缌麻兄律杖一百。	道光元年	"斗殴伤"案	卷四十一殴大功以下尊长(1504)
100	共殴缌麻尊属身死余人拟徒	邓开漳殴死缌麻服叔邓汶祥，帮殴之邓开淫亦系死者缌麻服侄。	将邓开淫依卑幼殴缌麻兄姊杖一百，尊属加一等，杖六十、徒一年。	道光元年	"斗殴伤"案	卷四十一殴大功以下尊长(1504)
101	共殴小功卑幼身死余人减科	王幅安在场帮殴王日臣王九，王幅安系王九小功堂兄。	共殴余人杖一百上减二等，杖八十。	道光元年	"斗殴伤"案	卷四十一殴大功以下尊长(1504)
102	刃伤缌麻卑幼三命酌加一等	外结徒犯谭三用刀砍伤谭凤仪等三人。	依殴卑幼至折伤以上缌麻减凡人一等律，于刃伤人杖八十，徒二年上减一等，系刃伤三人，酌加一等。	道光二年	"斗殴伤"案	卷四十一殴大功以下尊长(1507-1508)
103	小功堂弟欲向赶殴扑空跌毙	聂谱堂与小功堂弟聂金瓯夺锄，聂金瓯欲殴人而自行扑空失跌磕伤身死。	驳回(罪名出入)。	道光二年	"斗殴伤"案	卷四十一殴大功以下尊长(1508-1509)
104	两弟将兄殴伤后兄因醉跌毙	吴阿二被弟吴阿三、吴阿四分别殴伤，后因醉酒自行跌伤身死。	吴阿四依弟殴伤胞兄律，杖一百、徒三年。	道光五年	"斗殴伤"案	卷四十二殴期亲尊长(1542-1543)
105	兄已跌伤复被弟殴死由于跌	李昌先自己跌伤，后被胞弟李茂殴伤，随即因自行跌伤抽风身死。	李茂依弟殴胞兄伤者杖一百、徒三年律加一等，拟杖一百、流二千里。	乾隆三年	"斗殴伤"案	卷四十二殴期亲尊长(1543)

续表

序号	案件名	案情摘要	判决结果	案发时间	"伤"罪类型	案件来源
106	争奸互斗胞侄刃伤胞叔	刘乞因胞叔刘兆纶与其妻通奸，刃伤胞叔。	将刘兆纶定以杖责；刘乞绞立决。嗣后凡期亲尊长与卑幼争奸互斗，卑幼将尊长刃伤及折伤，罪干立决者，除卑幼依律问拟外，即将争奸肇衅之尊长，照伯叔故杀侄律杖一百、流二千里，如非争奸，仍各依律例本条科断。	乾隆五十八年	"斗殴伤"案	卷四十二殴期亲尊长(1550-1551)
107	刃伤胞兄不得援引旧例夹签	刘德绍刃伤胞兄刘德绅，伤已平复。	依刃伤期亲尊长、讯非有心干犯例，拟绞监候。	道光元年	"斗殴伤"案	卷四十二殴期亲尊长(1551)
108	听从胞弟殴死胞兄并未下手	黄凯听从胞弟黄海谋殴胞兄黄升身死，黄凯徒手同往，并未下手共殴。	比照卑幼殴期亲尊长，执有刀刃赶杀，情状凶恶，虽未伤例，发近边充军。	嘉庆十九年	"斗殴伤"案	卷四十二殴期亲尊长(1551)
109	听从纠殴胞兄致兄被人殴死	陈近六因向次胞兄陈近易索欠被殴，即邀张帼伦、杨老章帮殴，张帼伦等将陈近易共殴身死。陈近六并未下手共殴。	陈近六比照殴期亲尊长，执有刀刃，情状凶恶例，拟军。	嘉庆二十四年	"斗殴伤"案	卷四十二殴期亲尊长(1552)
110	听从捆缚胞兄致兄被父殴死	戴潮英听从其父戴宗孔捆缚其兄戴潮武，并其父将伊兄殴死。	戴宗孔依子骂父母而父母殴杀律勿论，戴潮英依弟殴胞兄律殴以满徒。	嘉庆十七年	"斗殴伤"案	卷四十二殴期亲尊长(1552)
111	弟将胞兄致伤兄被外人殴死	陈裕章与其兄陈胜章争殴扣颈，外人陈八将陈胜章戳伤身死。	陈裕章依殴兄伤者律杖一百、徒三年，陈八拟绞监候。	嘉庆十四年	"斗殴伤"案	卷四十二殴期亲尊长(1552-1553)

续表

序号	案件名	案情摘要	判决结果	案发时间	“伤”罪类型	案件来源
112	听从尊长殴死次尊仍遵本律	道光四年十二月刑部江西司文元现审案经奉旨覆议，将所有听从尊长殴死以次期亲尊长案内，下手伤轻之卑幼均科伤罪纂定条例，沿用至今。	嗣后期亲卑幼听从尊长主使共殴以次尊长尊属之案，无论下手轻重，悉照本律问拟斩决，法司核拟夹签声请，恭候钦定。不得将下手伤轻之犯止科伤罪，并请修例时将下手伤轻止科伤罪之例删除。奉旨依议，纂为通行，各省一体遵照。	道光十四年	“斗殴伤”案	卷四十二殴期亲尊长（1557）
113	听从父殴叔折伤加罪止于流	闲亚浩听从父命，殴伤胞叔。	于殴兄妹折伤满流罪杖一百、流三千里。	道光七年	“斗殴伤”案	卷四十三殴期亲尊长（1584－1585）
114	听从伊父擦瞎胞叔眼睛	邢少柄听从父邢训楷擦瞎期亲服叔两目，被父吓逼帮忙按脚。邢训楷还邀同刑春狗等前往。	刑少柄为从，依侄殴叔瞎目者绞律为从减一等，杖一百、流三千里，刑春狗等依瞎人两目为从律满徒，系卑幼犯尊长，加一等杖一百、流二千里。	嘉庆十五年	“斗殴伤”案	卷四十三殴期亲尊长（1585－1586）
115	有故归宗之义孙殴伤义祖母	李双喜殴伤义祖母李氏平复。	照雇工人殴伤家长律拟流。	嘉庆二十年	“斗殴伤”案	卷四十四殴祖父母父母（1605）
116	因疯致伤父母之案专本具题	孙斗因疯砍伤其父孙克，伤轻平复后，因病身死一案，是否专折具奏。	斩监候。嗣后如有似此案件，各该省仍应照例（专本）具题，毋庸专折具奏。	道光七年	“斗殴伤”案	卷四十四殴祖父母父母（1616－1617）
117	子被殴死母将凶犯殴打成废	杨老春殴伤徐良元身死，尸母徐徐氏唤次子徐世元、堂侄徐小春等将杨老春揪倒，各用石殴伤成废。	该氏等将杨老春殴伤身死，按律止满杖，今仅殴伤成废，自应勿论。	嘉庆十七年	“斗殴伤”案	卷四十五父祖被殴（1654－1655）

续表

序号	案件名	案情摘要	判决结果	案发时间	“伤”罪类型	案件来源
118	子将凶犯殴伤其父即时身死	柴幅来用刀戳伤董幅身死，董万成见父被伤，用刀砍伤柴幅来，伤经平复。	驳回（拟断错误）。	道光七年	“斗殴伤”案	卷四十五父祖被殴（1657）
119	疑贼有因擦瞎两目仍照斗伤	谭公保等疑贼向殴，擦瞎卢中允两目。	将谭公保依瞎人两目律拟流，谭文光照为从拟徒，谭含萼依汤火伤人律拟杖，谭继瑚等依他物伤人拟笞。	嘉庆十四年	“斗殴伤”案	卷四十七诬告（1738）
120	代访赃贼将寄卖人捆缚自尽	桂得亮喝令马汶沅将郑幅品拳殴，捆缚其两脚，并未成伤即行解放，后郑幅品于解放之后自刎身死。	依因事用强殴打，非致命又非重伤例，拟杖六十、徒一年。	道光十二年	“斗殴伤”案	卷四十七诬告（1748－1749）
121	调奸未成事后拒伤本妇亲属	李东裕调奸赵氏未成，被骂逃逸，赵氏夫兄梁进喜找获往拉送究，该犯图脱，用刀将梁进喜拒伤平复。	依刃伤人杖八十、徒二年律上加拒捕罪二等，拟以满徒。	道光十三年	“斗殴伤”案	卷五十二犯奸（1951）
122	调奸未成拒伤本妇分别治罪	金卯图奸桑张氏未成，遭桑张氏夺刀喊捕，金卯抽刀逃逸，划伤桑张氏左右手指，伤经平复。	嗣后图奸调奸妇女未成罪人，如拒伤本妇，并其夫与父母及有服亲属除至残废笃疾罪在满徒以上者，无论金刃他物，俱照殴所捕人至折伤以上律拟绞监候外，其但系刃伤，即照强奸刃伤绞罪上减一等，仍依混徒生事行凶，扰害良人例发极边足四千里安置，若伤非金刃，依罪人拒捕律加本罪二等问拟。	道光三年	“斗殴伤”案	卷五十二犯奸（1951－1952）

续表

序号	案件名	案情摘要	判决结果	案发时间	“伤”罪类型	案件来源
123	黑夜不知伊翁图奸将翁咬伤	霍岳氏于黑夜被伊翁强奸，不辨其人，咬伤伊翁手指。	照殴夫之父母本律问拟，援案奏请。	道光八年	“斗殴伤”案	卷五十三 亲属相奸(1985)
124	调奸义子之妻未成被妇咬伤	王建得调奸义子之妻王氏未成，被王氏咬伤等情。	将王氏照凡人殴伤调奸罪人例勿论。	道光八年	“斗殴伤”案	卷五十三 亲属相奸(1985－1986)
125	买堤不允强挖水放尚非罪人	贺传闲等因李正瑶不允卖给公共堤胜，负气强挖，致毙人命。	依因争斗擅将竹铳施放伤人例，发烟瘴少轻地方充军，毋庸加拒捕罪二等。	道光十一年	“斗殴伤”案	卷五十六 罪人拒捕(2114)
126	罪人成废收赎擅伤人亦收赎	孙世英拐卖杨苟氏被本夫杨治堂殴伤成废。	杨治堂虽系擅伤罪人，被殴至成废，依擅伤别项罪人至折伤以上，仍以斗伤定拟，照折跌人肢体律拟杖一百、徒三年。	道光七年	“斗殴伤”案	卷五十六 罪人拒捕(2133)
127	自尽之案尸亲借命斗殴伤人	直隶省房保子案内，房继言等因出嫁侄女宋房氏自缢身死，将其翁姑宋焕根宋亢氏殴扎成伤。	拟以不应重杖。	乾隆五十一年	“斗殴伤”案	卷六十 检验尸伤不以实(2226)
128	知州非刑拷讯致犯受伤病毙	马嗣援非法拷讯形迹可疑之白法显，受刑伤后越二十二日因病身死。	马嗣援照擅用非刑例，杖一百，即行革职。皂役王有元、王增含儿照下手之人减一等律，杖九十。事犯到官在道光八年十一月初九日恩诏以前，王有元、王增含儿所得杖罪均应援免。	道光九年	“斗殴伤”案	卷六十 决罚不如法(2235－2236)

续表

序号	案件名	案情摘要	判决结果	案发时间	“伤”罪类型	案件来源
129	驻防旗人屡次滋事销档充徒	正黄旗满洲马甲广春因挟嫌同旗无顶戴领催景庆致相争闹。景庆之子富尔当阿举足踢伤广春右腿，广春用刀戳伤富尔当阿左脚，均平复。	道光十七年七月十四日奉上谕：本案马甲广春于两经鞭责后，复敢因事争闹用刀伤人，实属怙恶不悛，着即销除本身旗档，照民人例定地发配，折责充徒，以昭儆戒。	道光十七年	“斗殴伤”案	续增刑案汇览卷二 犯罪免发遣(12)
130	军犯枷示带枷讹诈殴伤官兵	在配之庞十一儿不遵约束，该营派把总赵秉全带同兵役送坊，该犯碰伤赵秉全右手指，并将营兵王泳幅衣服撕破。	于棍徒发足四千里本罪上酌加一等，实发烟瘴充军。	道光十二年	“斗殴伤”案	续增刑案汇览卷二 徒流人又犯罪(23)
131	刃伤人复拒捕闻拿投首减等	朱敬善等共殴黄松柏身死案内之朱姜志用刀划伤黄松柏，复用刀将地保拒伤，后闻拿投首。	依闻拿投首减一等例，于刃伤人加拒捕罪二等，满徒上减一等，拟杖九十、徒二年半。	道光七年	“斗殴伤”案	续增刑案汇览卷二 犯罪自首(28)
132	代兄装伤兄被他人伤重致毙	林亚五因胞兄林亚织四行窃被获，嘱令装伤吓放。该犯被逼勉从，用刀轻划其肚腹，后被他人伤重致毙。	比依卑幼刃伤期亲尊长，讯非有心干犯及情有可悯例，拟绞监候。	道光十四年	“斗殴伤”案	续增刑案汇览卷七 谋杀祖父母父母(209)
133	雇工黄夜疑贼殴打死系奸夫	黄泳黄夜往刘陈氏家续奸，未入室已进院。雇工刘潮耀误疑为贼将其殴伤身死。	将刘潮耀比照夜无故入人家拘执而擅殴律，杖一百、徒三年。	道光十三年	“斗殴伤”案	续增刑案汇览卷八 杀死奸夫(229)
134	所纠之人被杀未便比照原谋	熊沅纠众共殴，致其弟熊老么用鸟枪将宋长淋中伤平复。	照不应重律，杖八十，加枷号一个月。	道光十一年	“斗殴伤”案	续增刑案汇览卷九 斗殴及故杀人(254)

续表

序号	案件名	案情摘要	判决结果	案发时间	“伤”罪类型	案件来源
135	被殴向追自行跌毙未便拟流	郭三子因与王帼磬口角，用拳殴伤王帼磬右眼胞逃跑，王帼磬追赶被邻船桩缆绊跌垫伤身死。	驳回(裁断罪名错误)。	道光十六年	“斗殴伤”案	续增刑案汇览卷九 斗殴及故杀人(257)
136	奸匪用火药烧伤人	曹景玉因与万阮氏续奸被拒，用火药烧伤万阮氏，本夫万泳通扑救，亦被烧伤。	照鸟枪伤人例，发烟瘴少轻地方充军。	道光五年	“斗殴伤”案	续增刑案汇览卷九 斗殴及故杀人(258)
137	回殴功尊自尽并无逼迫情状	余有名因出嫁胞姊蒋余氏上前向殴，用拳抵格，致伤蒋余氏左眼，以致蒋余氏自缢身死。	余有名于殴大功姊罪上酌加一等，拟杖八十、徒二年。	道光四年	“斗殴伤”案	续增刑案汇览卷十 威逼人致死(298)
138	殴伤功叔越日不依滑跌身死	董泳善因被小功服叔董寿凝掌殴，用手搪抵，致伤董寿凝鼻梁，董泳善逃跑，董寿凝因追赶自行滑跌身死。	董泳善依殴小功尊属律，杖七十、徒一年半。	道光十四年	“斗殴伤”案	续增刑案汇览卷十 威逼人致死(299)
139	殴伤功叔复被旁人斥辱自尽	吴德喜被吴仓贵格伤后，被旁人斥辱气忿自尽。	将吴仓贵依殴小功尊属律加一等，杖八十、徒二年。	道光九年	“斗殴伤”案	续增刑案汇览卷十 威逼人致死(299)
140	殴伤人两手背致成残疾	李倡沅用镰刀背殴伤王三子左右手背。尚可运动，与眇人两目尚可视物者相同。	李倡沅比照眇人两目律，杖八十、徒二年。	道光九年	“斗殴伤”案	续增刑案汇览卷十 斗殴(310)

续表

序号	案件名	案情摘要	判决结果	案发时间	“伤”罪类型	案件来源
141	回民屡次滋事咬落人耳轮	递籍脱逃之回民蒋殿元先因犯奸问拟枷杖，因向张四硬借钱文嚷闹，将理劝之陈太左耳轮咬落。	蒋殿元照棍徒扰害拟军例量减一等，杖一百、徒三年。	道光十一年	“斗殴伤”案	续增刑案汇览卷十　斗殴(310)
142	疑窃戳伤人父子四人成笃	黄二疑窃，将冯沅相两目挖去，复主令刁麻子等戳瞎冯汶标、冯文照、冯汶超双目，致父子四人俱成笃疾。	将黄二于近边军上酌加一等，发边远充军。	道光四年	“斗殴伤”案	续增刑案汇览卷十　斗殴(310)
143	刃伤母子三人平复	段进德挟嫌与高岑向争殴，刃伤高岑母子三人平复。	将段进德照刃伤人律酌加一等，杖九十、徒二年半。	道光五年	“斗殴伤”案	续增刑案汇览卷十　斗殴(311)
144	颍属凶徒纠殴自首无因可免	刘丹桂纠殴朱万幅身死。	依颍属凶徒结伙三人以上持械伤人例，发极边足四千里充军。	道光十三年	“斗殴伤”案	续增刑案汇览卷十　斗殴(312-313)
145	豫省凶徒结伙持械并未伤人	任顺思等结捻叠次讹诈私盐，案内之崔淀、梁五随同任顺思持械结捻七人，讹诈私贩一次，未逞凶伤人。	将崔淀、梁五于光州凶徒结伙三人以上，但有一人持械伤人，不分首从拟军例量减一等，各杖一百、徒三年。	道光十四年	“斗殴伤”案	续增刑案汇览卷十　斗殴(313)
146	虽三人杀伤人内一人非预纠	亳州民李克勤因吴开志拦夺生意，起意纠同陆腊在殴，适其子李顺路遇拦护，将吴开志扎伤身死。	将李克勤照原谋于陆腊刃伤人徒罪上减一等，拟杖七十、徒一年半。	道光十年	“斗殴伤”案	续增刑案汇览卷十　斗殴(313)

续表

序号	案件名	案情摘要	判决结果	案发时间	“伤”罪类型	案件来源
147	回民结伙徒手夺获器械殴人	回民杨文炳殴死贾尚选，案内之杨札札、杨五儿与杨文炳均系回民，共殴王长娃伤轻平复。铁木鞭杆系夺取贾尚选、王长娃之物。	将杨札札、杨五儿均照回民结伙，持械共殴，不分首从拟军例量减一等，杖一百、徒三年。	道光七年	“斗殴伤”案	续增刑案汇览卷十 斗殴(314)
148	回民结伙持械斗殴并未伤人	大盖四因堂弟小盖四被李占荣扎伤，纠邀盖绍履等四人，各执枪刀寻殴未伤人。	将大盖四照回民结伙，持械殴人拟军例量减一等，杖一百、徒三年。	道光五年	“斗殴伤”案	续增刑案汇览卷十 斗殴(314)
149	护军在慈佑门斗殴伤人	护军全志在慈佑门该班，因同日该班之嵩受出言相戏，用砖块砸伤嵩受额颅等处。	道光十六年八月十九日奉旨：全志着革去护军，照例杖一百、流三千里，枷号三个月，不准折责发落即行实发。	道光十六年	“斗殴伤”案	续增刑案汇览卷十 宫内忿争(320)
150	旗人刃伤宗室之妻	玉贵因向王明刚索欠争闹，用刀砍伤王明刚，并误砍伤宗室福升之妻伊氏，均平复。	依刃伤人律杖八十、徒二年，系旗人折枷鞭责。	道光七年	“斗殴伤”案	续增刑案汇览卷十 宫内忿争(321)
151	民人殴伤宗室之妻	陈三殴伤宗室五福之妻五莫氏。	将陈三依他物殴人成伤律，笞四十。	道光九年	“斗殴伤”案	续增刑案汇览卷十 宫内忿争(321)
152	宗室放枪游荡召侮被人殴伤	宗室绩兰出外闲游，滋事招辱，被人殴打。郭树年不知绩兰系宗室职官。	郭树年照他物殴人成伤律，笞四十。	道光六年	“斗殴伤”案	续增刑案汇览卷十 宫内忿争(322)
153	畏比求饶拉动公案碰伤知县	吕玉英畏比求饶，擦伤该县左手腕。实属邂逅干犯，与挺身闹堂殴官者迥异。	将吕玉英依部民殴本属知县伤者律，杖一百、流二千里。	道光四年	“斗殴伤”案	续增刑案汇览卷十 殴制使及本管长官(322－323)

续表

序号	案件名	案情摘要	判决结果	案发时间	"伤"罪类型	案件来源
154	部民殴伤知县仅止助势之犯	翁源县民涂添名听从伊母下手用刀拒伤该县头颅等处平复。涂添名在场助势，并未下手助殴。	将涂添名于为从下手绞罪上量减一等，杖一百、流三千里。	道光四年	"斗殴伤"案	续增刑案汇览卷十 殴制使及本管长官(323)
155	门军殴伤本管官永远枷号	阜成门门军长安用拳殴伤其本管四品长官张仙保，并捏词抵制。	奉旨：长安着照例永远枷号常川，游示九门，刑部堂官着交部议处。	道光八年	"斗殴伤"案	续增刑案汇览卷十 殴制使及本管长官(323)
156	部民殴伤巡检平复	陈景山因争殴，被控经巡检业树棠查拿，辄将该巡检右肩胛等处殴伤平复。	陈景山依部民殴本属知县伤者拟流，佐贰官减一等律，杖一百、徒三年。	道光十四年	"斗殴伤"案	续增刑案汇览卷十 殴制使及本管长官(324)
157	民人扎伤蒙古图萨拉克齐	民人于成桂用铁枪将吗呢巴达拉扎伤。吗呢巴达拉系喀喇沁王旗图萨拉克齐，与平人不同。	将于成桂依凶器伤人近边军例上加一等，发边远充军。	道光十年	"斗殴伤"案	续增刑案汇览卷十 殴制使及本管长官(324)
158	粮船水手殴伤押运千总	粮船水手张麻子经该管运弁疑赌查禁，该犯顶撞被责，误伤押运千总德昌等平复，实系邂逅干犯。	将张麻子比照军民殴伤本管官，如系邂逅干犯，照律问拟，部民殴本属府州县伤者杖一百、流二千里律，从重发新疆为奴。	道光十一年	"斗殴伤"案	续增刑案汇览卷十 殴制使及本管长官(324)
159	殴伤参领之妻系三品命妇	正黄旗包衣护军叶清保之妻叶刘氏令崔二催讨三品命妇李氏借款。因索欠起衅，崔二用拳将李氏左眼胞殴伤、踢伤右乳，后叶刘氏用头撞李氏鼻梁，未经成伤。	将崔二于殴非本管三品以上官伤者律，照例减二等，拟杖八十、徒二年，系旗人折枷鞭责。叶刘氏照殴非本管三品以上官律上减二等，杖六十、徒一年；系妇女，照例收赎。	道光十年	"斗殴伤"案	续增刑案汇览卷十 殴制使及本管长官(325)

续表

序号	案件名	案情摘要	判决结果	案发时间	“伤”罪类型	案件来源
160	放出奴婢之孙殴家长期亲	放出奴婢之孙张春全等砍伤葛兆宇正余限外身死。	将张春全等均照刃伤人律杖八十、徒二年，按良贱相殴加一等，杖九十、徒二年半。	道光六年	“斗殴伤”案	续增刑案汇览卷十一奴婢殴家长(328)
161	佐领之家人殴伤骁骑校	商生儿因骁骑校福禄至其雇主佐领伯钦门首吵嚷，用拳殴伤福禄左眼等处平复。	将商生儿比照奴婢殴良人加凡人一等，于手足殴人成伤律加一等，笞四十。	道光九年	“斗殴伤”案	续增刑案汇览卷十一奴婢殴家长(330)
162	救父情切殴伤胞叔成笃	张小六因胞叔张则敬将其父张则心殴伤倒地，一时救护情切，用枪殴伤张则敬手腕，损折成笃。	将张小六比照卑幼殴伤期功尊属余限外身死，殴至折肢，讯非有心干犯及情有可悯例，拟绞监候。	道光十一年	“斗殴伤”案	续增刑案汇览卷十一殴期亲尊长(353)
163	因疯殴父能否痊伤再行核办	苏朝滋疯病复发，拿菜刀跳舞，其父苏平拦夺，被苏朝滋用刀砍伤左脚踝，刀背殴伤右脚腕骨折，伤未平复。	将苏朝滋依子殴父，无论伤之轻重，即行奏请斩决例，拟斩立决具题。	道光十五十六年等年	“斗殴伤”案	续增刑案汇览卷十一殴祖父母父母(355)
164	回民救护情切殴伤人	马达勿提情切救父，戳伤马麻良右腮颊平复。	于回民结伙持械殴人拟军例量减一等，杖一百、徒三年。	道光六年	“斗殴伤”案	续增刑案汇览卷十二父祖被殴(364)
165	颍属凶徒兴贩妇女拒伤帮役	刘克全等四人系颍属民人，各自兴贩妇女，又各起意将帮役赵意保等拒伤。	将刘克全等均从重照颍属凶徒结伙持械伤人例，发极边足四千里充军。	道光十三年	“斗殴伤”案	续增刑案汇览卷十五罪人拒捕(464)

续表

序号	案件名	案情摘要	判决结果	案发时间	“伤”罪类型	案件来源
166	门千擅杀伤贿纵米石之门领	左安门千总双福因稽查米石，被门领潘杰等得贿欺压，起意谋杀泄忿，用腰刀将潘杰、成保砍伤，并伤及兵丁王勇明及潘杰之子松林平复。	道光四年十一月初五日奉旨：虽与图泄私仇者有间，拟以缳首，固未免情轻法重，然究属有意擅伤，若因该革弁系属旗人，照应得军罪仅予折枷，亦未平允，双福著即发往乌鲁木齐当差，以示惩儆。	道光四年	“斗殴伤”案	续增刑案汇览卷十五罪人拒捕（465）
167	殴伤无服族侄应减凡斗一等	蔡菖运故砍无服族侄蔡慈昌两手指，按凡人故折人肢体例应发近边充军。听从纠抢拒捕。	蔡菖运依同姓服尽亲属相殴，尊长犯卑幼减凡殴一等律，于凶徒因事忿争，故折人肢体发近边充军例上减一等，杖一百、徒三年，系赣属匪徒，仍照奏定章程加一等，杖一百、流二千里。	道光十三年	“斗殴伤”案	续增刑案汇览卷十一同姓亲属相殴(337－338)
168	仓猝抵御未便照滨海群殴例	解奇等聚众寻殴，李相庭纠邀李三等抵敌，李三用刀扎伤解黑手指，李金玉等四人各用砖块木杆殴伤解四等。	将李相庭照同谋共殴伤人原谋减伤重者一等律，于逸犯李三刃伤人罪上减一等，杖七十、徒一年半。李金玉照他物伤人律拟笞，李丑等免议。	道光二年	“斗殴伤”案	卷三十七斗殴(1354－1355)
169	亲属殴伤强抢罪人限外身死	谭昌爵听从姜有万强抢向胜杰之女为媳。姜有万被向胜杰追捕时抵挡，被殴伤左手腕，后失跌落坡，磕伤顶心，越二十八日殒命。	按律应予勿论。	嘉庆十九年	“斗殴伤”案	卷九　强占良家妻女(307－308)

续表

序号	案件名	案情摘要	判决结果	案发时间	“伤”罪类型	案件来源
170	贼匪主令伊子枪伤兵役成废	刘思敬拒捕放枪致伤兵役王吉等三人，并主令其子刘蛾等用鸟枪放伤兵丁戴廷玉等四人，戴廷玉已成废疾。	刘思敬为首依罪人拒捕，殴所捕人至废疾例拟绞监候。刘蛾依为从减一等律拟流；刘让依鸟枪伤人为从拟徒，加拒捕罪二等，杖一百、流二千五百里。	道光二年	“斗殴伤”案	卷五十五罪人拒捕（2073）
171	配军中途脱逃凶器拒伤官差	逃军褚贵用铁锚拒伤差役丁成照平复，咨请部示。	照别项罪人拒捕之例，于本犯极边充军上加二等，拟以实发烟瘴充军，加枷号三个月。	道光十三年	“斗殴伤”案	卷五十五罪人拒捕（2078－2079）
172	刃伤差役脱逃后又刃伤官差	卢增光因刃伤人，在差役拘拿时拒捕两次刃伤差役，俱各平复。	驳回（断罪错误）。	道光六年	“斗殴伤”案	卷五十五罪人拒捕（2079－2080）
173	偷鸡被获挟恨纠殴捕役成笃	高三偷鸡被捕役崔士友拿获，怀忿纠同葛湛等将崔士友两眼挖瞎。	将葛湛等依罪人殴所捕人至笃疾绞为从减一等律拟流，改发黑龙江为奴；高三照罪人殴所捕人至笃疾例，拟绞监候。	嘉庆十六年	“斗殴伤”案	卷五十五罪人拒捕（2084－2085）
174	眼线擅伤应死罪人毋庸治罪	拿获越狱盗犯李二等案内，赵魁灉系大城县捕役眼线，有应捕之责，其将盗犯孙二、李二用枪钩伤，因见孙二等逃跑，急于捕捉，将其殴伤致毙。	毋庸议。	道光四年	“斗殴伤”案	卷五十五罪人拒捕（2108）

续表

序号	案件名	案情摘要	判决结果	案发时间	"伤"罪类型	案件来源
175	商巡遵驳拟斩秋审再行酌核	常玉胜等贩私拒捕,用鸟枪放伤商雇巡役左腿等处殒命。巡役张才林用铁枪将常玉胜扎伤。	张才林依其殴之人执持凶器伤人例发近边充军。嗣恭逢道光十一年正月十二日恩旨,按此次条款凡凶器伤人者准减。无论其共殴毙命与否均在准减之例,应准其减为杖一百、徒三年。复逢本年五月二十三日清理庶狱恩旨,所得徒罪应准累减为杖一百。	道光十二年	"斗殴伤"案	卷十 盐法(355－356)
176	聚众贩私因无盐斤殴伤私贩	张一瀜等十余人兴贩私盐,向私贩李光节价买盐斤不允,用刀枪殴伤其妻父。	将张一瀜照凶器伤人本例拟军。	嘉庆二十年	"斗殴伤"案	卷十 盐法(367－368)
177	倚强肆抢刃伤兵役并伤事主	魏魁沅叠次听从抢夺,于未到官之先闻拿逃逸,后于差役捕拿时刃伤差役平复,未致残废。	将魏魁沅依罪人拒捕刃伤例,于凶器伤人上加拒捕罪二等,发极边充军。	道光十二年	"斗殴伤"案	卷十五 白昼抢夺(555－556)
178	共殴一命谋杀其人义子一命	郭六因挟嫌纠同郭五等人共殴龚自春,砍扎多伤,因伤殒命,非立时杀死。	郭五照凶器伤人本罪加一等,发边远充军。	嘉庆十五年	"斗殴伤"案	卷二十八 杀一家三口(1003)
179	纠众寻殴杀人乘便抢捡财物	丁炳纠众执持凶器,与詹小秃、丁成诗等砍伤王吉松身死物。	为首詹小秃依共殴伤重例拟绞监候,丁成诗等依凶徒因事忿争,聚众执持凶器伤人,抢捡财物毁弃器物,徒罪以上不分首从拟军例,发边远充军。	嘉庆十六年	"斗殴伤"案	卷二十九 斗殴及故杀人(1067－1068)

续表

序号	案件名	案情摘要	判决结果	案发时间	“伤”罪类型	案件来源
180	脱衣寻衅共相殴打致令冻死	郑环子赊酒面不遂，乘醉脱衣，持刀登门叱骂，被任忠用枪扎伤右臁肋，智元殴伤左手腕，郑环子受冻身死。	将任忠依凶器伤人例发边远充军，智元照不应重律拟杖。	嘉庆十八年	“斗殴伤”案	卷二十九 斗殴及故杀人(1072)
181	兄将凶手戳伤其弟过后身死	王五成因其弟王大眼被孟步云砍伤待毙，痛愤携枪将孟步云扎伤。	依凶器伤人军罪上减二等，杖九十、徒二年半。	嘉庆二十年	“斗殴伤”案	卷三十 斗殴及故杀人(1102)
182	俱殴逃走闻骂回顾失跌淹毙	马秋林因其族兄马添林被王洪俊等按殴，帮护互相殴打。王洪俊同常春光因闻骂惊慌，先后失足落河，致常春光溺毙。	马秋林曾用腰刀砍伤人，从重照凶器伤人例拟军。	道光四年	“斗殴伤”案	卷三十 斗殴及故杀人(1120－1121)
183	因疯砍伤六人到案供吐明晰	革兵阎金祥用顺刀砍伤侯上林等六人，虽因疯所致，但到案痊愈，供吐明晰。	于凶器伤人近边军例上加一等，系革兵滋事再加一等，发极边充军，仍监禁数年后查看，疯疾不复发再行释放。	道光五年	“斗殴伤”案	卷三十二 戏杀误杀过失杀伤人(1194)
184	凶器军器伤人不分兵民	营兵郑俊等疑贼共殴林大科身死。余人梁升用铁枪戳伤林大科。	驳回(律例适用错误)。	道光六年	“斗殴伤”案	卷三十七 斗殴(1345－1346)
185	铁锤伤人照凶器论	韩文魁等殴死王作信案内之田忠用铁锤共殴。	依凶器伤人例拟军。	嘉庆二十四年	“斗殴伤”案	卷三十七 斗殴(1346)
186	凶器殴伤有服尊长	郑庚寅用铁尺殴伤大功堂兄郑宏义，并误伤小功堂侄郑五身死。	于凶器伤人例发近边充军例上按大功服制递加三等，发极边烟瘴充军。	嘉庆十八年	“斗殴伤”案	卷三十七 斗殴(1346－1347)

续表

序号	案件名	案情摘要	判决结果	案发时间	“伤”罪类型	案件来源
187	夺获凶器伤人应减一等	张学三等共殴李梦麟身死案内之余人张四娃夺获凶器铁筒，帮殴伤人。	奏准定例：夺获凶器伤人，于凶器伤人军罪上量减一等，拟杖一百、徒三年。将张四娃于凶器伤人军罪上量减一等，拟杖一百、徒三年。	嘉庆二十二年	“斗殴伤”案	卷三十七斗殴(1347)
188	夺获伙犯凶器殴人毋庸减等	周四等听从刘八接过伙犯周三富带往铁尺殴伤吴祥手腕，致吴祥身死。	将刘二照凶器伤人减一等，拟杖一百、徒三年。	嘉庆二十四年	“斗殴伤”案	卷三十七斗殴(1347)
189	临时拾获凶器伤人未便减等	魏致中等共殴霍玉佩身死案内之刘殿臣拾获铁尺殴伤霍玉佩左腿。	将刘殿臣依凶器伤人例拟军。	嘉庆二十一年	“斗殴伤”案	卷三十七斗殴(1348)
190	禾枪系属农具应照刃伤问拟	焦应山纠集刘会元殴打徐体重泄愤，焦应山用长柄铁枪致伤徐体重左腿，刘会元用农具禾枪殴人。	将焦应山依凶器伤人例，拟军；将刘会元依刃伤人律，拟徒，杖八十、徒二年。	嘉庆十五年	“斗殴伤”案	卷三十七斗殴(1348)
191	豫省凶徒斗殴器械即属凶器	喻松林等扎伤杜魁身死。	照例发遣。	嘉庆二十二年	“斗殴伤”案	卷三十七斗殴(1355－1356)
192	凶器殴伤正限之外身死减军	薄三秃持枪扎伤杨锐脐肚越三十一日身死，系在刃伤保辜三十日之外，余限十日之内。	将薄三秃照凶器伤人例发近边充军。	嘉庆九年	“斗殴伤”案	卷三十七保辜限期(1368－1369)

续表

序号	案件名	案情摘要	判决结果	案发时间	“伤”罪类型	案件来源
193	在卡门外索欠用虎枪伤人	司辔塔那保向庆福索讨赌欠争闹，塔那保顺用虎枪扎伤庆福。事发在热河，距行宫二里。	将塔那保革去司辔，依凶器伤人例拟军，在行宫地方逞凶，遵旨加等，发边远充军。系旗人实发驻防当差，奉上谕再加枷号两个月发往乌鲁木齐。	嘉庆二十二年	“斗殴伤”案	卷三十八 宫内忿争（1377）
194	粮差畏比垫完向索殴伤粮差	郭心贵欠粮被索争闹，喝令其弟郭包三等各用凶器将粱差黎贵等殴戳受伤。	郭心贵为首依凶器伤人例拟军，郭包三等照为从例拟徒。	嘉庆二十五年	“斗殴伤”案	卷三十八 拒殴坠摄人（1398）
195	原谋及余人分均卑幼	老岱系和立和无服族弟，听从和立全纠同用铁尺伤人共殴和立和身死。	照凡人凶器伤人近边军罪上加一等，发边远充军。	道光八年	“斗殴伤”案	卷四十 同姓亲属相殴（1479－1480）
196	殴死缌尊为从刃伤分别军流	黄玉早听从父亲黄守万主使，用库刀叠砍缌麻服叔黄守明致死。	依凶器伤人，发近边充军例上加二等发极边足四千里充军。	道光七年	“斗殴伤”案	卷四十一 殴大功以下尊长（1481－1483）
197	因子违犯纠同外人将子殴死	胡进三因子胡奎违犯教令，纠同何二将胡奎殴伤身死。何二用铁手套帮殴。	将何二于凶器伤人军罪上量减一等，拟以满徒。	嘉庆二十四年	“斗殴伤”案	卷四十四 殴祖父母父母（1604－1605）
198	用凶器殴伤嗣祖之妾	刘效文用枪将嗣祖之妾翁氏扎伤。	将刘效文依凶器伤人例拟军。	道光二年	“斗殴伤”案	卷四十四 妻妾与夫亲属相殴（1625－1626）
199	因救父用凶器殴伤人平复	兵丁徐陇得救父情切，用铁尺殴伤叶履常平复。	驳回（事非危急，减等错误）。	道光七年	“斗殴伤”案	卷四十四 父祖被殴（1635）

续表

序号	案件名	案情摘要	判决结果	案发时间	“伤”罪类型	案件来源
200	夺获凶器拒捕不准量减	秦成与吴罗氏等通奸，夺枪殴伤氏翁吴添碌手指平复。	以凶器伤人发近边充军例上加拒捕罪二等拟发极边足四千里充军。	道光二年	“斗殴伤”案	卷五十五 罪人拒捕（2080）
201	包运米船出境凶器拒伤差役	举人陈芳杰等包运米船出境，主使拒捕伤差及陈绉毛八等夺犯掳差。	陈芳杰依凶器伤人，近边充军例上加拒捕罪二等，发极边充军。	嘉庆二十一年	“斗殴伤”案	卷五十五 罪人拒捕（2081）
202	无服亲用凶器殴伤应抵正凶	杨石义听从杨石淋纠殴扎伤赵克智身死，并赵锡五砍伤杨石淋身死，案内之杨罄云听纠共殴，用凶器黄蟮头刀砍伤赵锡五。	赵锡五系杨石淋无服族叔，于凶器伤人拟军例减一等，杖一百、徒三年。	道光七年	“斗殴伤”案	续增刑案汇览卷九 斗殴及故杀人（252）
203	夺获甲手内凶器将乙殴伤	刘见明用锱刀将张正泰戳伤。	比照夺获凶器伤人例，杖一百、徒三年。	道光四年	“斗殴伤”案	续增刑案汇览卷十 斗殴（311）
204	聚众各执凶器始将首从拟军	郭纯朴听从郭夫昌纠邀五人，将郭大牛殴打泄忿。郭纯朴执持木柄大刀砍伤族弟郭二牛平复。	郭纯朴依凶徒因事忿争，执持凶器伤人例拟发近边充军，仍照同姓亲属相殴尊长犯卑幼减凡斗一等律，于军罪上减一等，拟杖一百、徒三年。	道光十五年	“斗殴伤”案	续增刑案汇览卷十 斗殴（312）
205	凶器殴伤胞兄为从应行加减	赵振基系赵振邦期亲服弟，听从出继之兄赵振业主使，用夺获铁尺殴伤赵振邦。	依凡人凶器伤人拟军例，为从减一等拟徒，仍按服制加四等，发附近充军。	道光四年	“斗殴伤”案	续增刑案汇览卷十一 殴期亲尊长（349）
206	奸夫殴伤调奸伊妾之本夫	李辉庭与李汶臣之妻韩氏通奸，李汶臣亦向李辉庭之妾图奸未成，被李辉庭用铁尺殴伤成废。	将李辉庭照凡斗凶器伤人例，发近边充军。	道光十二年	“斗殴伤”案	续增刑案汇览卷十四 犯奸（434）

续表

序号	案件名	案情摘要	判决结果	案发时间	“伤”罪类型	案件来源
207	扑枪锈刀非民用物伤人均照凶器科断	宁远州详解旗人孙朝俊等用扑枪扎砍旗人靳得俞身死。	嗣后遇有此等案件，凡非民间常用之物，一经伤人，均仍照凶器伤人科断，以归画一而免歧异。	光绪五年	“斗殴伤”案	新增刑案汇览卷四　私藏应禁军器(573－574)
208	误伤父母拟斩改缓后请留养	帝山县县民龚奴才误伤其父龚加红平复。其母无次丁，现呈请留养。	皇帝谕旨：此系法外施仁，传知各司一体遵行，嗣后不得援以为例。	嘉庆二十五年	“误伤”案	卷二　犯罪存留养亲(42－44)
209	误伤父母拟斩随案声请承祧	翟小良误伤其父翟玉阶平复，呈请留一线以承三祧。	将该犯照留养例枷责发落，准其存留承祧。	道光元年	“误伤”案	卷二　犯罪存留养亲(44－45)
210	欲谋杀人误毒三人伤而未死	李必蓁谋毒李会明，误毒李二子等三人伤而未死。	以谋杀已行未伤人本律拟徒。	嘉庆十一年	“误伤”案	卷三十二　戏杀误杀过失杀伤人(1160－1161)
211	误伤宗室之妻殴伤觉罗之妻	玉贵用刀砍伤王明刚，并误伤已故宗室福升之妻伊氏各平复。	依凡斗刃伤杖徒，本罪毋庸加等。	道光七年	“误伤”案	卷三十八　宗室觉罗以上亲被殴(1379－1380)
212	踢伤改嫁妻母酌量减科	薛明太将张赵氏误踢成伤。张赵氏系薛明太之妻母，业已改嫁。	将薛明太依殴妻之父母律上量减一等，杖一百。	道光二年	“误伤”案	卷四十　妻妾殴夫(1475)
213	欲行铳毙胞侄误伤胞兄平复	张先名放铳欲杀胞侄，误伤胞兄张先发平复。	照火器伤人军罪伤按服制递加四等加发新疆，仍照奏定章程改发云贵两广极边烟瘴充军，枷号三个月。	道光七年	“误伤”案	卷四十二　殴期亲尊长(1546－1547)
214	放铳误伤胞伯伤痊因病身死	陈大沅竹铳误伤胞伯陈友仪伤痊，后陈友仪因患寒病身死。	同上案。	道光七年	“误伤”案	卷四十二　殴期亲尊长(1547)

续表

序号	案件名	案情摘要	判决结果	案发时间	"伤"罪类型	案件来源
215	铳伤兄妻误伤胞兄伤俱平复	王尚选用竹铳误伤胞兄王尚品及其妻王辛氏，伤俱平复。	驳回(律例适用错误)。	道光七年	"误伤"案	卷四十二殴期亲尊长(1548)
216	误伤期亲伯母平复未便量减	卜以恪误伤伯母卜毛氏平复。	将卜以恪依侄殴伯母律杖一百、流二千里。	道光七年	"误伤"案	卷四十二殴期亲尊长(1548－1549)
217	谋毒小功堂侄误毒胞叔未死	汪銮陛谋毒小功堂侄，但误毒胞叔汪培珠等伤而未死。	照侄殴期亲伯叔父母律拟杖一百、流二千里。	嘉庆十八年	"误伤"案	卷四十二殴期亲尊长(1549)
218	被揪图脱用刀割辫误伤胞兄	刘庭桥误伤胞兄刘庭柳伤即平复。伤深俱不及半分。	依卑幼刃伤期亲尊长，讯非有心干犯，拟绞监候。	嘉庆十一年	"误伤"案	卷四十二殴期亲尊长(1550)
219	因回殴堂兄误伤胞叔成废	韩悦颜被堂兄韩连元纠按情急，用铁尺乱殴误伤胞叔骨折成废。	将韩悦颜比照刃伤期亲尊属，系误伤例绞监候。	道光二年	"误伤"案	卷四十三殴期亲尊长(1587)
220	殴妻误伤其母旋因患病身死	周三儿用柳条殴责其妻，因其母上前遮护，误伤其母伤轻。后其母因患病死亡。	照律斩立决。奉旨九卿议奏，改为斩候。	嘉庆二十二年	"误伤"案	卷四十四殴祖父母父母(1612－1613)
221	奸盗罪人图脱割辫误行刃伤	曾三听从朱七行窃周明畴家，被追及揪住发辫，情急拔刀将辫割断，周明畴夺刀致被刀尖划伤右手心平复。	通行已纂例：嗣后凡窃盗刃伤事主之案，除仅止被追，并未获住贼犯，因自图脱身，或见伙犯被获，有心逞凶，刃伤事主者，仍照向例拟绞监候外，如有被事主扭获，情急图脱，用刀自割发辫衣襟，以致误行划伤事主，于拒捕刃伤拟绞监候例上量减为极边烟瘴充军。	道光二年	"误伤"案	卷五十六罪人拒捕(2134－2135)

续表

序号	案件名	案情摘要	判决结果	案发时间	“伤”罪类型	案件来源
222	割辫误伤事主之邻佑	张喜安乘夜行窃事主张泳积钱铺，被张泳积铺邻王万年揪住发辫声喊，该犯情急图脱，拔刀割辫，划伤王万年左手腕等处平复。	依刃伤人律上加拒捕罪二等杖一百、徒三年。	道光十一年	“误伤”案	卷五十六罪人拒捕(2135)
223	临时盗所割襟误伤事主	柯良元乘夜行窃事主高建昌家，被拉胸衣喊捉，情急图脱，用刀将衣襟割落，误伤事主平复。	依窃盗临时拒捕，如实系被事主扭获，情急图脱，用刀自割襟带，以致误伤事主例应斩候者减发新疆为奴例，发新疆为奴，仍照调剂新疆遣犯章程改发云贵两广极边烟瘴充军，酌加枷号三个月。	道光九年	“误伤”案	卷五十六罪人拒捕(2135-2136)
224	事主事后追捕窃贼割辫误伤	王居儿行窃事主刘元平家纸穰，刘元平事后途遇该犯，揪住发辫，欲行送官。该犯情急图脱，用刀自割发辫，误划伤右胳肘平复。	依刃伤人加拒捕罪二等杖一百、徒三年、刺字。	道光七年	“误伤”案	卷五十六罪人拒捕(2136)
225	割辫后又致伤事主未便减军	贼犯张二先被事主刘畛揪扭发辫，情急图脱，用刀欲将发辫割断，误将刘畛额颅扎伤。事后犹不弃刀，乃有心拒捕。	依窃盗未得财逃走，被事主追逐拒捕刃伤例，拟绞监候。	道光二年	“误伤”案	卷五十六罪人拒捕(2136)

续表

序号	案件名	案情摘要	判决结果	案发时间	“伤”罪类型	案件来源
226	事主向贼夺刀自行抓摸误伤	外结徒犯姚奉行窃事主范中雨家，未经得财逃走，被事主追获，范中雨误碰该犯所带刀口。更夫崔让夺刀误摸刀口自行带伤左手食指。	姚奉比照窃盗图脱，用刀自割发辫襟带，误伤事主减军例，量减一等，拟杖一百、徒三年。	道光四年	“误伤”案	卷五十六罪人拒捕(2137)
227	事主将贼抱住自碰刀刃致伤	李法行窃逃走，被事主抱住，致身带尖刀将事主碰伤。	驳回(量刑过轻)。	道光十一年	“误伤”案	卷五十六罪人拒捕(2137－2138)
228	被扭拒殴事主夺刀自行划伤	潘运樽等抢夺被事主扭住，图脱拒捕，致事主夺刀自行划伤手指平复。	驳回(律例适用错误)。	道光四年	“误伤”案	卷五十六罪人拒捕(2138)
229	被抱图脱互扭落河刃伤事主	陈大听从抢夺误伤事主平复。	驳回(有无争斗情形不清)。	道光五年	“误伤”案	卷五十六罪人拒捕(2138－2139)
230	被揿挣起刃尖碰伤未便减军	文连四听从伍思昌等三人行窃伍秉顺家，文连四先因事主夺刀划伤其手背，尚在用刀将带割断之时，后被事主赶拢揿按挣起，致刀尖又将事主碰伤。	驳回(罪名错误)。	道光七年	“误伤”案	卷五十六罪人拒捕(2140)
231	被扭挣扎事主自碰刀尖划伤	贼犯罗万成于盗所被事主李雷氏扭获，拔刀用背殴伤事主，后复因挣扎致刀尖划伤李雷氏右胳肘。	驳回(拒捕情节不清)。	道光六年	“误伤”案	卷五十六罪人拒捕(2140－2141)

续表

序号	案件名	案情摘要	判决结果	案发时间	"伤"罪类型	案件来源
232	事主揪衣致被衣内刀锋划伤	顾大茗、颜雅池等乘夜腰掖铁刀偕至事主刘维江家行窃。	驳回(拒捕情节不清)。	道光六年	"误伤"案	卷五十六 罪人拒捕(2141 -2142)
233	自割胸衣误划事主三伤	于达四儿等行窃被获,自割衣襟,误划事主吴沅幅等受伤平复。	驳回(事实不清)。	道光六年	"误伤"案	卷五十六 罪人拒捕(2142)
234	先因割辫后因夺刀误伤三处	杨三因行窃被获图脱,用刀自割发辫,误伤事主潘兴远平复。	驳回(案件存疑,事实不清)。	道光四年	"误伤"案	卷五十六 罪人拒捕(2142 -2143)
235	窃盗割辫误伤事主实发四省	鄢茂兴行窃,被获图脱,用刀割辫,致误伤事主平复,应照新例减发极边烟瘴充军,是否实发四省咨请部示等因。	此条例文系仿照窃赃满贯及刃伤事主等项秋审缓决减军之例办理,而窃赃满贯及刃伤事主、秋审缓决减等,从前本应发遣新疆,后因调剂,将此项人犯减发极边烟瘴充军,系由新疆条款内改为内地,例应实发云贵两广四省烟瘴充军,不得照名例以足四千里为限,应令遵照办理,并将该犯右面刺"改发"二字。	道光三年	"误伤"案	卷五十六 罪人拒捕(2143)
236	贼犯割辫误伤拟军毋庸具题	付四姓保行窃,被获图脱,用刀自割发辫误伤事主平复。	将付四姓保拟军。	道光四年	"误伤"案	卷五十九 有司决囚等第(2219)
237	田禾被抢用铳吓放误伤尊长	卢璋听从卢奇芬将铳向空点放,不期铳裂误伤卢奇彩、卢振二人。	将卢璋比照鸟枪向有人居止宅舍施放误伤人者,减烫火伤一等,为从再减一等,拟杖八十,仍照私藏鸟枪例,加枷号一个月。	道光十三年	"误伤"案	续增刑案汇览卷九 戏杀误杀过失杀伤人(268)

续表

序号	案件名	案情摘要	判决结果	案发时间	"伤"罪类型	案件来源
238	放铳误伤人致瞎一目	钟秀雇铳手放铳，宋小创代为点放，致击瞎他人一目。	比照竹铳向有人居止宅舍施放，误伤人减烫火伤一等例，于瞎人一目满徒律上减一等。	道光十年	"误伤"案	续增刑案汇览卷九 弓箭伤人(274)
239	金刃误伤限内平复	褚套儿用刀切菜，不期误行划伤满吉太左耳，限内平复。	将褚套儿照不应重律杖八十。	道光十四年	"误伤"案	续增刑案汇览卷十 斗殴(310－311)
240	畏罪自戕因被夺刀误伤胞叔	金壬戌因奸被控拿究，情急用刀自刎，误伤胞叔。	照卑幼刃伤期亲尊属，讯非有心干犯例，拟绞监候。	道光七年	"误伤"案	续增刑案汇览卷十一 殴期亲尊长(350)
241	割袋窃钱事主遮护误被刃伤	李雨子纠伙在途行窃，用刀偷割事主年三装钱口袋，年三用手遮护，误碰刀尖划伤右手掌，伤轻平复。	除抢夺轻罪不议外，比照窃盗临时拒捕伤人，如被获图脱，用刀自割发辫襟带，以致误伤事主者，于死罪上酌减一等例，改发云贵两广极边烟瘴充军，到配枷号三个月。	道光十三年	"误伤"案	续增刑案汇览卷十四 罪人拒捕(459－460)
242	车碰致伤二人追银二分	贾大赶车碰轧杜从富、王俱幅两人，王俱幅伤轻平复，杜从富受伤成废，请于收赎废疾外领追他物伤赎银。	照过失伤律于追征废疾赎银外，再追加他物伤人赎银七钱九里。	乾隆五十五年	"过失伤"案	卷三十一 戏杀误杀过失杀伤人(1134－1135)
243	铡草喂牛伙伴取草铡落右手	皮常与同主雇工孟金素一起铡草喂牛，失手落刀，铡落孟金右手。	照过失伤律收赎。	道光九年	"过失伤"案	卷三十一 戏杀误杀过失杀伤人(1141)
244	因疯刃伤期亲尊属	王大辛因疯用刀砍划，致伤胞叔王洪泽平复。	驳回(律例适用错误)。	道光七年	"过失伤"案	卷三十一 戏杀误杀过失杀伤人(1189－1190)

续表

序号	案件名	案情摘要	判决结果	案发时间	“伤”罪类型	案件来源
245	因疯刃伤职官病痊酌量监禁	幅宽因疯砍伤佐领桂龄病痊。	依刃伤非本管五品以上官律拟徒,照凶器伤人果有疯疾例收赎。	道光十年	“过失伤”案	卷三十二 戏杀误杀过失杀伤人(1192－1193)
246	卑幼过失杀伤功服尊属	幼孩吴大毛鸟枪过失伤小功堂伯吴叔彩平复。	依过失伤人者准斗伤罪照汤火伤人杖一百,依律追银一两七钱七分四厘。	嘉庆十三年	“过失伤”案	卷四十一 殴大功以下尊长(1509－1510)
247	并未违犯继母迁怒撞头跌伤	孙樊氏怀恨迁怒继子自缢身死。	驳回(断罪错误)。	嘉庆十年	“过失伤”案	卷四十九 子孙违犯教令(1838－1839)
248	母因迁怒向子赶殴自行磕伤	庆善之母舒氏生气迁怒庆善,向其赶殴,被地上砖块绊跌磕伤额颅。	按违犯教令律将庆善拟以杖一百,鞭责发落。	嘉庆二十三年	“过失伤”案	卷四十九 子孙违犯教令(1839－1840)
249	过失伤人抽风身死	陈钰成手执兜刀割麦,致兜刀误伤胡盛氏左额角,越十二日抽风身死。	依过失伤流罪追银十两六钱四分五厘给属具领。	道光七年	“过失伤”案	续增刑案汇览卷九 戏杀误杀过失杀伤人(265)
250	子妇过失伤翁	李王氏与其翁李元富收缚高粮,力乏失手致李元富坐跌倒地,垫伤肾囊平复。	依过失伤夫之父律杖一百、徒三年。照“稍有力赎罪之律”纳赎。	道光十一年	“过失伤”案	续增刑案汇览卷十一 殴祖父母父母(357)

续表

序号	案件名	案情摘要	判决结果	案发时间	"伤"罪类型	案件来源
251	马惊不能控制方向照过失论	山西道御史奏称：请嗣后凡车马杀伤之案，审明骑御之人实系途次缓行，而马骡因他故惊逸，势不能驾驭者，方依过失律定拟外，其有事非急公任意驰聘车马，以致马惊杀伤人者，虽马惊为实，也依无故驰骤车马律断罪，不得以过失收赎。	无论是否公务急速或无故驰骤，情形各不相同，真伪不难分辨，不必另立科条，反滋拘泥之弊。	乾隆三十六年	"过失伤"案	卷三十一 戏杀误杀过失杀伤人(1136－1137)
252	窃贼刃伤事主抱赃自首	窃贼拒捕，刃伤事主，闻官司缉拿，抱赃自首，作何办理。咨请部示。	闻拿投首，有畏法之心。应援闻拿投首例减一等处罚。所有该省审办窃盗刃伤事主一案，应令该侍郎即照例定拟具题。	嘉庆十九年	"盗伤"案	卷四 犯罪自首(136－137)
253	窃贼刃伤事主堂兄带同禀首	谢吴三行窃刃伤事主汤超凡，堂兄不知事主报缉，带同闻拿投首。	依窃盗未经得财逃走，事主追逐，拒捕刃伤者绞监候，闻拿投首减一等例，杖一百、流三千里。	嘉庆九年	"盗伤"案	卷四 犯罪自首(137－138)
254	巡役通贼偷盐未成盗所拒捕	黄汶成起意偷窃盐坨，贪图分肥，勾引李复兴等多人行窃，以致李复兴将兵丁刘碌等拒伤。	依窃盗未得财，临时盗所拒捕伤人，伤非金刃，伤轻平复，首犯例改发边远充军。	道光二年	"盗伤"案	卷十 盐法(363－367)

续表

序号	案件名	案情摘要	判决结果	案发时间	“伤”罪类型	案件来源
255	两贼同时同地刀伤事主一人	侯叫化纠允唐老满行窃事主龙池河家衣物，被龙池河发现追赶，同场先后拒伤一人。	驳回（同场拒伤一人之案援引各科各罪之条错误）。	道光十一年	“盗伤”案	卷十三 强盗(462-463)
256	首犯先行拒捕伙贼帮同刃伤	崔林因听从董三沅纠窃同伙五人，崔林允、崔林先后分别用木叉、小刀拒伤事主，伤轻平复。	驳回（事实含混）。	道光十三年	“盗伤”案	卷十三 强盗(463-464)
257	拒伤事主分居亲属与事主同	贼犯曾亚泷纠同黄亚复、曾细九等行窃事主黄亮华，因被喊捕弃赃逃走，拒伤事主分居亲属与事主。	驳回（律例适用错误）。	道光七年	“盗伤”案	卷十三 强盗(465-466)
258	行窃妻弟家刃伤事主之堂弟	杨有胡行窃故妻堂兄余世龙，被故妻之弟余世美堵截抱住，其为图脱用刀戳伤余世美胸膛等处平复。	杨有胡依窃盗弃财逃走，事主追逐拒捕刃伤例，拟绞监候。	乾隆三十三年	“盗伤”案	卷十三 强盗(464-465)
259	偷羊赶走因被追捕捆缚事主	贼犯王新桂等行窃事主刘光铉家羊只，拒捕捆缚工人韩秉忠。	将王新桂依窃盗临时护赃拒捕，伤非金刃，伤轻平复例，拟军。马得山为从拟徒。	嘉庆十七年	“盗伤”案	卷十三 强盗(467)
260	得赃后复进窃被追出房拒捕	朱望一初次行窃得赃后二次进房行窃尚未得脏，被事主追捕跑离盗所。	依伙贼携赃，先遁后逃之贼被追拒捕，伤非金刃，伤轻平复，依罪人拒捕科断例，于窃盗赃一两至一十两，为从减一等上，加拒捕罪二等律，杖八十。	道光元年	“盗伤”案	卷十三 强盗(472-473)

续表

序号	案件名	案情摘要	判决结果	案发时间	"伤"罪类型	案件来源
261	赃经事主夺回不得谓之护赃	蓝得偷窃事主农伸布毡包跑走，被事主夺回，该犯为图脱用刀戳伤事主平复。	依窃盗未经得财逃走，被事主追逐拒捕刃伤例，拟绞监候。	道光元年	"盗伤"案	卷十三 强盗(473)
262	窃贼刃伤事主畏惧送还原赃	赵兴文赦后复犯，听从行窃图脱，刃伤事主崔玉占等平复，后因闻拿畏惧，送还赃物。	赵兴文一犯着改为应绞入于缓决。	嘉庆四年	"盗伤"案	卷十三 强盗(477－478)
263	行劫未成拒伤兵役	谢山起意纠劫未成，用匾挑拒伤线役二人。	依强盗伤人而未得财，首犯拟斩监候。	嘉庆二十二年	"盗伤"案	卷十四 强盗(524)
264	回民行窃未得财拒捕者不减	回民丁八十纠允回民马双喜、丁年成、丁瞎三行窃，同伙四人，被巡役马馨泰、马太喊捉追赶，丁八十喝令丁年成等一同拒捕，并用柴刀砍伤巡役。	将该犯等均各照结伙三人以上，但有一人执持器械，不分首从，不计赃数例，改发云贵两广极边烟瘴充军，照例加拒捕罪二等拟遣，加枷号三个月。	道光七年	"盗伤"案	卷十六 窃盗(578－579)
265	盗多罗马犯时不知刃伤捕人	贼犯霍亮在热河行窃多罗马一匹，拒捕刃伤捕拿之营兵平复，但未至残废笃疾。	从重改发黑龙江给披甲人为奴，照例刺字，照本例先行枷号六个月再发配。	嘉庆二十三年	"盗伤"案	卷十八 盗马牛畜产(625－626)
266	奸妇殴死本夫奸夫拒伤本夫	罗联科与罗刘氏在房行奸，被罗名受听闻捉拿，用扁担将本夫拒伤逃逸。	将罗联科比照窃盗临时盗所拒捕，伤非金刃例改发边远充军。	嘉庆二十五年	"盗伤"案	卷二十四 杀死奸夫(849)

续表

序号	案件名	案情摘要	判决结果	案发时间	"伤"罪类型	案件来源
267	殴奸盗及放火凶徒成笃勿论	殴伤奸夫及图赖罪人至折伤以上，可否勿论。请刑部核示。	嗣后本夫及本夫本妇有服亲属捉奸殴伤奸夫，或本妇拒奸及本夫本妇有服亲属殴伤图赖强奸未成罪人，或男子拒奸殴伤奸匪，或事主殴伤贼犯至折伤以上，无论尊长卑幼凡人，是否登时事后，概予勿论。	道光四年	"盗伤"案	卷二十六 杀死妻夫（960－961）
268	窃贼刃伤兵丁并折伤一指	王四行窃拒伤兵丁唐士明、杨与忠等。	于刃伤人罪上加拒捕罪二等，拟杖一百、徒三年。	嘉庆十八年	"盗伤"案	卷五十五 罪人拒捕（2076－2077）
269	盗田野谷麦拒伤事主成废	贼犯赵元子行窃桑叶，被获图脱，致将事主贺胜孝闪跌成废。	驳回（刑罚适用错误）。	道光六年	"盗伤"案	卷五十六 罪人拒捕（2133－2134）
270	由轻改重之案自应驳令另拟	郑义行窃，虽未得赃但在盗所拒捕刃伤事主。	驳回（刑罚适用错误）	嘉庆二年	"盗伤"案	卷六十 断罪不当（2250）
271	流犯在配复窃园蔬刃伤事主	杨二彪先因犯窃拟流在配，复窃被事主撞遇扭住，图脱用刀拒伤事主左肩胛平复。	杨二彪改依犯罪拒捕，加本罪二等律，于刃伤人罪上加二等，杖一百、徒三年，仍照已流而又犯罪，依律再科后犯之罪律，将该犯即在流配折责拘役。	道光十四年	"盗伤"案	续增刑案汇览卷二 徒流人又犯罪（24－25）
272	行劫一次复因行劫烧伤事主	林大魁先经听从行劫事主蒋玉书家得赃，在外接赃。	大魁比照强盗止伤人而未得财首犯例，拟斩监候。	道光四年	"盗伤"案	续增刑案汇览卷五 强盗（119）
273	事后搜赃窃贼刃伤事主平复	赵文元乘夜行窃潘幅增，后被寻踪搜赃，赵文元情急拔刀，扎伤潘幅增肚腹平复。	驳回（法律适用错误）。	道光十三年	"盗伤"案	续增刑案汇览卷五 强盗（125－126）

续表

序号	案件名	案情摘要	判决结果	案发时间	“伤”罪类型	案件来源
274	奸拐罪人刃伤奸妇之有服亲	葛妮子与徐珍小功外甥孙小雪之妻孔李氏通奸，复诱拐该氏同逃，被徐珍追捕，逞凶拒捕，刃伤徐珍平复。	将葛妮子照奸夫拒捕，刃伤应捉奸之人，照窃盗拒捕，殴所捕人至折伤以上例，拟绞监候。	道光十二年	“盗伤”案	续增刑案汇览卷七 略人略卖人（178）
275	窃盗刃伤邻佑未便照事主论	胡超行窃刘帼玉家，刃伤吴畛等二人，赃钱在怀，所伤之人一系事主邻佑，一系邻佑雇工。	驳回（法律适用错误）。	道光十三年	“盗伤”案	续增刑案汇览卷十四 罪人拒捕（458－459）
276	窃盗护赃用木棍拒伤邻佑	王栽子听从王解闷行窃李允幅家，携赃逃跑，邻人胡琳等帮捕，该犯用木棍拒伤胡琳等平复。	驳回（未遵照已有通行）。	道光十三年	“盗伤”案	续增刑案汇览卷十四 罪人拒捕（459）
277	贼犯拒伤巡役不应照事主论	李魁行窃杨魁法钱铺，护赃拒捕，用绳鞭殴伤王大有左额角平复。	依凶器伤人近边军加拒捕罪二等，发极边充军。	道光七年	“盗伤”案	续增刑案汇览卷十五 罪人拒捕（463）
278	抢夺刃伤事主闻拿投首减流	杨美三抢夺刃伤事主，闻事主报县缉拿，畏罪投首。	依闻拿投首之犯，于本罪上减一等例，于抢夺伤人如刃伤者，首犯拟斩监候上减一等，杖一百、流三千里。	嘉庆十九年	“盗伤”案	卷四 犯罪自首（139－140）
279	抢夺刃伤事主事未发而自首	董为典抢夺张大怀钱财，拒捕刃伤事主，经犯父寻获禀首。	依刃伤人律，杖八十、徒二年。	嘉庆二十一年	“盗伤”案	卷四 犯罪自首（140）
280	抢赃满贯妻弟首告	侯明远抢夺段鸿格银两，并用铁尺拒捕殴伤事主平复。	依凶器伤人例拟军免刺。	道光三年	“盗伤”案	卷四 犯罪自首（140）

续表

序号	案件名	案情摘要	判决结果	案发时间	"伤"罪类型	案件来源
281	伙抢妇女转卖首犯闻拿投首	戚望德纠约姜即子等抢夺叶杨氏，戚望德闻拿投首。	将戚望德依聚众伙谋抢夺妇女斩决之例，因其闻拿投首，比照伤人首盗投首例拟斩监候。	嘉庆二十一年	"盗伤"案	卷九 强占良家妻女(304)
282	抢夺谋杀事主伤而未死	郝马庄剥夺郝三断新衣，殴伤其左右手腕等处，后起意致死，用手掐住其咽喉，拾冰块连殴其左太阳偏左等处并殴落门牙四个，见郝三断昏晕，携取衣被面包而逸。郝三断伤经平复。	将郝马庄照抢夺伤人未死，如刃伤及折伤者，首犯拟斩监候例，拟斩监候。	嘉庆二十一年	"盗伤"案	卷十五 白昼抢夺(541-542)
283	抢窃同场共拒致伤事主一人	黄亚和与同伙八人抢夺事主财物，逸犯陈云通夺取事主扁担，殴伤事主左胳膊，黄亚和用尖刀伤事主右手背。	将黄亚和依刃伤为首例拟斩监候。陈云通照下手为从例，发边远充军。	嘉庆五年	"盗伤"案	卷十五 白昼抢夺(544-546)
284	抢夺得赃逃走被追各拒各捕	徐老二等抢夺严瑞光等银物，各自拒伤事主，伤经平复。	徐老二依白昼抢夺刃伤人首犯例，拟斩监候。其余罪犯依抢夺伤人，伤非金刃，伤轻平复首犯例，拟发极边烟瘴充军。	嘉庆十六年	"盗伤"案	卷十五 白昼抢夺(546)
285	刃伤事主在场助势即属为从	周顺、范金魁听从曹俸抢夺叶有万布匹，在曹俸持刀拒捕砍伤叶有万时同行助势。	驳回(凭空减罪，毫无依据)。	嘉庆十五年	"盗伤"案	卷十五 白昼抢夺(546-547)

续表

序号	案件名	案情摘要	判决结果	案发时间	“伤”罪类型	案件来源
286	抢夺得赃脱逃被获拒伤兵役	王小喜听从其父王敬付抢夺程广演鱼驴，与王敬付同场拒伤事主，伤非金刃。	将王敬付依父子共犯杀伤，如子起意，父助势，视其本犯科条加一等治罪例，于抢夺伤非金刃，伤轻平复，为从满徒本罪上加一等，拟以杖一百、流二千里。	嘉庆二十三年	“盗伤”案	卷十五 白昼抢夺(549)
287	人多而有凶器驳照粮船水手	伍老羊纠伙九人抢夺，被事主扭住，拔刀拒戳成伤，伙犯班阿苗、班阿抱、罗阿抱拢护，各拔刀用背将事主殴伤。罗阿长、罗老二、罗阿幅在场助势并未帮殴而散。	驳回(不分犯罪首从，与例不符)。	嘉庆二十三年	“盗伤”案	卷十五 白昼抢夺(557－558)
288	南山匪徒抢夺不应照川匪例	杨狗儿纠伙四人抢夺包谷，刘二麻子、孙三成各用木棍殴伤事主李大会平复。	刘二麻子、孙三成依抢夺伤人，伤非金刃，伤轻平复之首犯，于极边烟瘴充军例加一等，发新疆为奴。	嘉庆十九年	“盗伤”案	卷十六 白昼抢夺(565－566)
289	川匪拦抢仅止一人各照本例	王年贵一人抢夺陈家栋银镯，被拉图脱推跌事主致伤。	依寻常抢夺伤人，伤非金刃，伤轻平复之例，拟以烟瘴充军。通行河南、安徽、湖北、山东、江苏各巡抚画一办理。	道光十二年	“盗伤”案	卷十六 白昼抢夺(566－568)
290	蒙古抢夺拒捕以先下手拟绞	贼犯高瓦等抢夺拒伤事主车夫二人，由舟温起意抢夺并先下手。舟温与高瓦各拒一人。	将高瓦发烟瘴充当苦差。	道光七年	“盗伤”案	卷十六 白昼抢夺(574－575)

续表

序号	案件名	案情摘要	判决结果	案发时间	“伤”罪类型	案件来源
291	抢夺拒伤事主事后首还原赃	韦景汗抢夺林相牛只，拒伤事主平复。事后畏罪还赃。	将韦景汗依抢夺伤人、伤非金刃、伤轻平复拟军例量减一等。	道光六年	“盗伤”案	续增刑案汇览卷二 犯罪自首(27－28)
292	抢夺图脱事主夺刀自行划伤	潘运樽纠同抢夺张明凡，刘玉光用木担运殴张明凡左右肩胛，潘运樽情急图脱，顺用刀背殴伤张明凡顶心，张明凡夺刀自行划伤左手二三四指平复。	将潘运樽依抢夺伤人，如刃伤者，首犯拟斩监候；刘玉光依抢夺伤人，伤非金刃，首犯发极边烟瘴充军；潘运遥依为从，于刘玉光军罪上减一等，拟以满徒。	道光五年	“盗伤”案	续增刑案汇览卷五 白昼抢夺(131－132)
293	抢夺拒伤事主失财窘迫自尽	卢三林抢夺古瑞达财物，拒伤事主，致令失财窘迫自缢身死。	将卢三林依白昼抢夺伤人，伤非金刃之首犯例，发极边烟瘴充军。	道光十三年	“盗伤”案	续增刑案汇览卷五 白昼抢夺(135)
294	私枭聚众拒伤商巡秋审酌缓	张玉堂、郭建美等贩私，夺犯伤差，拒伤盐店私役齐元立、林文贵。	嗣后各省盐店内报部有名之巡役，如因缉私被盐匪杀作，或杀伤盐匪，俱分别照拒捕杀伤及擅杀伤罪人各律例科断。若仅止报县有名（尚未达部），即照凡斗定拟，由刑部另咨通行各省议题遵照办理。	道光五年	“盗伤”案	卷十 盐法(352－354)
295	私贩拒捕夺犯伤差从一科断	卞自东贩私被拿，令其弟卞自西纠众夺回后又拒捕伤差。	将卞自东依夺犯伤差例拟绞。	嘉庆七年	“盗伤”案	卷十 盐法(358)
296	聚众十人夺犯未伤差	吴得仁起意偷砍木植拉运，迨人夫等被官兵拿获，主令陈泳等纠众十人夺犯未伤差。	驳回（适用罪名错误）。	道光十一年	“盗伤”案	卷十五 劫囚(526)

续表

序号	案件名	案情摘要	判决结果	案发时间	"伤"罪类型	案件来源
297	所夺但系罪人未便轻减	县役李益等共殴李芳茂身死，并李材瑞等明知被诓骗情由，仍听从逸犯李英彝夺犯殴差。	将李材瑞等依聚众中途夺犯伤差为从律，拟以满流。	嘉庆二十五年	"盗伤"案	卷十五　劫囚(528－529)
298	尊长家长率领夺犯杀伤官差	曾至冉率领其弟曾至宦、其子曾胜林等中途夺犯，导致曾胜林戳伤县差包贵身死。	将曾胜林依率领家人随同打夺，家人亦曾伤人者，以凡人首从论律，仍照尊长坐斩、为从坐流律，拟杖一百、流三千里；曾至宦照未经伤人者，于曾经伤人之家人罪上减一等，杖一百、徒三年。曾至宦除未经伤人为从新例再减一等，满徒轻罪不议外，合依骞越赴京告重事不实例，发边远充军。	道光元年	"盗伤"案	卷十五　劫囚(529－532)
299	夺犯伤差为从帮殴未便加军	李音乐纠众共二十人夺犯，各携刀械，李受仔、李壬孙各用刀棍将弓役冯秀、赖培殴划成伤。	奉批：下手伤重加一等，外省是否别有依据，或因李壬孙系属刃伤，故尔从重，应再查夺犯伤差条内从犯刃伤者如何问拟。	嘉庆十九年	"盗伤"案	卷十五　劫囚(533－534)
300	聚众九人中途夺犯殴官伤差	王五聚众同伙九人，中途打夺，致伤官役二人。	王五依官差捕获罪人，聚众中途打夺，因而伤差律，拟绞监候；郭二等于为从满流上加一等附近充军。	嘉庆二十四年	"盗伤"案	卷十五　劫囚(534)
301	欠租被拿在家喊救经众打夺	姜四拖欠官租，经差锁拿喊救，姜广才等闻声纠集，执持器械，将官差殴伤捆逐。	将姜四于聚众夺犯伤差绞候例量减拟流，从重发黑龙江为奴，以儆效尤。	嘉庆二十四年	"盗伤"案	卷十五　劫囚(535)

续表

序号	案件名	案情摘要	判决结果	案发时间	"伤"罪类型	案件来源
302	差拿改过旧贼旁人夺犯伤差	陈八儿等因弁兵王定国等巡查拿获带走罗有志,纠同打夺罗有志,并拒伤王定国。	陈八儿比照官差捕获罪人,聚众中途打夺伤差者绞监候上量减一等,杖一百、流三千里。	嘉庆二十二年	"盗伤"案	卷十五 劫囚(535)
303	纠众抢夺主簿衙署看押贼犯	王加来偷窃主簿衙署银物被押。徐步纠伙至署,将王加来抢回。	徐步比照官司差人捕获罪人,但经聚众夺犯,虽未伤人,首犯亦照因而伤人律从重拟绞例,拟绞监候。	嘉庆二十二年	"盗伤"案	卷十五 劫囚(536-537)
304	纠众夺犯未经夺获	方阿七因陈保催被差拿获,起意纠众夺犯,铳伤差役。	照竹铳伤人拟军例上加拒捕罪二等,仍发云贵两广极边烟瘴充军,加枷号三个月。	道光十年	"盗伤"案	续增刑案汇览卷五 劫囚(127)
305	因弟拟遣起解纠众中途夺犯	陈文先纠众中途劫夺,捆殴兵役,又欲纵令同解人犯同逃。	将陈文先比照官司差人捕获罪人,聚众中途打夺,伤差首犯拟绞例,拟绞监候,请旨即行处决。	道光五年	"盗伤"案	续增刑案汇览卷五 劫囚(128)
306	解配军犯自行起意纠众夺放	军犯赵鼓系在配二次逃回被获、调发边远充军之犯,起意纠众中途夺放。	将赵鼓系比依但经聚众夺犯,虽未伤人,首犯亦照因而伤人律,拟绞监候。	道光十四年	"盗伤"案	续增刑案汇览卷五 劫囚(128-129)
307	卑幼听从夺犯用石拒殴都司	果秀如率领伊子果发等夺犯拒伤官兵。	将果发依尊长率领卑幼殴差夺犯,随从之卑幼在场助势,并未伤人例,仍照拒殴追摄人律注,所殴系职官,加二等,拟杖一百、流二千五百里。	道光十一年	"盗伤"案	续增刑案汇览卷五 劫囚(129)
308	台湾兵丁聚众夺犯犯时不知	兵丁陈捷在郡城重地纠同兵伙陈得盛等将府差押带之王加升中途打夺,犯时不知系属官差。	将陈捷酌照聚众中途打夺,虽未伤人,首犯亦照伤人拟绞例,减一等,拟流,系海外戍卒,横悍成习,发新疆充当苦差;陈得盛等照为从满徒,酌加一等,杖一百、流二千里。	道光十年	"盗伤"案	续增刑案汇览卷五 劫囚(129)

续表

序号	案件名	案情摘要	判决结果	案发时间	“伤”罪类型	案件来源
309	行劫妻兄盗首伤人其妻代首	张广才纠劫妻兄李必盛家财物，经其妻代首被获，是否照亲属相盗律办理，听候部议。	驳回（断罪错误）。	无	“盗伤”案	卷十四 强盗（518）
310	殴伤行窃族祖成废致令自尽	孙伦元窃锯五服祖孙孙守智树枝，被孙守智殴至折伤，后羞愧自缢身亡。	将孙守智依折伤成废满徒律上加一等，拟杖一百、流二千里。	嘉庆元年	“盗伤”案	卷十八 亲属相盗（634－635）
311	亲属抢窃杀伤不得照擅杀论	张四财行窃大功堂弟张开言财物，将其有心勒毙。	通行各省，嗣后各居亲属相盗，如尊长抢窃卑幼财物，被卑幼杀伤，或卑幼抢窃尊长财物，被尊长杀伤者，均各按服制，以杀伤尊长卑幼本律论罪，不得照平人以擅杀伤科罪。	道光二年	“盗伤”案	卷十八 亲属相盗（639－641）
312	诬告死窃于提审别具呈首断	蓝庭林纠同蓝宣等五人抢谷蓝庭芳，被蓝庭芳赶上，殴伤蓝宣致死。蓝宣系蓝庭芳五服族兄。	将蓝庭芳依同姓服尽亲属相殴致死，以凡论，共殴人致死，下手伤重律，拟绞监候。	道光五年	“盗伤”案	卷十八 亲属相盗（641－643）
313	无服尊长行窃拒捕刃伤卑幼	外结徒犯李观保行窃刃伤无服祖孙。	于刃伤人律上减一等，拟杖七十、徒一年半。	乾隆五十四年	“盗伤”案	卷十八 亲属相盗（644）
314	卑幼行窃临时盗所拒捕未伤	邓月阳纠窃无服族婶邓彭氏衣物，临时盗所拒捕，未经成伤。	将邓月阳依窃盗临时拒捕，未经成伤，首犯拟军例，发近边充军。	道光五年	“盗伤”案	卷十八 亲属相盗（645－646）

续表

序号	案件名	案情摘要	判决结果	案发时间	“伤”罪类型	案件来源
315	卑幼抢夺刃伤无服族叔平复	谢亚海抢夺无服族叔谢幅安衣服被追，用刀拒伤谢幅安平复。	抢夺拒伤亦照凡人定拟，依抢夺伤人未死，如刃伤者，首犯拟斩监候。	嘉庆二十四年	“盗伤”案	卷十八 亲属相盗(647)
316	卑幼行窃刃伤更夫系属尊长	何亚安起意行窃无服族叔何腾高家，被族兄何幅安巡更扭拿，情急图脱刃伤何幅安平复。	何亚安依窃盗拒捕，伤非事主，但系刃伤，照律加本罪二等例，于刃伤人上加二等，杖一百、徒三年。	道光十一年	“盗伤”案	卷十八 亲属相盗(650－651)

注：本表依据(清)祝庆祺等编的《刑案汇览三编》(北京古籍出版社2004年版)整理而成。按“故伤”“斗殴伤”“误伤”“过失伤”“盗伤”分类依次排序，并将同一“伤”罪类型案件遵照《刑案汇览三编》记载顺序进行排序。

参考文献

（以以出版时间为序）

一、古籍类

1.（清）汪辉祖:《佐治药言续佐治药言》,商务印书馆 1937 年版。

2.（元）马端临:《文献通考》,台北,新兴书局 1963 年版。

3.（唐）房玄龄等撰:《晋书》,中华书局 1974 年版。

4.（清）赵尔巽等撰:《清史稿》,中华书局 1977 年版。

5.（汉）班固:《汉书》,中华书局 1979 年版。

6.（汉）司马迁撰:《史记》,中华书局 1982 年版。

7.（宋）朱熹:《四书章句集注》,中华书局 1983 年版。

8.（清）沈家本撰:《历代刑法考》,中华书局 1985 年版。

9.《清实录》(影印本),中华书局 1985 年版。

10.（宋）司马光:《司马光奏议》,王根林点校,山西人民出版社 1986 年版。

11.（清）王又槐:《办案要略》,华东政法学院语文教研室注译,群众出版社 1987 年版。

12.（元）徐元瑞撰:《吏学指南》,杨讷点校,浙江古籍出版社 1988 年版。

13.（清）黄六鸿:《福惠全书》,载官箴书集成编纂委员会编:《官箴书集成》(第 3 册),黄山书社 1997 年版。

14.（清）徐栋:《牧令书》,载官箴书集成编纂委员会编:《官箴书集成》(第 7 册),黄山书社 1997 年版。

15. 中华书局编辑部编:《清人注疏十三经》,中华书局 1998 年版。

16. 李学勤主编:《十三经注疏·周礼注疏》(四),北京大学出版社 1999 年版。

17.（清）嵇璜:《清朝通典》,浙江古籍出版社 2000 年版。

18. 钱玄等注译:《周礼》,岳麓书社2001年版。
19.(宋)李焘撰:《续资治通鉴长编》,中华书局2004年版。
20.(宋)朱熹撰:《周易本义》,九州出版社2004年版。
21.(元)沈仲纬:《刑统赋疏》,载沈家本编:《枕碧楼丛书》,知识产权出版社2006年版。
22.(汉)许慎撰:《说文解字注》,(清)段玉裁注,中州古籍出版社2006年版。
23. 上海商务印书馆编译所编纂:《大清新法令》(第1卷),李秀清等点校,商务印书馆2010年版。
24. 方勇、李波译注:《荀子》,中华书局2011年版。
25. 王世舜、王翠叶译注:《尚书》,中华书局2012年版。
26.(汉)许慎撰:《说文解字》,(宋)徐铉校,中华书局2013年版。
27.(清)毕沅注:《墨子·号令》,吴旭民校,上海古籍出版社2014年版。
28.(清)沈家本:《寄簃文存》,商务印书馆2015年版。

二、历代判例汇编类

1. 四川省档案馆编:《清代巴县档案汇编(乾隆卷)》,档案出版社1991年版。
2.(清)祝庆祺等编:《刑案汇览三编》,北京古籍出版社2004年版。
3. 杨一凡、徐立志主编:《历代判例判牍》(第6册),中国社会科学出版社2005年版。
4. 杜家骥主编:《清嘉庆朝刑科题本社会史料辑刊》,天津古籍出版社2008年版。
5.(清)全士潮等纂辑:《驳案汇编》,何勤华等点校,法律出版社2009年版。
6.(清)许梿、熊莪纂辑:《刑部比照加减成案》,何勤华等点校,法律出版社2009年版。
7.(清)汪辉祖、(清)蒯德模撰:《病榻梦痕录　双节堂庸训　吴中判牍》,梁文生、李雅旺校注,江西人民出版社2012年版。

三、历代主要法典及注释类

1.(清)官撰:《大清律例汇辑便览》,台北,成文出版社有限公司1975年版。
2. 睡虎地秦墓竹简整理小组编:《睡虎地秦墓竹简》,文物出版社1978年版。
3.(唐)长孙无忌等撰:《唐律疏议》,中华书局1983年版。
4. 马建石、杨育裳主编:《大清律例通考校注》,中国政法大学出版社1992年版。

5. 张荣铮等点校:《大清律例》,天津古籍出版社 1993 年版。

6. 胡星桥、邓又天主编:《读例存疑点注》,中国人民公安大学出版社 1994 年版。

7.《大明律》,怀效锋点校,法律出版社 1999 年版。

8. 田涛、郑秦点校:《大清律例》,法律出版社 1999 年版。

9. 薛梅卿点校:《宋刑统》,法律出版社 1999 年版。

10.(清)沈之奇撰:《大清律辑注》,怀效锋、李俊点校,法律出版社 2000 年版。

11.(明)雷梦麟撰:《读律琐言》,怀效锋、李俊点校,法律出版社 2000 年版。

12. 郭成伟点校:《大元通制条格》,法律出版社 2000 年版。

13. 张家山二四七号汉墓竹简整理小组编著:《张家山汉墓竹简〔二四七号墓〕》(释文修订本),文物出版社 2001 年版。

14.(清)王明德:《读律佩觿》,何勤华等点校,法律出版社 2001 年版。

15.(清)薛允升:《唐明律合编》,中国书店出版社 2010 年版。

16. 陈高华等点校:《元典章》,中华书局、天津古籍出版社 2011 年版。

17. 岳纯之点校:《唐律疏议》,上海古籍出版社 2013 年版。

18.(清)吉同钧纂辑,闫晓君整理:《大清律例讲义》,知识产权出版社 2018 年版。

四、著作类

1. 戴炎辉编著:《唐律通论》,台北,编译馆 1964 年版。

2. 戴炎辉:《中国法制史》,台北,三民书局 1979 年版。

3. 邓之诚:《中华二千年史》,中华书局 1983 年版。

4. 戴炎辉:《唐律各论》,台北,成文出版社有限公司 1988 年版。

5. 郑秦:《清代司法审判制度研究》,湖南教育出版社 1988 年版。

6. 李鹏年、刘子扬等编著:《清代六部成语词典》,天津人民出版社 1990 年版。

7. 黄晖撰:《论衡校释》,中华书局 1990 年版。

8. 范忠信、郑定、詹学农:《情理法与中国人——中国传统法律文化探微》,中国人民大学出版社 1992 年版。

9. 那思陆:《清代中央司法审判制度》,台北,文史哲出版社 1992 年版。

10. 林伯源编著:《中国武术史》,北京体育大学出版社 1994 年版。

11. 梁治平:《清代习惯法:社会与国家》,中国政法大学出版社 1996 年版。

12. 瞿同祖:《瞿同祖法学论著集》,中国政法大学出版社 1998 年版。

13. 俞荣根:《儒家法思想通论》(第2版),广西人民出版社1998年版。
14. 张晋藩主编:《清朝法制史》,中华书局1998年版。
15. 吴吉远:《清代地方政府的司法职能研究》,中国社会科学出版社1998年版。
16. 张晋藩总主编:《中国法制通史》,法律出版社1999年版。
17. 张晋藩:《中华法制文明的演进》,中国政法大学出版社1999年版。
18. 郑秦:《清代法律制度研究》,中国政法大学出版社2000年版。
19. 钱大群:《唐律研究》,法律出版社2000年版。
20. 高绍先:《中国刑法史精要》,法律出版社2001年版。
21. 周密:《宋代刑法史》,法律出版社2002年版。
22. 梁治平:《寻求自然秩序中的和谐》,中国政法大学出版社2002年版。
23. 瞿同祖:《中国法律与中国社会》,中华书局2003年版。
24. 黄宗智:《法典、习俗与司法实践:清代与民国的比较》,上海书店出版社2003年版。
25. 王志强:《法律多元视角下的清代国家法》,北京大学出版社2003年版。
26. 林端:《韦伯论中国传统法律——韦伯比较社会学的批判》,台北,三民书局2003年版。
27. 蔡枢衡:《中国刑法史》,中国法制出版社2005年版。
28. 朱红林:《张家山汉简〈二年律令〉集释》,社会科学文献出版社2005年版。
29. 徐忠明:《案例、故事与明清时期的司法文化》,法律出版社2006年版。
30. 黄宗智:《清代的法律、社会与文化:民法的表达与实践》,上海书店出版社2007年版。
31. 陈新宇:《从比附援引到罪刑法定——以规则的分析与案例的论证为中心》,北京大学出版社2007年版。
32. 钱大群撰:《唐律疏义新注》,南京师范大学出版社2007年版。
33. 郭成伟主编:《社会控制:以礼为主导的综合治理》,中国政法大学出版社2008年版。
34. 柳立言:《宋代的家庭和法律》,上海古籍出版社2008年版。
35. 黄宗智:《过去和现在——中国民事法律实践的探索》,法律出版社2009年版。
36. 黄源盛纂辑:《晚清民国刑法史料辑注》,台北,元照出版有限公司2010年版。
37. 梁启超:《梁启超论中国法制史》,商务印书馆2012年版。

38. 杨廷福:《唐律研究》,上海古籍出版社 2012 年版。

39. 杨一凡、刘笃才:《历代例考》,社会科学文献出版社 2012 年版。

40. 曾宪义主编:《中国法制史》(第 3 版),北京大学出版社、高等教育出版社 2013 年版。

41. 周蓓:《清代基层社会聚众案件研究》,大象出版社 2013 年版。

42. 徐忠明:《情感、循吏与明清时期司法实践》,上海三联书店 2014 年版。

43. 闵冬芳:《清代的故意杀人罪》,北京大学出版社 2015 年版。

44. 程树德编:《中国法制史》,河南人民出版社 2016 年版。

45. 陈顾远:《中国法制史概要》,商务印书馆 2017 年版。

46. 陈新宇:《寻找法律史上的失踪者》,商务印书馆 2019 年版。

47. 习近平:《论坚持全面依法治国》,中央文献出版社 2020 年版。

48. 张万军:《清代乾隆朝归化城土默特刑案研究》,商务印书馆 2020 年版。

五、外国译注、论著类

1. [英]亨利·梅因:《古代法》,沈景一译,商务印书馆 1959 年版。

2. 仁井田昇:『中國法制史研究』,東京大學出版會,1980 年。

3. [日]西田太一郎:《中国刑法史研究》,段秋关译,北京大学出版社 1985 年版。

4. [日]滋贺秀三:《中国法文化的考察——以诉讼的形态为素材》,载《比较法研究》1988 年第 3 期。

5. [意]贝卡里亚:《论犯罪与刑罚》,黄风译,中国大百科全书出版社 1993 年版。

6. [韩]韩相敦:《传统社会杀伤罪研究》,辽宁民族出版社 1996 年版。

7. [日]滋贺秀三:《清代诉讼制度之民事法源的概括性考察——情、理、法》,载[日]滋贺秀三:《明清时期的民事审判与民间契约》,法律出版社 1998 年版。

8. [美]D. 布迪、[美]C. 莫里斯:《中华帝国的法律》,朱勇译,江苏人民出版社 2003 年版。

9. [德]马克斯·韦伯:《儒教与道教》,洪天富译,江苏人民出版社 2003 年版。

10. [美]埃里克·A. 波斯纳:《法律与社会规范》,沈明译,中国政法大学出版社 2004 年版。

11. [日]水间大辅:《秦律、汉律关于未遂、预备、阴谋罪的处罚——以张家山汉简〈二年律令〉为中心》,载《简帛研究》2005 年第 1 期。

12. [德]卡尔·拉伦茨:《法学方法论》,陈爱娥译,商务印书馆 2005 年版。
13. 冨谷至编『江陵張家山二四七號墓出土漢律令の研究(譯注篇)』(朋友書店,2006 年)。
14. 瞿同祖:《清代地方政府》,范忠信、何鹏、晏锋译,法律出版社 2011 年版。
15. [英]马若斐:《传统中国法的精神》,陈煜译,中国政法大学出版社 2013 年版。
16. [美]胡宗绮:《意欲何为:清代以来刑事法律中的意图谱系》,景风华译,广西师范大学出版社 2020 年版。
17. G. Jamieson, *Translations from the Lü - Li, or General Code of Laws of the Chinese Empire*, The China Review(1879 - 1880).

六、论文类

1. 钱大群:《中国刑法史上不可磨灭的一页——评沈家本对犯罪主观心态之研究》,载《江苏社会科学》1991 年第 2 期。
2. 黄明儒:《浅析〈唐律〉中过失犯罪的法律用语》,载《法学评论》1998 年第 2 期。
3. 吕丽:《论〈大清律例〉“以例辅律”的体例原则》,载《吉林大学社会科学学报》1999 年第 4 期。
4. 李希慧:《罪状、罪名的定义与分类新论》,载《法学评论》2000 年第 6 期。
5. 何勤华:《清代法律渊源考》,载《中国社会科学》2001 年第 2 期。
6. 霍存福:《中国传统法文化的文化性状与文化追寻——情理法的发生、发展及其命运》,载《法制与社会发展》2001 年第 3 期。
7. 王志强:《清代成案的效力和其运用中的论证方式——以〈刑案汇览〉为中心》,载《法学研究》2003 年第 3 期。
8. 沈大明:《〈大清律例〉与清代的社会控制》,华东政法学院 2004 年博士学位论文。
9. 徐忠明:《论中国古代刑事审判传统》,载《法制与社会发展》2004 年第 1 期。
10. 孙笑侠:《中国传统法官的实质性思维》,载《浙江大学学报(人文社会科学版)》2005 年第 4 期。
11. 冯申:《汉唐律杀伤人罪之比较研究》,中国政法大学 2005 年硕士学位论文。
12. 张伟仁:《中国传统的司法和法学》,载《现代法学》2006 年第 5 期。
13. 王志强:《制定法在中国古代司法判决中的适用》,载《法学研究》2006 年第 5 期。
14. 汪雄涛:《明清法律生活中的功利平衡》,中南财经政法大学 2008 年博士学位论文。

15. 田时雨:《清朝“父祖被殴”条律例研究》,载中国社会科学院古代史研究所清史研究室编:《清史论丛》总第37辑,社会科学文献出版社2019年版。

16. 陈新宇:《法有正条与罪刑不符——〈大清律例〉“审拟罪名不得擅拟加等”条例考论》,载高鸿钧、於兴中主编:《清华法治论衡》第12辑,清华大学出版社2009年版。

17. 闵冬芳:《中国古代的故杀》,载《河北法学》2009年第4期。

18. 黄延延:《清代刑事司法中的缘法断罪与权宜裁判——以司法判例为中心的考察》,中国政法大学2009年博士学位论文。

19. 苏雄华:《斗殴行为及其特征》,载《重庆社会科学》2009年第10期。

20. 王志祥:《故意伤害罪理论研究六十年》,载《山东警察学院学报》2009年第3期。

21. 朱阁雯:《清代女性杀伤类犯罪研究》,南昌大学2009年硕士学位论文。

22. 吕广雨:《唐律亲属伤害罪研究》,南京师范大学2009年硕士学位论文。

23. 钱泳宏:《清代夫妻相犯研究——基于〈大清律例〉与刑科档案的法文化考察》,华东政法大学2010年博士学位论文。

24. 鲁昕:《历史维度的亲属相盗立法论坛》,载《政法论坛》2010年第6期。

25. 苏雄华:《斗杀伤的承袭析造:以唐律与现行刑法为节点》,载《西南科技大学学报(哲学社会科学版)》2010年第2期。

26. 徐忠明:《明清时期的“依法裁判”:一个伪问题?》,载《法律科学(西北政法大学学报)》2010年第1期。

27. 汪雄涛:《清代律例原则中的利益平衡》,载《湖北大学学报(哲学社会科学版)》2010年第2期。

28. 刘晓林:《唐律“七杀”研究》,吉林大学2011年博士学位论文。

29. 张群:《也谈“夜无故入人家”——评〈唐律“夜无故入人家”条源流考〉》,载《北大法律评论》编辑委员会编:《北大法律评论》(第12卷·第2辑),北京大学出版社2011年版。

30. 吕丽:《例与清代的法源体系》,载《当代法学》2011年第6期。

31. 谭悦:《清代逆伦行为的认定及量刑》,载《中山大学学报(社会科学版)》2011年第2期。

32. 魏道明:《清代对于奸非案内亲属杀伤行为的司法处置》,载《青海师范大学学报

（哲学社会科学版）》2011 年第 5 期。
33. 赵丹：《故意伤害罪司法适用研究》，吉林大学 2012 年博士学位论文。
34. 俞江：《论清代「妻殴夫夫殴妻」律》，载《法制史研究》，台北中国法制史学会 2012 年版。
35. 徐忠明、杜金：《读律生涯：清代刑部官员的职业素养》，载《法制与社会发展》2012 年第 3 期。
36. 厉永军：《唐律与罗马法杀伤罪的比较研究》，吉林大学 2012 年硕士学位论文。
37. 谈在祥：《论〈唐律〉中的过失犯罪》，载《河北法学》2013 年第 9 期。
38. 陈磊：《犯罪故意的古今流变——兼评方法论意义上故意与过失的界分》，载《环球法律评论》2014 年第 4 期。
39. 李妍：《清“妻妾殴夫”罪研究》，天津师范大学 2014 年硕士学位论文。
40. 刘晓林：《从“贼杀”到“故杀”》，载《苏州大学学报（法学版）》2015 年第 1 期。
41. 魏晓立：《从刑部和督抚之争论清代刑部驳案制度——以〈刑案汇览 · 盐法〉商巡案件为中心》，载《盐业史研究》2015 年第 4 期。
42. 陈小洁：《清代司法判例情理表达的内在价值及现代启示》，载《法学》2016 年第 11 期。
43. 陈煜：《“殊为具文”？——浅论〈大清律例〉中的“宣示性条款”》，载《东南大学学报（哲学社会科学版）》2016 年第 6 期。
44. 林侑儒：《大清律例「妻妾殴夫」条之规范分析与司法实践》，台湾政治大学 2016 年硕士学位论文。
45. 杨扬：《规则与秩序：清代“不应为”律司法运作实态研究》，载《青海社会科学》2017 年第 1 期。
46. 陈灵海：《〈大清会典〉与清代“典例”法律体系》，载《中外法学》2017 年第 2 期。
47. 戴羽等：《传统伦理视域下的古典运动伤害治理》，载《沈阳体育学院学报》2017 年第 4 期。
48. 马欣：《戏杀罪的流变研究》，武汉大学 2017 年硕士学位论文。
49. 张蓉：《〈唐律〉斗殴罪研究》，天津师范大学 2017 年硕士学位论文。
50. 刘艺涵：《论间接故意与有认识过失的界分进路》，厦门大学 2018 年硕士学位论文。
51. 刘艺涵：《唐律“六杀”的启示：主观责任配置的另一种进路》，载周赟主编：《厦门大学法律评论》总第31辑,厦门大学出版社2019年版。

52. 王志强:《论清代刑案诸证一致的证据标准——以同治四年郑庆年案为例》,载《法学研究》2019年第6期。

53. 徐进:《当“假戏”意外“真做”——从一起意外致死案看传统法律“戏杀伤人”罪的司法适用》,载《法律适用》2020年第22期。

54. 张杰:《现代法治视野下情理法传统的重拾与反思》,吉林大学2020年博士学位论文。

55. 边芸:《清代服制命案中的夹签制度研究》,青海师范大学2020年博士学位论文。

56. 习近平:《坚定不移走中国特色社会主义法治道路,为全面建设社会主义现代化国家提供有力法治保障》,载《求是》2021年第5期。

57. 石泉:《清代司法实践对“戏杀”“斗杀”罪名的差异性认同及适用——以〈张船山判牍〉中“曹家庆”案为例进行分析》,载《济宁学院学报》2021年第6期。

58. 朱腾:《唐以前盗罪之变迁研究》,载《法学研究》2022年第1期。

59. 孟小良:《清代“罪人拒捕”律例研究》,青海师范大学2022年博士学位论文。